〔元〕脱脱 等撰

點校本
二十四史
修訂本

金史

第七册
卷九七至卷一一四

中華書局

2020 年 2 月第 1 版　　2024 年 6 月第 2 次印刷
ISBN 978-7-101-14218-1

金史卷九十七

列傳第三十五

裴滿亨　斡勒忠　張大節子巖叟　張亨　韓錫　鄧儼
巨構　賀揚庭　閻公貞　焦旭　劉仲洙　李完
馬百禄〔一〕　楊伯元　劉璣兄琉　康元弼　移剌益

裴滿亨字仲通，本名河西，臨潢府人。其先世居遼海，祖諱虎山者，天輔間，移屯東受降城以禦夏人，後徙居臨潢。

亨性敦敏習儒，大定間，收充奉職，世宗謂曰：「聞爾業進士舉，其勿忘爲學也。」二十八年，擢第，世宗嘉之，升爲奉御。一日問以上古爲治之道，亨奏：「陛下欲興唐、虞之治，要在進賢，退不肖，信賞罰，薄徵斂而已。」

章宗即位，諭之曰：「朕左右侍臣多以門第顯，惟爾繇科甲進，且先朝信臣，國家利害爲朕盡言。」俄擢監察御史。内侍梁道兒恃恩驕橫，朝士側目，亨劾奏其姦。遷鎬王府尉，出爲定國軍節度副使，三遷同知大名府事。先是，豪猾從衡，前政莫制，亨下車宣明約束，闔境帖然。承安四年，改河南路按察副使，就遷本路副統軍，中都西京等路按察使。時世襲家豪奪民田，亨檢其實，悉還正之。泰和五年，改安武軍節度使。歲大雪，民多凍殍，亨輸己俸爲之賙贍，及勸率僚屬大姓同出物以濟。轉河東南北路按察使，卒於官。上聞而惜之，贈嘉議大夫，賻物甚厚。

亨性尤謹密，出入宫禁數年，讜議忠言多所裨益，有藁則焚之，雖家人輩莫知也。所歷州郡，皆有政績可紀云。

斡勒忠本名宋浦，蓋州人也。習女直、契丹字，歷兵部、樞密院、尚書省令史，再轉大理寺知法，遷右三部司正。練達邊事，嘗奉命使北，歸致馬四千餘匹，詔褒諭之。大定二十六年爲監察御史，轉尚書省都事。章宗立，遷尚書兵部員外郎，出爲滄州刺史。河東路提刑副使徒單移剌古舉以自代，改滕州刺史。嘗調發黃河船，數以稽期聽贖。授北京副留守，入爲同簽樞密院事，兼沂王傅。承安二年，拜武寧軍節度使，致仕。泰和三年卒，年七十一。忠性敦慤，通法律，以直自守，不交權貴，故時譽歸之。

張大節字信之，代州五臺人。擢天德三年進士第，調崞縣丞。改東京市令。世宗判留務，甚愛重之。海陵修汴京，以大節領其役。世宗改元於遼東，或勸赴之，富貴可一朝遂，大節曰：「自有定分，何遽爾。」隨例補尚書省令史，擢祕書郎、大理司直。會左警巡使闕，世宗謂宰臣曰：「朕得其人矣。」遂授大節。俄以杖殺豪民爲有司所劾，削一階解職。未幾，授同知洺州防禦使事。

入爲太府丞、工部員外郎。盧溝水嚙安次，承詔護視堤城。擢修內司使，推排東京路户籍，人服其平。進工部郎中。時阜通監鑄錢法弊，與吏部員外郎麻珪涖其事，積銅皆窳惡，或欲徵民先所給直，大節曰：「此有司受納之過，民何與焉。」以其事聞，卒得免徵。就改户部郎中，定襄退吏誣縣民匿銅者十八村，大節廉得其實，抵吏罪，民斲石頌之。召授工部侍郎，改户部。世宗東巡，徙太府監，諭之曰：「侍郎與太府監品同，以從行支應籍卿辨耳。」尋爲宋生日使，還授橫海軍節度使，過闕謁謝東宮，顯宗撫慰良久，曰：「萬事惟中可也。」因牓其公堂曰「惟中」。郡境有巨盜久不獲，大節以方略擒之。後河決於衞，橫流而東，滄境有九河故道，大節即相宜繕堤，水不爲害。

章宗即位，擢中都路都轉運使，因言河東賦重宜減，議者或不同，大節以他路田賦質之，遂命減焉。乞致仕，不許，徙知太原府，以并、代鄉郡，故優寵之。近郭有男子被殺者，聞其妻哭聲不哀，召而審之，果爲姦夫所殺，人以爲神。西山有晉叔虞祠，舊以施錢輸公使庫，大節還其廟以給營繕。選授河東路提刑使，未赴，留知大興府事，治有能名。

閱歲，移知廣寧府，復請老，授震武軍節度使。部有銀冶，有司以爲爭盜由此生，付河東、西京提刑司與州同議，皆以官榷爲便，大節曰：「山澤之利當與民共，且貧而無業者雖嚴刑能禁其竊取乎。宜明諭民，授地輸課，則其游手者有所資，於官亦便。」上從其議。復乞致仕，許之，仍擢其子尚書刑部員外郎巖叟爲忻州刺史，以便禄養。承安五年卒，年八十。

大節素廉勤好學，能勵勉後進，自以得學于任倜，待倜子如親而加厚。又善弈碁，當世推爲第一，嘗被召與禮部尚書張景仁弈。世宗嘗謂宰臣曰：「人多稱王脩能官，以朕觀之，凡事不肯盡心，一老姦耳。張大節賦性剛直，果於從政，遠在王脩之上，惜乎用之太晚。」又屢語近臣曰：「某某非不幹，然不及張大節忠實也。」其見知如此。

巖叟字孟弼〔二〕，大節子也。大定十九年進士，調葭州司候判官，再除雄州觀察判官，補尚書省令史，除大理評事，再遷監察御史、同知河東北路轉運使事、中都路都轉運副使、刑部員外郎、忻州刺史，以父憂去官。起復大理少卿、河北東西大名等路按察轉運副使，累遷刑部侍郎，兼夔王傅，太常卿兼國子祭酒。

大安三年，朝廷欲塞諸城門以爲兵備，集三品官議於尚書省，巖叟曰：「塞門所以受兵，是任城而不任人。莫若遣兵擇將，背城疾戰。」時議多之。除鎮西軍節度使，移定國軍。貞祐二年改昭義，復移沁南。逾年，按察司言其年老不任邊要，乃致仕，退寓洛陽，卒。

張亨字彥通，大興漷陰人。登皇統六年進士第，調樊山丞，以廉幹聞。授弘州軍事判官，歷鉅鹿、宜川令。大定二年，補尚書省令史，除大理司直，累遷尚書左司郎中，授户部侍郎，移吏部。擢中都路都轉運使，坐草場使鄧汝霖盜草失舉劾，解職，削一官。

起授户部尚書。世宗問宰臣曰：「御史中丞馬惠迪與張亨人才孰優？」平章政事張汝霖曰〔三〕：「惠迪爲人雖正，於事不敏，亨吏才極高。」上曰：「如汝父浩，於事明敏少有及者，但臨事多徇，若無此過則誠難得之賢相也。」時車駕東巡，費用百出，自遼以東泉貨甚少，計司患其不給，欲輦運以支調度，亨謂：「上京距都四千里，若輓錢而行，是率三而致一也，不獨枉費國用，無乃重勞民力乎。不若行會便法，使行旅便於囊橐，國家無轉輸之勞而用自足矣。」出爲絳陽軍節度使。已而，復謂宰臣曰：「漢人三品以上官常少得人，如張亨近令補外，頗爲衆議所歸，以朕觀之，無甚過人。小官中豈無才能之士，第未知耳。」又曰：「亨嘗爲左司，奏事多有脱略，是亦謬庸人也。」

章宗即位，初置九路提刑司，時方重其選，上以亨爲河東南北路提刑使，兼勸農採訪事。訪其利病，條爲十三事以聞，上嘉納之。亨在職每事存大體、略苛細，御史以寬緩不事事劾之，降授蔡州防禦使。明年，遷南京路轉運使，轉知歸德府事，致仕。泰和二年卒，年七十八。亨才識强敏，明達吏事，終始有可稱云。

韓錫字難老，其先自析津徙薊之漁陽。祖貽愿，遼宣徽北院使。父秉休，歸朝，領忠正軍節度使。

錫以廕補閤門祗候。天會中，南伐，錫從軍掌禮儀，俄以母老迺就監差。久之，授神鋭軍都指揮使，入爲宮苑使。天德元年，擢尚書工部員外郎，領燕都營繕。特賜胡礪榜進士及第，四遷尚書户部侍郎，以母喪解。

旋起復舊職，付金牌一、銀牌十，籍水手於山東。時蘇保衡爲水軍都統制，趨杭州，俾錫部船三百會廣陵。適保衡敗還，喪船過半，令錫補足之。時水淺，船不得進，海陵遣使急責之，衆稍亡，錫召諸豪諭之曰：「今連保法嚴，逃將安往，縱一身偶脱，其如妻子何？」衆悟，亡者稍止。

大定改元於遼東，錫奔赴行在，詔復前職。明年，授同知河間府事，引見於香閣，誡之曰：「聞皇族居彼者縱甚，卿當以法繩之。」錫下車宣布詔言，後無有撓政害民者。遷孟州防禦使，累拜絳陽軍節度使，改知濟南府事，告老，許之。明昌五年卒，年八十三。

鄧儼字子威，懿州宜民人也。天德三年，擢進士第。大定中，爲左司員外郎、右司郎中，尋轉左司，掌機務者數年。有司奏使宋者，世宗命選漢官一人，參知政事粱肅以户部侍郎王脩、工部侍郎張大節、左司郎中鄧儼對，世宗曰：「王脩、張大節苦無資歷，與左右司官辛苦不同，其命儼往。」嘗謂宰臣曰：「人言鄧儼用心不正，朕視儼奏事其心識甚明，在太府監心亦向公。」宰臣因奏儼明事機、有心力，於是擢户部侍郎。翌日，復謂宰臣曰：「吏部掌銓選，當得通練人，可寘儼於吏部。」因改命焉。累遷中都路都轉運使。

明昌初，爲户部尚書〔四〕。上命尚書省集百官議，如何使民棄末務本以廣儲蓄。儼言：「今之風俗競爲侈靡，莫若定立制度，使貴賤、上下、衣冠、車馬、室宇、器用各有等差，裁抑婚姻喪葬過度之禮，罷去鄉社追逐無名之費，用度有節則蓄積日廣矣。」尋知歸德府事，致仕，卒。

初，儼致仕復寅緣求進，上問左右：「鄧儼可復用乎？」平章政事完顏守貞曰：「儼有才力，第以謀身爲心。」上曰：「朕亦知之。然儼可以誰比？」守貞曰：「臨事則不後於人，但多務自便耳。儼前乞致仕，陛下以其頗黠故許之，甚合衆議。今使復列于朝，恐風化從此壞矣。」上然之，遂不復用云。

巨構字子成，薊州平谷人。幼篤學，年二十登進士第。由信都丞，察廉爲石城令，補尚書省令史，授振武軍節度副使〔五〕。改同提舉解鹽司事，以課增入爲少府監丞。再遷知登聞檢院，兼都水少監。時右司郎中段珪卒，世宗曰：「是人甚明正可用，如巨構每事但委順而已。」二十五年，除南京副留守，上謂宰臣曰：「巨構外淳質而内明悟，第乏剛鯁耳。佐貳之任貴能與長官辨正，恐此人不能爾。若任以長官，必有可稱。」章宗即位，擢横海軍節度使。承安五年致仕，卒。

構性寬厚寡言，所治以鎮靜稱，性尤恬退，故人既貴不復往來，先遺以書則裁答寒温而已。大定中，詔與近臣同經營香山行宫及佛舍，其近臣私謂構曰：「公今之德人，我欲舉奏，公行將大任矣。」構辭之。以廉慎守法在考功籍，始終無過云。

賀揚庭字公叟，曹州濟陰人也。登天德三年經義進士第，調范縣主簿兼尉，籍有治聲。大定十三年，由安肅令補尚書省令史。授沁南軍節度副使，入爲監察御史，歷右司都事、户部員外郎、侍御史、右司員外郎。世宗喜其剛果，謂揚庭曰：「南人礦直敢爲，漢人性姦，臨事多避難。異時南人不習詞賦，故中第者少，近年河南、山東人中第者多，殆勝漢人爲官。」俄以廉能遷户部郎中，進官二階。頃之，授左司郎中，改刑部侍郎、山東東路轉運使。

章宗即位，初置九路提刑司，驛召赴闕，授山東東西路提刑使。揚庭性疾惡，纖介不少容。明昌改元，詔諸路提刑使入見，親問所察事條，至揚庭則斥之曰：「爾何治之煩也。」明年，下除洺州防禦使，時歲歉民飢，揚庭諭蓄積之家令出所餘以糶之，飢者獲濟，洺人爲之立石頌德。改陝西西路轉運使，表乞致仕，上曰：「揚庭能幹者也，當何如？」右丞劉瑋言其疾，遂許之。卒年六十七。

贊曰：裴滿亨以進士選奉御，能陳唐、虞致治之道於宮庭燕私之地，又能斥中貴梁道兒之姦。斡勒忠以吏道致身，始終不交權貴。世宗自立於遼東，歸者如市，張大節獨守正不赴。韓錫出守河間，面諭皇族之居彼者恣睢不道，俾繩以法，佞者必希旨以市權，錫下車宣布告戒而已。是皆有識之士，不爲富貴所移者也。巨構骫骳，賀揚庭骨鯁，大定於二人而屢評南北士習之優劣，亶其然乎。張亨始以繆庸見薄，晚以論列稱賞，亦砥礪之功歟。鄧儼專務謀身，上下稱黠，致仕又求進用，弗可改也夫。

閻公貞字正之，大興宛平人。大定七年擢進士第，調朝邑主簿。由普潤令補尚書省令史，察廉，升同知亳州防禦事，改中都左警巡使。以政績聞，遷同知武定軍節度使。明昌初，召爲大理正，累進大理卿。承安元年，遷翰林侍讀學士，仍兼前職，命與登聞檢院賈益同看讀陳言文字。

公貞居法寺幾十年，詳慎周密，未嘗有過舉。被命校定律令，多所是正，金人以爲法家之祖云。

焦旭字明鋭，沃州栢鄉人。第進士，調安喜主簿。再轉大興令，攝左警巡事，以杖親軍百人長，有司議其罪當杖決，世宗曰：「旭親民吏也，若因杖有官人復行杖之，何以行事？其令收贖。」改良鄉令。世宗幸春水，見石城、玉田令皆年老不治，謂宰臣曰：「縣令最親民，當得賢才。畿甸尚如此，天下可知矣。」平章政事石琚薦旭幹能可甄用，上然之，召爲右警巡使。

旭爲人剛果自任，不避權勢。初，旭部民訴良，旭以無文據付本主，道逢監察御史訴其事，語涉訛亂，即收付旭，旭釋之不問，爲御史所劾，削官兩階，杖百八十，出爲大名府推官。尋授右三部檢法司正，代韓天和爲監察御史，時御史臺言：「監察糾彈之司，天和諸科出身，難居是職。」上命別舉，中丞李晏薦旭剛正可任，遂授之，而改天和獲鹿令。

章宗初即位，太傅克寧、右丞相襄請上出獵，旭劾奏其非，上慰諭之，爲罷獵。明昌元年，登聞鼓院初設官，宰執奏司諫郭安民、補闕許安仁及旭皆堪擢用。改侍御史，四遷都水監，以治河防勞進官一階，授西京路轉運使，卒。旭性警敏，練達時政，與王翛、劉仲洙輩世稱能吏云。

劉仲洙字師魯，大興宛平人。大定三年，登進士第。歷龍門主簿、香河酒稅使，再調深澤令。縣近滹沱河，時秋成，水忽暴溢，仲洙極力護塞，竟無害。有盜夜發，居民震驚，仲洙率縣卒生執其一，餘衆遂潰，旦日掩捕皆獲。尋以廉能進官一階，陞河北西路轉運司支度判官，入爲刑部主事，六遷右司員外郎，俄轉吏部。世宗謂宰臣曰：「人有言語敏辯而庸常不正者，有語言拙訥而才智通達、存心向正者，如劉仲洙頗以才行見稱，然而口語甚訥也。」右丞張汝霖曰：「人之若是者多矣，願陛下深察之。」二十九年，出爲祁州刺史，以六善爲教，民化之。

章宗即位，除中都西京等路提刑副使。先是，田轂等以黨罪廢錮者三十餘家，仲洙知其冤，上書力辨，帝從之，迺復轂官爵而黨禁遂解。明昌二年，授并王傅、兼同知大同府事，尋改平陽，移德州防禦使。轉運郭邦傑、節度李晏皆舉仲洙以自代。陞爲定海軍節度使。歲饑，仲洙表請開倉，未報，先爲賑貸，有司劾之，罪以贖論。時仲洙兄仲淵以罪責石州，仲洙上書請以萊易石，朝廷義而不許。久之，以年老乞致仕，累表方聽。泰和八年卒，年七十五。

仲洙性剛直，果於從政，尤長於治民，所在皆有功迹，蓋一時之能吏云。

李完字全道，朔州馬邑人。經童出身，復登詞賦進士第。調澄城主簿，有遺愛，民爲立祠。用廉遷定襄令，召補尚書省令史。時以縣令闕人廉問，世宗選能吏八人按行天下，完其一也。明昌初，爲監察御史。故事，臺令史以六部令史久次者補，吏皆同類，莫肯舉劾。完言：「尚書省令史，正隆間用雜流，大定初以太師張浩奏請，始純取進士，天下以爲當。今乞以三品官子孫及終場舉人，委臺官辟用。」上納其言。擢尚書省都事，出爲同知橫海軍節度使事、河間府治中。提刑司言「完習法律，有治劇材，軍民無間語」。陞沁州刺史，仍以璽書褒諭。遷同知廣寧府。初，遼濱民崔元入城飲不歸，求得尸於水中，有司執同飲者訊之，皆誣服，提刑司疑其冤，以獄畀完。完廉得其賊乃舟師也，遂免同飲人。改北京臨潢路提刑副使。

承安二年，遷陝西西路轉運使，尋授南京路按察使，卒。完長於吏治，所至姦惡屏迹，民皆便之。

馬百禄字天錫，通州三河人。父柔德，天會初第進士，累遷翰林脩撰，坐田瑴黨免官，迨世宗朝解黨禁，復召用焉。百禄幼志學，事繼母以孝聞，登大定三年詞賦進士第，調武清主簿。由龍山令召補尚書省令史，不就，改榷貨副使、平陽府判官，入爲國子博士。朝廷以宰縣日清白有治迹，特遷官一階，升同知北京路轉運事。委録南北路刑獄，所至無冤。召爲尚書户部員外郎，與同知河北東路轉運事李京爲中都等路推排使。明昌初，遷耀州刺史，吏民畏愛。提刑司以狀聞，授韓王傅、同知安武軍節度事。俄改兼同知興平軍，以提刑司復舉廉，升孟州防禦使，再遷南京路提刑使。御史臺以剛直能幹聞，轉知河中府。承安四年致仕，卒。謚曰貞忠。

楊伯元字長卿，開封尉氏人。登大定三年進士第，調鄜城主簿。升榆次令，召爲大理評事，累除定海軍節度副使，用廉超授同知河東北路轉運事，入爲尚書刑部員外郎，以憂免，起爲遼州刺史。明昌元年，移涿州。久之，擢工部侍郎，四遷安武軍節度使。泰和三年致仕，卒。

伯元以才幹多被委注，凡兩爲推排定課使，累爲審録官，人稱其平。每有疑獄，必專遣決，明辯多中理。賜謚曰達。

劉璣字仲璋，益都人也。登天德三年進士第。大定初，爲太常博士，改左拾遺，兼許王府文學。璣奏王府事，世宗責之曰：「汝職掌教道，何預奏事！」因命近侍諭旨永中曰：「卿有長史，而令文學奏事何也？後勿復爾。」累除同知漕運司事，嘗奏言：「漕户顧直太高，虛費官物，宜約量裁損。若減三之一，歲可省官錢一十五萬餘貫。」世宗是其言。

授户部員外郎，條上便宜數事，世宗謂宰臣曰：「璣言河堤種柳可省每歲隄防之費，及言官錢利害，甚可取。前後户部官往往偷延歲月，如璣者不可多得，卿等議其可者行之。」璣向言漕運省費事，盡心公家，不厚賞無以勸來者。」乃賜錢三千貫。擢濰州刺史，徙知濟州。

未幾，遷同知北京留守事，坐曲法放免奴婢訴良者，左降管州刺史。世宗謂宰臣曰：「璣爲人何如？」參知政事程輝曰：「璣執强跋扈，嘗追濟南府官錢，以至委曲生意而害及平民。」上曰：「朕聞璣在北京，凡奴隸訴良，不問契券真僞輒放爲良，意欲徼福於冥冥，則在己之奴何爲不放？」又曰：「璣放朕之家奴，意欲以此邀福，存心若是，不宜再用。」

明昌二年，入爲國子司業，乞致仕不許，轉國子祭酒，尋擢太常卿，以昏耄不任職爲御史臺所糾罷。承安二年卒，年八十二。兄琉。

琉字伯玉，幼名太平。以功臣子補閤門祗候，遭父喪求終制，會海陵篡立，不許，改充護衛。海陵忌宗室，琉坐與往來，斥居鄉里。

世宗即位，琉晝夜兼馳上謁，世宗大悦，以爲護衛十人長。往招宗敍、白彦敬、紇石烈志寧，皆相繼來附。還報，上喜其有功，呼其小字而謂之曰：「太平所至，庶幾能贊朕致太平矣。」改御院通進。與烏居仁等往南京發遣六宮百司，琉建議留尚書右丞紇石烈良弼經略淮右，餘皆北來，詔從之。丁母憂，起復，三遷武庫署令。車駕幸西京，留琉爲中都總管判官。再轉近侍局使，遷太子少詹事，兼引進使，賜襲衣。未幾，爲陝西統軍都監，賜厩馬、金帶，皇太子以馬與幣爲贐。召爲同知宣徽院事，遷太子詹事、右宣徽使，與張僅言典領昭德皇后園陵，襄事，太子贈以厩馬。轉左宣徽使，以疾求補外，除定海軍節度使，以其弟太府監瑋爲同知宣徽院事。琉朝辭，上曰：「卿舊臣，今補外，寧不惻然。東萊瀕海，風物亦佳，卿到必得調養。朕用卿弟在近密，如見卿也。」仍賜厩馬、金帶、綵十端、絹百匹。卒官，年五十七。琉柩過京畿，敕有司致祭，賻銀三百兩、重綵三十端。

康元弼字輔之，大同雲中人。幼敏學，善屬文，登正隆二年進士第。調汝陽簿，改崇義軍節度判官。由垣曲縣令補尚書省令史，累遷同知河北西路轉運使事，召爲大理丞。

大定二十七年，河決曹、濮間，瀕水者多墊溺，朝廷遣元弼往視，相其地如盎，而城在盎中，水易爲害，請命於朝以徙之，卒改築於北原，曹人賴焉。出爲弘州刺史，閱歲授大理少卿。先是，衞州爲河所壞，增築蘇門以寓州治。水既退，民不樂遷，欲復歸衞，於是遣元弼按視，還言治故城便，遂復其舊。轉祕書少監，兼著作郎，改通州刺史，兼領漕事。

章宗立，尊孝懿皇后爲皇太后，以元弼舊臣詔充副衞尉。再轉大理卿，以喪去，起復爲尚書刑部侍郎，兼鄆王傅，遷南京路轉運使。承安三年致仕，卒。

移剌益字子遷，本名特末阿不，中都路胡魯土猛安人也。以廕補國史院書寫，積勞調徐州録事，召爲樞密院知法，三遷翰林修撰。時北邊有警，詔百官集尚書省議之，太尉克寧鋭意用兵，益言天時未利，宜俟後圖。御史臺舉益剛正可任，遂兼監察御史。未幾，改户部員外郎。

明昌三年，畿内饑，擢授霸州刺史，同授刺史者十一人，既入謝，詔諭之曰：「親民之職惟在守令，比歲民饑，故遣卿等往撫育之。其資序有過者有弗及者，朕不計此，但以材選，爾其知之。」既至，首出俸粟以食饑者，于是倅以下及郡人遞出粟以佐之，且命屬縣視以爲法，多所全活。郡東南有堤久頹圮，水屢爲害，益增修之，民以爲便，爲益立祠。升遼東路提刑副使。五年，宋主新立，詔以泗州當使客所經，守臣宜擇人，宰臣進擬數人，皆不合上意，上曰：「特末阿不安在？此人可也。」即授防禦使。

召爲尚書户部侍郎，尋轉兵部。屬羣牧人叛，命益同殿前都點檢兖往招降之。承安二年，邊鄙弗寧，上御便殿，召朝官四品以上入議〔六〕，益謂「守爲便。天子之兵當取萬全，若王師輕出，少有不利，非惟損大國之威，恐啓敵人侵玩之心」。出爲山東西路轉運使。有勑使按鷹于山東，益奏：「乞止令調於近甸，何必驚遠方耳目。」書聞，上命有司治使者罪。遷河東南北路按察使。舊制，在位官有不任職，委所屬上司體訪。州府長貳幕職，許互相舉申。益上言以爲「傷禮讓之風，亦恐同官因之不睦，别生姦弊。乞止令按察司糾劾，似爲得體」。又言：「隨路點軍官與富人飲會，公通獻遺，宜依准監臨官於所部内犯罪究治。」上皆納焉。泰和二年，卒于官。

贊曰：閻公貞定金律令，楊伯元定金推排，人皆以平稱之，難矣。焦旭畿内小官，聽斷不受御史風指，遂罹深憲。大臣請人主遊獵，劾奏其非，爲之罷獵，誠有古人之風焉。李完、康元弼無他足稱，完論臺令史一事，元弼論曹、衞兩城，各當其可。馬百禄初坐黨廢，晚著治跡。劉璣初以理財得幸，晚以曲法得罪，人有前後遭遇不同，而百禄求福不回，非璣所及也。劉琉以大定之立馳赴行在，雖終身榮寵，蓋一趨時之士耳。劉仲洙剛而訥於言，移剌益剛而敢言。益以志寧北伐爲不可，仲洙釋田穀黨禍三十家。語曰「剛毅木訥近仁」，豈不信哉。

校勘記

〔一〕馬百禄　原作「馬伯禄」，據北監本、殿本、局本及本卷傳文改。

〔二〕巖叟字孟弼　「孟弼」，中州集卷八張代州大節作「夢弼」。

〔三〕平章政事張汝霖曰　按，本傳下文有「時車駕東巡」之語。據本書卷八世宗紀下，世宗東巡爲大定二十四年三月至二十五年九月間事。張汝霖大定二十三年閏十一月爲參知政事，二十五年十二月尚在參知政事任上，二十六年五月由參知政事遷右丞，其任平章政事在大定二十八年十二月。此處「平章政事」當是「參知政事」之誤。

〔四〕明昌初爲户部尚書　按，本書卷四九食貨志四鹽、卷五一選舉志一，章宗大定二十九年，鄧儼即已爲户部尚書。疑此處繫年有誤。

〔五〕授振武軍節度副使　「振武軍」，本書卷二六地理志下河東北路代州有「震武軍節度使」。本書志、表、傳多作「震武軍」。

〔六〕承安二年邊鄙弗寧上御便殿召朝官四品以上入議　按，本書卷一〇章宗紀二，承安二年八月「辛巳，以邊事未寧，詔集六品以上官於尚書省，問攻守之計」。所記與此處有異。

金史卷九十八

列傳第三十六

完顏匡　完顏綱　完顏定奴

完顏匡本名撒速，始祖九世孫。事豳王允成，爲其府教讀。大定十九年，章宗年十餘歲，顯宗命詹事烏林荅愿擇德行淳謹、才學該通者，使教章宗兄弟。閱月，愿啓顯宗曰：「豳王府教讀完顏撒速、徐王府教讀僕散訛可二人，可使教皇孫兄弟。」顯宗曰：「典教幼子，須用淳謹者。」已而，召見于承華殿西便殿，顯宗問其年，對曰：「臣生之歲，海陵自上京遷中都，歲在壬申。」顯宗曰：「二十八歲爾，詹事乃云三十歲何也？」匡曰：「臣年止如此，詹事謂臣出入宮禁，故增其歲言之耳。」顯宗顧謂近臣曰：「篤實人也。」命擇日，使皇孫行師弟子禮。七月丁亥，宣宗、章宗皆就學，顯宗曰：「每日先教漢字，至申時漢字課畢，教女直小字，習國朝語。」因賜酒及綵幣。頃之，世宗詔匡、訛可俱充太子侍讀。

寢殿小底駞滿九住問匡曰：「伯夷、叔齊何如人？」匡曰：「孔子稱夷、齊求仁得仁。」九住曰：「汝輩學古，惟前言是信。夷、齊輕去其親，不食周粟餓死首陽山，仁者固如是乎？」匡曰：「不然，古之賢者行其義也，行其道也。伯夷思成其父之志以去其國，叔齊不苟從父之志亦去其國。武王伐紂，夷、齊叩馬而諫。紂死，殷爲周，夷、齊不食周粟遂餓而死。正君臣之分，爲天下後世慮至遠也，非仁人而能若是乎。」是時，世宗如春水，顯宗從，二人者馬上相語遂後。顯宗遲九住至，問曰：「何以後也？」九住以對，顯宗嘆曰：「不以女直文字譯經史，何以知此。主上立女直科舉，教以經史，乃能得其淵奥如此哉。」稱善者良久，謂九住曰：「論語『知之爲知之，不知爲不知，是知也』。汝不知不達，務辯口以難人。由是觀之，人之學、不學，豈不相遠哉。」

顯宗嘗謂中侍局都監蒲察查剌曰：「入殿小底完顏訛出、侍讀完顏撒速，與我同族，汝知之乎？」對曰：「不知也。」顯宗曰：「撒速，始祖九世孫。訛出，保活里之世也。始祖兄弟皆非常人，汝何由知此。」

顯宗命匡作睿宗功德歌，教章宗歌之，其詞曰：「我祖睿宗，厚有陰德。國祚有傳，儲嗣當立。滿朝疑懼，獨先啓策。徂征三秦，震驚來附。富平百萬，望風奔仆。靈恩光被，時雨春暘。神化周浹，春生冬藏。」蓋取宗翰與睿宗定策立熙宗，及平陝西大破張浚于富平也〔一〕。二十三年三月萬春節，顯宗命章宗歌此詞侑觴，世宗愕然曰：「汝輩何因知此？」顯宗奏曰：「臣伏讀睿宗皇帝實録，欲使兒子知創業之艱難，命侍讀撒速作歌教之。」世宗大喜，顧謂諸王侍臣曰：「朕念睿宗皇帝功德，恐子孫無由知，皇太子能追念作歌以教其子，嘉哉盛事，朕之樂豈有量哉。卿等亦當誦習，以不忘祖宗之功。」命章宗歌數四，酒行極歡，乙夜乃罷。

二十五年，匡中禮部策論進士。是歲，世宗在上京，顯宗監國。三月甲辰，御試，前一日癸卯，讀卷官吏部侍郎李晏、棣州防禦使把內剌、國史院編修官夾谷衡、國子助教尼厖古鑑進禀，策題問「契敷五教，皋陶明五刑，是以刑措不用、比屋可封。今欲興教化，措刑罰，振紀綱，施之萬世，何術可致？」匡已試，明日入見，顯宗問對策云何，匡曰：「臣熟觀策問敷教、措刑兩事，不詳『振紀綱』一句，秪作兩事對，策必不能中。」顯宗命匡誦所對策，終篇，曰：「是亦當中。」匡曰：「編修衡、助教鑑長於選校，必不能中。」已而，匡果下第。顯宗惜之，謂侍臣曰：「我只欲問教化、刑罰兩事，乃添振紀綱一句，命删去，李晏固執不可，今果誤人矣。」謂侍正石敦寺家奴、唐括曷荅曰：「侍讀二十一年府試不中，我本不欲侍讀再試，恐傷其志，今乃下第，使人意不樂。」是歲初取止四十五人，顯宗命添五人，僕散訛可中在四十五人，後除書畫直長。匡與訛可俱爲侍讀，匡被眷遇特異，顯宗謂匡曰：「汝無以訛可登第怏怏，但善教金源郡王，何官不可至哉。」是歲，顯宗薨，章宗判大興尹，封原王，拜右丞相，立爲皇太孫。匡仍爲太孫侍讀。二十八年，匡試詩賦，漏寫詩題下注字，不取，特賜及第，除中都路教授，侍讀如故。

章宗即位，除近侍局直長，歷本局副使、局使，提點太醫院，遷翰林直學士。使宋，上令權更名弼，以避宋祖諱，事載本紀。遷祕書監，仍兼太醫院、近侍局事，再兼大理少卿。遷簽書樞密院事，兼職如故。承安元年，行院于撫州。河北西路轉運使温昉行六部事〔二〕，主軍中餽餉，屈意事匡，以馬幣爲獻，及私以官錢佐匡宴會費，監察御史姬端脩劾之，上方委匡以邊事，遂寢其奏。三年，入奏邊事，居五日，還軍。尋入守尚書左丞〔三〕，兼修國史，進世宗實録〔四〕。

章宗立提刑司，專糾察黜陟，當時號爲外臺，匡與司空襄、參政揆奏：「息民不如省官，聖朝舊無提刑司，皇統、大定間每數歲一遣使廉察，郡縣稱治。自立此官，冀達下情，今乃是非混淆，徒煩聖聽。自古無提點刑獄專薦舉之權者，若陛下不欲遽更，不宜使兼採訪廉能之任。歲遣監察體究，仍不時選使廉訪。」上從其議，於是監察體訪之使出矣。

初，匡行院于撫州，障葛將攻邊境，會西南路通事黄摑按出使烏都椀部知其謀，奔告行院爲之備，迎擊障葛，敗其兵。按出與八品職，遷四官。匡遷三官。匡奏乞以所遷三官讓其兄奉御賽一，上嘉其義，許之。改樞密副使，授世襲謀克。

宋主相韓侂胄。侂胄嘗再爲國使，頗知朝廷虛實〔五〕。及爲相，與蘇師旦倡議復讎，身執其咎，繕器械，增屯戍，初未敢公言征伐，乃使邊將小小寇鈔以嘗試朝廷。泰和五年正月，入確山界奪民馬。三月，焚平氏鎮，剽民財物，掠鄧州白亭巡檢家貲，持其印去。遂平縣獲宋人王俊，唐州獲宋諜者李忭，俊襄陽軍卒，忭建康人。俊言宋人於江州、鄂、岳屯大兵，貯甲仗，修戰艦，期以五月入寇。忭言侂胄謂大國西北用兵連年，公私困竭，可以得志，命修建康宮，勸宋主都建康節制諸道。河南統軍司奏請益兵爲之備。詔平章政事僕散揆爲河南宣撫使，籍諸道兵，括戰馬，臨洮、德順、秦、鞏各置弓手四千人。詔揆遺書宋人曰：「奈何興兵？」宋人辭曰：「盜賊也。邊臣不謹，今黜之矣。」

宋人將啓邊釁，太常卿趙之傑、知大興府承暉、中丞孟鑄皆曰：「江南敗衄之餘，自救不暇，恐不敢敗盟。」匡曰：「彼置忠義保捷軍，取先世開寳、天禧紀元，豈忘中國者哉。」大理卿畏也曰：「宋兵攻圍城邑，動輒數千，不得爲小寇。」上問參政思忠，思忠極言宋人敗盟有狀，與匡、畏也合，上以爲然。及河南統軍使紇石烈子仁使宋還，奏宋主修敬有加，無他志。上問匡曰：「於卿何如？」匡曰：「子仁言是。」上愕然曰：「卿前議云何，今乃中變邪？」匡徐對曰：「子仁守疆圉，不妄生事，職也。書曰『有備無患』，在陛下宸斷耳。」於是，罷河南宣撫司，僕散揆還朝〔六〕。

六年二月，宋人陷散關，取泗州〔七〕、虹縣、靈壁。四月，復詔僕散揆行省事于汴，制諸軍。頃之，以匡爲右副元帥。揆請匡先取光州，還軍懸瓠，與大軍合勢南下。匡奏：「僕散揆大軍渡淮，宋人聚兵襄、沔以窺唐、鄧，汴京留兵頗少，有掣肘之患，請出唐、鄧。」從之。遣前鋒都統烏古論慶壽以騎八千攻棗陽，遣左翼提控完顏江山以騎五千取光化，右翼都統烏古孫兀屯取神馬坡，皆克之。匡軍次白虎粒，都統完顏按帶取隨州，烏古論慶壽扼赤岸，斷襄、漢路。宋隨州將雷太尉遁去，遂克隨州。於是，宋鄧城、樊城戍兵皆潰。賜詔獎諭，戒諸軍毋虜掠、焚壞城邑。匡進兵圍德安，分遣諸將徇下安陸、應城、雲夢、漢川、荆山等縣，副統蒲察攻宜城縣取之。十二月敗宋兵二萬人于信陽之東，詔曰：「卿總師出疆屢捷，殄寇撫降，日闢土宇。彼恃漢、江以爲險阻，箠馬而渡，如涉坦途，荆、楚削平，不爲難事，雖天佑順，亦卿籌畫之効也。益宏遠圖，以副朕意。」匡進所獲女口百人。詔匡權尚書右丞，行省事，右副元帥如故。

吴曦以蜀、漢内附，詔匡先取襄陽以屏蔽蜀、漢。完顏福海破宋援襄陽兵於白石峪，遂取穀城縣。僕散揆得疾，遂班師，至蔡，疾革，詔右丞相宗浩代之。七年二月，揆薨。匡久圍襄陽，士卒疲疫，會宗浩至汴，匡乃放軍朝京師，轉左副元帥，賜宴于天香殿，還軍許州。九月，宗浩薨，匡爲平章政事，兼左副元帥，封定國公，代宗浩總諸軍，行省于汴京。

初，僕散揆初至汴，既定河南諸盜，乃購得韓侂胄族人元靚，使行間於宋。元靚渡淮，宋督視江、淮兵馬事丘崈奏之宋主。是時，宋主、侂胄見兵屢敗以爲憂，欲乞盟無以爲請，得崈奏，即命遣人護元靚北歸，因請議和。崈使其屬劉祐送元靚申和議于揆，揆曰：「稱臣割地，獻首禍之臣，然後可。」宋主因密諭丘崈，使歸罪邊將以請焉。及宗浩代揆，方信孺至，宗浩以方信孺輕佻不可信，移書宋人，果欲請和當遣朱致知〔八〕、吴琯、李大性、李壁來。侂胄得報大喜過望，乃召張巖于建康，罷爲福建觀察使，歸罪蘇師旦，貶之嶺南。是時，李壁已爲參政，不可遣。朱致知、吴琯已死，李大性知福州，道遠不能遽至。乃遣左司郎中王柟來，至濠州，匡使人責以稱臣等數事。柟以宋主、侂胄情實爲請，依靖康二年正月請和故事，世爲伯姪國，增歲幣爲三十萬兩、匹，犒軍錢三百萬貫，蘇師旦等俟和議定當函首以獻。柟至汴，以侂胄書上元帥府，匡復詰之，柟懇請曰：「此事實出朝旨，非行人所專。」匡察其不妄，乃具奏。章宗詔匡移書宋人，當函侂胄首贖淮南地，改犒軍錢爲銀三百萬兩。於是，宋吏部侍郎史彌遠定計殺韓侂胄，彌遠知國政，和好自此成矣。

於是，廷議諸軍已取關隘不可與。王柟以宋參政錢象祖書來，略曰：

竊惟昔者修好之初，蒙大金先皇帝許以畫淮爲界。今大國遵先皇帝聖意，自盱眙至唐、鄧畫界仍舊，是先皇帝惠之于始，今皇帝全之于後也。然東南立國，吴、蜀相依，今川、陝關隘大國若有之，則是撤蜀之門户，不能保蜀，何以固吴？已增歲幣至三十萬，通謝爲三百萬貫，以連歲師旅之餘，重以喪禍，豈易辦集。但邊隙既開和議，區區悔艾之實，不得不黽勉遵承。又蒙聖畫改輸銀三百萬兩，在本朝宜不敢固違，然傾國資財，竭民膏血，恐非大金皇帝棄過圖新、兼愛南北之意也。

主上仁慈寬厚，謹守信誓，豈有意於用兵。止緣侂胄啓釁生事，迷國罔上，以至於斯。是以奮發英斷，大正國典，朋附之輩誅斥靡貸。今大國欲使斬送侂胄，是未知其亡死也。侂胄實本庸愚，怙權輕信，有誤國事，而致侂胄誤國者蘇師旦也。師旦既貶，侂胄尚力庇之，囑方信孺妄言已死，近推究其事，師旦已行斬首。儻大國終惠川、陝關隘，所畫銀兩悉力祗備，師旦首函亦當傳送，以謝大國。

本朝與大國通好以來，譬如一家叔姪，本自協和，不幸奴婢交鬭其間，遂成嫌間。一旦猶子翻然改悟，斥逐奴隸，引咎謝過，則前日之嫌便可銷釋，奚必較錙銖豪末，反傷骨肉之恩乎？惟吴、蜀相爲首尾，關隘繫蜀安危，望敢備奏，始終主盟，使南北遂息肩之期，四方無兵革之患，不勝通國至願。

是時，陝西宣撫司請增新得關隘戍兵萬人。王柟狀稟，如蒙歸川、陝關隘，韓侂胄首必當函送，遵上國之命。匡奏曰：「關隘之事，臣初亦惑之，今當增戍萬人，壁壘之役，餽餫之勞，費用必廣。祖宗所以不取者，以關隘僅能自保耳，非有益於戰也。設能入寇，縱之平地，以鐵騎蹂之，無一得脱。彼哀祈不已者，以前日負固尚且摧覆，今遂失之，是無一日之安也。必謂兵力得之不可還賜，則漢上諸郡皆膏腴耕桑之地，棗陽、光化歸順之民數萬户，較之陝右輕重可知，獨在陛下決之耳。」詔報曰：「侂胄渠魁，既請函首，宋之悔服可謂誠矣。」匡乃遣王柟還，復書曰：「宋國負渝盟之罪，自陳悔艾，主上德度如天，不忍終絶，優示訓諭，許以更成，所以覆護鎮撫之恩至深至厚。昨奉聖訓，如能斬送韓侂胄，徐議還淮南地。來書言韓侂胄已死，將以蘇師旦首易之，飾辭相紿如此。至于犒軍銀兩欲俟歸關隘然後祗備，是皆有咈聖訓。及王柟狀稟，如蒙歸還川、陝關隘，其韓侂胄首必當函送。聖訓令斬送侂胄首者，本欲易淮南地〔九〕，陝西關隘不預焉。王柟所陳亦非元畫事理，不敢專決，具奏。奉旨『朕以生靈爲念，已貰宋罪，關隘區區豈足深較，既能函送韓侂胄首，陝西關隘可以還賜』。今恩訓如此，其體大國寬仁矜恤曲從之意，追脩誓書〔一〇〕，齎遣通謝人使赴闕。」

王柟之歸也，匡要以先送叛亡驅掠，然後割賜淮南、川、陝，及彼誓書草本有犯廟諱字及文義有不如體製者，諭令改之。宋人以叛亡驅掠散在州縣，一旦拘刷，未易聚集。今已四月，農事已晚，邊民連歲流離失所，扶携道路，即望復業，過此農時，遂失一歲之望。歲幣犒軍物多，非旬月可辦。錢象祖復以書來，略曰：「竊見大金皇帝前日聖旨，如能斬送韓侂胄首，沿淮之地並依皇統、大定已畫爲定。又睹今來聖旨，既能送侂胄首，陝西關隘可併還賜。以此仰見聖慈寬大，初無必待發遣驅掠官兵，然後退兵交界之語。誓書草本添改處，先次録本齎呈，并將侂胄首函送，及管押納合道僧、李全家口一併發還。欲望上體大金皇帝畫定聖旨，先賜行下沿邊及陝西所屬，候侂胄首到界上，即便抽回軍馬，歸還淮南及川、陝關隘地界。所有驅掠官兵留之何益，見已從實刷勘發還。其使人禮物歲幣等已起發至真、揚間，伺候嘉報，迤邐前去界首，以俟取接。」

匡得錢象祖書，即具奏，詔報曰：「朕以生靈之故已從請，稱臣割地尚且闊略，區區小節何足深較。其侂胄、師旦首函及諸叛亡至濠州，即聽通謝人使入界，軍馬即當徹還，川、陝關隘俟歲幣犒軍銀綱至下蔡，畫日割賜。」匡得詔書，即以諭宋人，使如詔書從事。

泰和八年閏四月乙未〔一二〕，宋獻韓侂胄、蘇師旦首函至元帥府，匡遣平南撫軍上將軍紇石烈貞以侂胄、師旦首函露布以聞。五月丁未，遣户部尚書高汝礪、禮部尚書張行簡奏告天地，武衛軍都指揮使徒單鏞奏告太廟，御史中丞孟鑄告社稷。是日，上御應天門，立黄麾仗，受宋馘。尚書省奏露布，親王百官起居上表稱賀。獻馘廟社，以露布頒中外。竿侂胄、師旦首并二人畫像于通衢，百姓縱觀，然後漆其首藏之軍器庫。丙辰，匡朝京師，進官兩階，賜玉帶、金一百兩、銀一千五百兩、重幣三十端。罷元帥府仍爲樞密院。六月癸酉，宋通謝使許弈、吴衡等入見。癸未，以宋人請和詔天下。

十一月丙辰，章宗崩，匡受遺詔，立衞紹王。其遺詔略曰：「皇叔衞王，承世宗之遺體，鍾厚慶於元妃，人望所歸，歷數斯在。今朕上體太祖皇帝傳授至公之意，付畀寶祚，即皇帝位於柩前。載惟禮經有嫡立嫡、無嫡立庶，今朕之内人見有娠者兩位，已詔皇帝，如其中有男當立爲儲貳，如皆是男子，擇可立者立之。」丁巳，衞紹王即位。戊午，章宗内人范氏胎氣有損。大安元年四月，平章政事僕散端、左丞孫即康奏：「承御賈氏産期已出三月，有人告元妃李氏令賈氏詐稱有身。」詔元妃李氏、承御賈氏皆賜死。初，章宗大漸，匡與元妃俱受遺詔立衞王，匡欲專定策功，遂構殺李氏。數日，匡拜尚書令，封申王。大安元年十二月，薨。

匡事顯宗，深被恩遇。自章宗幼年，侍講讀最親幸，致位將相，怙寵自用，官以賄成。承安中，撥賜家口地土，匡乃自占濟南、真定、代州上腴田，百姓舊業輒奪之，及限外自取。上聞其事，不以爲罪，惟用安州邊吴泊舊放圍場地、奉聖州在官閑田易之，以向自占者悉還百姓。宣宗嘗謂侍臣曰：「撒速往年嘗受人玉吐鶻，然後與之官，此豈宰相所爲哉。」

完顏綱本名元奴，字正甫。明昌中，爲奉御，累官左拾遺。詔三叉口置捺鉢，綱上疏諫，疏中有云「賊出没其間」，詔尚書省詰問，所言不實，章宗以綱諫官，不之罪。

遷刑部員外郎，綱言：「諸犯死罪除名移推相去二百里，并犯徒罪連逮二十人以上者並令就問，曾經所屬按察司審讞者移推别路，官亦依上就問。凡告移推之人皆已經本路按察審訖，即當移推别路。按察司部分廣闊，如上京路移推臨潢路，最近亦往復二三千里，北京留守司移推西北路招討司，最近亦須數月。乞依舊制，令移推官司追取其人歸問。」從之。

故事，使夏國者夏人饋贈禮物，視書幾道以爲多寡。泰和元年，綱爲賜夏主生日使，章宗命齎三詔，左司員外郎孫椿年奏詔爲一道〔二〕，尋自陳首，上責宰臣曰：「椿年忽略，卿等柰何不奏也。」轉工部郎中，上言：「太府監官兼尚食局官，乞於少府監依此例，注能幹官一員兼儀鸞局官，儀鸞局官一員兼少府監官，相須檢治。」從之。四年，詔綱與喬宇、宋元吉編類陳言文字，綱等奏，「凡關涉宮庭及大臣者摘進，其餘以省臺六部各爲一類」，凡二十卷。遷同簽宣徽院事。

六年，與宋連兵，陝西諸將頗相異同，以綱爲蜀漢路安撫使、都大提舉兵馬事，與元帥府參決西事，調羌兵之未附者。於是，知鳳翔府事完顏昱、同知平涼府事蒲察秉鉉分駐鳳翔諸隘，通遠軍節度使承裕、秦州防禦使完顏璘屯成紀界〔一三〕，知臨洮府事石抹仲温駐臨洮，同知臨洮府事朮虎高琪、彰化軍節度副使把回海備鞏州諸鎮，乾州刺史完顏思忠扼六盤，陝西路都統副使斡勒牙剌、京兆府推官蒲察秉彝戍虢、華，扼潼關蒲津，陝西都統完顏忠本名𣊻懶、同知京兆府事烏古論兖州守京兆要害，以鳳翔、臨洮路蕃漢弓箭手及緋翮翅軍散據邊陲。「緋翮翅」，軍名也。元帥右監軍充、右都監蒲察貞分總其事。

宋吴曦以兵六千攻鹽川，鞏州戍將完顏王善〔一四〕、隊校僕散六斤、猛安龍延常擊走之，斬首二百級。七月，吴曦兵五萬由保坌、姑蘇等路寇秦州，承裕、璘以騎千餘擊之，曦兵大敗，追奔四十里。曦别兵萬人入來遠鎮，朮虎高琪破之。

青宜可者，吐蕃之種也。宋取河湟，夏取河西四郡，部落散處西鄙，其酋黎族帥曰泠京，據古疊州，有四十三族、十四城、三十餘萬户，東鄰宕昌，北接臨洮、積石，南行十日至筭竹大山，蓋蠻境也。西行四十日至河外，俗不論道里而以日計之云。泠京卒，子耳骨延嗣，宋不能制，縻以官爵。傳六世至青宜可，尤勁勇得衆，以宋政令不常，有改事中國之意。曹佛留爲洮州刺史。佛留材武有智策，能結諸羌。青宜可畏慕佛留，以父呼之，請舉國内附，朝廷以宋有盟不許，厚賜金帛以撫之。

明昌間，屬羌已彪殺郡佐反，是時綱爲奉御，奉詔與曹佛留計事，因召青宜可會兵擊破已彪。曹佛留遷同知臨洮尹，兼洮州刺史。子普賢爲洮州管内巡檢使。綱屢以事至洮，佛留每謂綱言青宜可願内屬，出其至情，綱輒奏之，上終不納。

及綱部署陝西，上密勑經略西事。於是，曹佛留已死，普賢爲懷羌巡檢使。綱至洮，馳召普賢攝同知洮州事。普賢傳箭入羌中，青宜可大喜，率諸部長，籍其境土人民，詣綱請内屬。綱奏其事，上以青宜可爲疊州副都總管，加廣威將軍。詔青宜可曰：「卿統有部人，世爲雄長，嚮風慕義，背僞歸朝，願效純誠，恒輸忠力，緬懷嘉矚，式厚褒旌。覽卿進上所受僞牌，朝廷之馭諸蕃固無此例，欲使卿有以鎮撫部族，增重觀望，是以特加改命〔一五〕，賜金牌一、銀牌二，到可祗承，服我新恩，永爲藩衛。」曹普賢真授同知洮州事，綱遷拱衛直都指揮使，遷三階，安撫、都大提舉如故。以商州刺史烏古論兖州領、曹普賢押領、青宜可勾當。詔曰：「完顏綱，初行時汝未知朝廷有青宜可之事，獨言可以招撫，必獲其用，既而果來效順。今汝勿以青宜可兵勢重大，卑屈失體，亦勿以蕃部而藐視之。」

九月，詔安慰陝西，略曰：「京兆、鳳翔、臨洮三路，應被宋兵逼脅，背國從僞，或没落外境，若能自歸者，官吏依舊勾當，百姓各令復業，元抛地土依數給付。及受宋人旗牓結構等，或值驚擾因而避役逃亡，未發覺者，許令所在官司陳首，並行釋免，更不追究，軍前可用之人隨宜任使。限外不首，復罪如初。」

宋程松遣別將曲昌世襲方山原，自率兵數萬分道襲和尚原、西山寨、龍門等關。是日，大霧四塞，既又暴雨，和尚原、西山寨、龍門關戍兵不知宋兵來，松遂據之。蒲察貞遣行軍副統裴滿阿里、同知隴州事完顏孛論以兵千人伏方山原下，萬户奥屯撒合門、美原縣令术虎合沓別將壯士五百，取間道潛登，出宋兵上，自高而下，宋兵大駭，伏兵合擊，遂破之。貞乃分遣术虎合沓、部將完顏出軍奴率兵千人出黄兒谷取和尚原，同知會州事女奚列南家、押軍猛安粘割撒改率兵千人出大寧谷取西山寨，貞自以兵七百由中路取龍門等關。程松已焚閣道，貞且脩道、且進兵，至小關，松將楊廷據險注射，貞不得前，令行軍副統裴滿阿里爲疑兵，潛遣猛安胡信率甲士五十人繞出其後，反擊之，宋兵大亂，遂斬廷于陣。宋兵走二里關，復敗。宋將彭統領宋兵走龍門，追擊大破之。合沓乘夜潛登和尚原絶頂，宋人驚以爲神，皆散走，破其衆二千，生獲數十人。南家斬木開道以登西山，再與宋兵遇，皆敗之〔一六〕，遂盡復故地。

宋吴曦將馮興、楊雄、李珪以步騎八千人入赤谷，將寇秦州。承裕、完顏璘、河州防禦使蒲察秉鉉逆擊，破之。宋步兵趨西山，騎兵走赤谷。承裕分兵躡宋步兵，宋步兵據山搏戰，部將唐括按荅海率二百騎馳擊之，甲士蒙葛挺身先入其陣，衆乘之，宋步兵大潰，殺數百人，追者至皂郊城，斬首二千級。猛安把添奴追宋騎兵，殺千餘人，馮興僅以身免，楊雄、李珪皆爲金軍所殺〔一七〕。十月，綱以蕃、漢步騎一萬出臨潭，充以關中兵一萬出陳倉，蒲察貞以岐、隴兵一萬出成紀，石抹仲温以隴右步騎五千出鹽川，完顏璘以本部兵五千出來遠。

初，吴玠、吴璘俱爲宋大將，兄弟父子相繼守西土，得梁、益間士衆心。璘孫曦太尉、昭武軍節度使〔一八〕、成都潼川府夔利等州路宣撫副使，泰和六年出兵興元，有窺關、隴之志，誘募邊民爲盜，遣諜以利餌鳳翔卒温昌，結三虞候軍爲内應。昌詣府上變。曦遣諸將出秦、隴間，與綱等諸軍相拒。上聞韓侂胄忌曦威名，可以間誘致之，梁、益居宋上游，可以得志于宋，封曦蜀國王，鑄印賜詔，詔綱經略之。其賜曦詔曰：

宋自佶、桓失守，構竄江表，僭稱位號，偷生吴會，時則乃祖武安公玠捍禦兩川。洎武順王璘嗣有大勳，固宜世胙大帥，遂荒西土，長爲藩輔，誓以河山，後裔縱有欒黶之汰，猶當十世宥之。然威略震主者身危，功蓋天下者不賞，自古如此，非止于今。卿家專制蜀漢，積有歲年，猜嫌既萌，進退維谷，代之而不受，召之而不赴，君臣之義已同路人，譬之破桐之葉不可以復合，騎虎之勢不可以中下矣。此事流傳，稔於朕聽，每一思之未嘗不當饋歎息，而卿猶偃然自安。且卿自視翼贊之功孰與岳飛？飛之威名戰功暴于南北，一旦見忌，遂被叄夷之誅，可不畏哉。故智者順時而動，明者因機而發，與其負高世之勳見疑于人，惴惴然常懼不得保其首領，曷若順時因機，轉禍爲福，建萬世不朽之業哉。

今趙擴昏孱，受制强臣，比年以來頓違誓約，增屯軍馬，招納叛亡。朕以生靈之故，未欲遽行討伐，姑遣有司移文，復因來使宣諭，而乃不顧道理，愈肆憑陵，虔劉我邊陲，攻剽我城邑。是以忠臣扼腕，義士痛心，家與爲讎，人百其勇，失道至此，雖欲不亡得乎？朕已分命虎臣，臨江問罪，長驅並騖，飛渡有期，此正豪傑分功之秋也。

卿以英偉之姿，處危疑之地，必能深識天命，洞見事機，若按兵閉境不爲異同，使我師併力巢穴而無西顧之虞，則全蜀之地卿所素有，當加封册，一依皇統册構故事。更能順流東下，助爲掎角，則旌麾所指盡以相付。天日在上，朕不食言。今送金寶一鈕，至可領也。

綱次臨江被詔，進至水洛，訪得曦族人端，署爲水洛城巡檢使，遣持詔間行諭曦。曦得詔意動，程松尚在興元，未敢發，詐稱杖殺端，以蔽匿其事。松兵既敗，曦乃遣掌管機宜文字姚圓與端奉表送款。綱遣前京兆府録事張仔會吳曦于興州之置口，曦言歸心朝廷無他，張仔請以告身爲報，曦盡出以付之，仍獻階州。

朝廷以曦初附，恃中國爲援，欲先取襄陽以爲蜀漢屏蔽，乃詔右副元帥匡先攻襄陽，詔略曰：「陝西一面雖下四州，吳曦之降朕所經略。自大軍出境，惟卿所部力戰爲多，方之前人無所愧謝。今南伐之事責成卿等，區區俘獲不足羨慕，果能爲國建功，豈止一身榮寵，後世子孫亦保富貴。」匡得詔，乃移兵趨襄陽。十二月，曦遣果州團練使郭澄、仙人關使任辛奉表及蜀地圖志、吳氏譜牒來上。

七年正月，召綱赴京師，以爲陝西宣撫副使，進三階。還軍，吳曦遣郭澄進謝恩表、誓表、賀全蜀歸附三表，親王百官稱賀，朝廷以詔答之，并賜誓詔。郭澄朝辭，諭澄曰：「汝主效順，以全蜀歸附，朕甚嘉之。然立國日淺，恐宋兵侵軼，人心不安，凡有當行事務已委宣撫完顏綱移文計議。或有緊急，即差人就去講究。大定間，汝主嘗以事入覲，今亦多歲，朕嘉汝主之義，懷想不忘，欲得其繪像，如見其面。今已遣使封册，俟回日附進。可以此意歸諭汝主。」詔以同知臨洮府事术虎高琪爲封册使，翰林直學士喬宇副之。詔高琪曰：「卿以邊面宣力，加之讀書，蜀人識卿威名，勿以財賄動心，失大國體。檢制隨去奉職，勿有違枉生事。」

頃之，宋安丙殺吴曦。上聞曦死，遣使責綱，詔曰：「曦之降，自當進據仙人關，以制蜀命，且爲曦重。既不據關，復撤兵〔一九〕，使丙無所憚，是宜有今日也。」於是，詔贈曦太師，命德順州刺史完顏思忠招魂葬于水洛縣。以曦族兄端之子爲曦後。詔諭陝西軍士，略曰：「汝等爰自去冬，出疆用命，擐披甲冑，冒涉艱險，直取山外數州，比之他軍實有勤效。界外屯駐日久，負勞苦，恩賞未行，有司申奏不明，以致如此。朕已令增給賞物，以酬爾勞。惟是餘賊未殄，猶須經略。眷我師徒，久役未解，深懷惻念，寤寐弗忘。汝等益思體國之忠，奮敵愾之勇，協心畢力，建立功勳，高爵厚禄，朕所不吝。」

宋人復陷階州、西和州，綱至鳳翔，詔徹五州之兵退保要害，五州之民願徙内地者厚撫集之。以近侍局直長爲四川安慰使〔二〇〕。蒲察貞撤黄牛戍，宋安丙乘之，連兵來襲，遂陷散關，鞏州鈐轄兀顏阿失死之。詔奪綱官一階，降兵部侍郎，權宣撫副使。遣户部侍郎尼厖古懷忠按治綱以下將吏。懷忠未至陝西，綱、貞遣兵潛自昆谷西山養馬澗入，四面攻之，復取散關，斬宋將張統領、于團練。綱遣使奏捷，詔書奬諭，貞等釋不問。

八年，宋獻韓侂胄、蘇師旦首，詔以陝西關隘還之，宋罷兵。綱還京師。是歲，章宗崩，衛紹王即位，除陝西路按察使，累官尚書左丞。至寧元年，綱行省事于縉山，徒單鎰使人謂綱曰：「高琪駐兵縉山甚得人心，士皆思奮，與其行省親往，不若益兵爲便。」綱不聽。

敗。

徒單鎰復使人止之曰：「高琪措畫已定，彼之功即行省之功。」綱不從。綱至縉山遂大

胡沙虎斬關入中都，還衞紹王于衞邸，命綱子安和作家書，使親信人召綱。綱至，囚之憫忠寺，明日，押至市中，使張霖卿數以失四川、敗縉山之事，殺之。

貞祐四年，綱子權復州刺史安和上書訟父冤〔二〕，略曰：「先臣綱在章宗時，招懷西羌青宜可等十八部族，取宋五州，吳曦以全蜀歸朝。胡沙虎無故見殺，奪其官爵。」詔下尚書省議，「謹按元年詔書云，胡沙虎屢害良將，正謂綱輩也」。乃追復尚書左丞。弟定奴。

定奴與兄綱俱知名，充護衞，除平涼府判官，累官同知真定府。從平章政事僕散揆伐宋，加平南虎威將軍。兵罷，遷河南東路副統軍，三遷武勝軍節度使，入爲右副點檢。大安二年，遷元帥右都監，救西京，改震武軍節度使。元帥奧屯襄敗績，定奴坐失期及不以軍敗實奏，降河州防禦使。遷鎮西軍節度使、河東北路按察轉運使。宣宗即位，改知歸德府。貞祐二年，改知河南府，兼河南副統軍。尋遷河南統軍使，兼昌武軍節度使。請內外五品以上舉能幹之士充河北州縣官。改簽樞密院事、殿前都點檢、兼侍衞親軍都指揮使。復爲簽樞密院事、行院事兼知歸德府事，改兼武寧軍節度使，行院于徐州。召爲刑部尚

書、參知政事。興定三年，薨。

贊曰：章宗伐宋之役，三易主帥，兵家所忌也，宋不知乘此以爲功，猶曰有人焉？韓侂冑心彊智疎，蘇師旦謀淺任大，函首燕、薊，南北皆曰賊臣，何哉？完顏匡、完顏綱皆泰和終功之臣，然匡隳忠于大安，綱罔難于至寧，富貴之惑人乃如此邪？

校勘記

〔一〕及平陝西大破張浚于富平也　「及平」，原作「及乎」，據永樂大典卷六七六四申王引文、北監本、殿本、局本改。

〔二〕河北西路轉運使温昉行六部事　按，本書卷一〇章宗紀二，承安二年三月「壬午，命尚書户部侍郎温昉佩金符，行六部尚書於撫州」。温昉官職與此異。

〔三〕尋入守尚書左丞　按，本書卷一一章宗紀三，承安四年正月，「簽樞密院事完顏匡爲尚書右丞」；泰和三年正月己卯，「右丞完顏匡爲左丞」。則「尋入守」下當脱完顏匡任尚書右丞事。

〔四〕兼修國史進世宗實録　此事又見本書卷一一章宗紀三泰和三年十月庚申條。按，本書卷一〇章宗紀二，明昌四年八月「辛亥，國史院進世宗實録」。錢大昕、施國祁疑完顔匡所進爲顯宗實録。參見本書卷一一校勘記〔二八〕。

〔五〕頗知朝廷虚實　「頗」，南監本、北監本、殿本、局本並作「窺」。

〔六〕「及河南統軍使紇石烈子仁使宋還」至「罷河南宣撫司僕散揆還朝」　此處敍事顛倒。按，本書卷一二章宗紀四，泰和五年八月辛卯，因宣撫使僕散揆之奏請，「詔罷宣撫司」。九月戊子，「以河南路統軍使紇石烈子仁等爲賀宋生日使」，又卷六二交聘表下同。是罷宣撫司在前，子仁使宋在後。

〔七〕取泗州　「泗州」，原作「泗川」，據永樂大典卷六七六四申王引文、局本改。

〔八〕果欲請和當遣朱致知　「朱致知」，原作「朱致和」。按，本書卷六二交聘表下承安五年正月戊子朔條、卷九三宗浩傳宗浩復張巖書、宋史卷三七寧宗紀一慶元五年九月丙辰皆作「朱致知」。今據改。下同。

〔九〕本欲易淮南地　「淮」字原脱。按，上下文均議及歸淮南地事。金史詳校卷八下：「『南』上當加『淮』。」今據補。

〔一〇〕追倄誓書　「追倄」，原作「倄追」，據北監本、殿本、局本乙正。

〔一一〕泰和八年閏四月乙未　「閏」字原脱。按，本書卷一二章宗紀四，泰和八年閏四月「乙未，宋獻韓侂胄等首于元帥府」。今據補。

〔一二〕左司員外郎孫椿年奏詔爲一道　「奏詔」，原作「詔奏」。按，金史詳校卷八下：「『詔奏』當作『奏詔』。」今據乙正。

〔一三〕秦州防禦使完顏璘屯成紀界　「秦州防禦使」，本書卷九三承裕傳所記與此同，卷一二章宗紀四泰和六年十月則作「隴州防禦使」。參見本書卷九三校勘記〔一〇〕。

〔一四〕宋吳曦以兵六千攻鹽川鞏州戍將完顏王善　「鹽川」，原作「鹽州」。按，本書卷二六地理志下，臨洮路鞏州定西縣「鎮一 鹽川」。又卷一二章宗紀四，泰和六年六月「乙亥，宋吳曦攻鹽川，戍將完顏王喜敗之」。今據改。「完顏王善」，章宗紀四作「完顏王喜」。

〔一五〕是以特加改命　「特」，原作「時」，據南監本、北監本、局本改。

〔一六〕皆敗之　「之」字原脱，據南監本、北監本、殿本、局本補。

〔一七〕楊雄李珪皆爲金軍所殺　宋史卷四七五叛臣傳上吳曦傳記李珪後爲宋人所殺。參見本書卷九三校勘記〔一一〕。

〔一八〕璘孫曦太尉昭武軍節度使　「昭武軍」，疑爲「昭信軍」之誤。按，本書卷一二章宗紀四，泰和六年十二月「癸丑，宋太尉、昭信軍節度使、四川宣撫副使吳曦納款于完顏綱」。又，宋史卷三七寧宗紀一，慶元六年閏二月「辛亥，以殿前副都指揮使吳曦爲昭信軍節度使」；卷三六六吳挺傳，「曦仕至太尉、昭信軍節度使，以叛誅」。均謂吳曦爲「昭信軍」節度使。

〔一九〕復撤兵　「撤」，原作「撒」，據南監本、北監本、殿本、局本改。

〔二〇〕以近侍局直長爲四川安慰使　按，此處脱人名。

〔二一〕「命綱子安和作家書」至「綱子權復州刺史安和上書訟父冤」　按，本書卷一三衛紹王紀，至寧元年八月，胡沙虎「誘奉御和尚使作書急召其父左丞元奴議事，元奴以軍來，并其子皆殺之」。元奴即綱，其子名「和尚」，且與綱同被殺，所述與此處略異。

金史卷九十九

列傳第三十七

徒單鎰　賈鉉　孫鐸　孫即康　李革

徒單鎰本名按出，上京路速速保子猛安人。父烏輦，北京副留守。鎰穎悟絶倫，甫七歲，習女直字。大定四年，詔以女直字譯書籍。五年，翰林侍講學士徒單子温進所譯貞觀政要、白氏策林等書。六年，復進史記、西漢書，詔頒行之。選諸路學生三十餘人〔一〕，令編修官温迪罕締達教以古書，習作詩、策。鎰在選中，最精詣，遂通契丹大小字及漢字，該習經史。久之，樞密使完顏思敬請教女直人舉進士，下尚書省議。奏曰：「初立女直進士科，且免鄉、府兩試，其禮部試、廷試，止對策一道，限字五百以上成。在都設國子學，諸路設府學，並以新進士充教授，士民子弟願學者聽。歲久，學者當自衆，即同漢人進士三年一試。」從之。十三年八月，詔策女直進士〔二〕，問以求賢爲治之道。侍御史完顏蒲涅、太常博士李晏、應奉翰林文字阿不罕德甫、移剌傑、中都路都轉運副使奚蹜考試鎰等二十七人及第。鎰授兩官，餘授一官，上三人爲中都路教授，四名以下除各路教授。

十五年，詔譯諸經，著作佐郎温迪罕締達、編修官宗璧、尚書省譯史阿魯、吏部令史楊克忠譯解〔三〕，翰林修撰移剌傑、應奉翰林文字移剌履講究其義。鎰自中都路教授選爲國子助教。左丞相紇石烈良弼嘗到學中與鎰談論，深加禮敬。丁母憂，起復國史院編修官。

世宗嘗問太尉完顏守道曰：「徒單鎰何如人也？」守道對曰：「有材力，可任政事。」上曰：「然，當以劇任處之。」又曰：「鎰容止温雅，其心平易。」久之，兼修起居注，累遷翰林待制，兼右司員外郎。獻漢光武中興賦，世宗大悅曰：「不設此科，安得此人。」

章宗即位，遷左諫議大夫，兼吏部侍郎。明昌元年，爲御史中丞。無何，拜參知政事，兼修國史。鎰言：「人生有欲，不限以制則侈心無極。今承平日久，當慎行此道，以爲經久之治。」

章宗鋭意于治平，鎰上書，其略曰：「臣竊觀唐、虞之書，其臣之進言於君曰『戒哉』，『懋哉』，曰『吁』，曰『都』。既陳其戒，復導其美。君之爲治也，必曰『稽于衆，舍己從人』。既能聽之，又能行之，又從而興起之。君臣上下之間相與如此。陛下繼興隆之運，撫太平之基，誠宜稽古崇德，留意於此，無因物以好惡喜怒，無以好惡喜怒輕忽小善，不卹人言。夫上下之情有通塞，天地之運有否泰，唐陸贄嘗陳隔塞之九弊，上有其六，下有其三。陛下能慎其六，爲臣子者敢不慎其三哉。上下之情既通，則大綱舉而羣目張矣。」進尚書右丞，修史如故。

三年，罷爲横海軍節度使，改定武軍節度使，知平陽府事。先是，鄭王永蹈判定武軍，鎬王永中判平陽府，相繼得罪，連引者衆，上疑其有黨，或命節度定武〔四〕，繼又知平陽焉。改西京留守。承安三年，改上京留守。五年，上問宰臣：「徒單鎰與崇浩孰優〔五〕？」平章政事張萬公對曰：「皆才能之士，鎰似優者，鎰有執守，崇浩多數耳。」上曰：「何謂多數？」萬公曰：「崇浩微似趨合。」上曰：「卿言是也。」頃之，鎰拜平章政事，封濟國公。

淑妃李氏擅寵，兄弟恣横，朝臣往往出入其門。是時烈風昏曀連日，詔問變異之由。鎰上疏略曰：「仁、義、禮、智、信謂之五常，父義、母慈、兄友、弟敬、子孝謂之五德。今五常不立，五德不興，縉紳學古之士棄禮義，忘廉恥，細民違道畔義，迷不知返，背毀天常，骨肉相殘，動傷和氣，此非一朝一夕之故也。今宜正薄俗，順人心，父父子子夫夫婦婦，各得其道，然後和氣普洽，福禄薦臻矣。」因論「爲政之術，其急有二。一曰，正臣下之心。竊見羣下不明禮義，趨利者衆，何以責小民之從化哉。其用人也，德器爲上，才美爲下，兼之者待以不次，才下行美者次之，雖有才能，行義無取者，抑而下之，則臣下之趨向正矣。其二曰，導學者之志。教化之行，興于學校。今學者失其本真，經史雅奥，委而不習，藻飾虚詞，釣取禄利，乞令取士兼問經史故實，使學者皆守經學，不或於近習之靡，則善矣。」又曰：「凡天下之事，叢來者非一端，形似者非一體，法制不能盡，隱於近似，乃生異論。孔子曰：『義者天下之制也〔六〕。』記曰：『義爲斷之節。』伏望陛下臨制萬機，事有異議，少凝聖慮，尋繹其端，則裁斷有定，而疑可辨矣。」鎰言皆切時弊，上雖納其説，而不能行。

上問漢高帝、光武優劣。平章政事張萬公對曰：「高祖優甚。」鎰曰：「光武再造漢業，在位三十年，無沈湎冒色之事。高祖惑戚姬，卒至于亂。由是言之，光武優。」上默然。鎰蓋以元妃李氏隆寵過盛，故微諫云。泰和四年，罷知咸平府。五年，改南京留守。六年，徙知河中府，兼陝西安撫使。

僕散揆行省河南，陝西元帥府雖受揆節制，實顓方面，上思用謀臣制之，由是升宣撫使一品，鎰改知京兆府事，充宣撫使，陝西元帥府並受節制。詔曰：「將帥雖武悍，久歷行陣，而宋人狡獪，亦資筭勝。卿之智略，朕所深悉，且股肱舊臣，故有此寄。宜以長策御敵，厲兵撫民，稱朕意焉。」鎰言：「初置急遞鋪本爲轉送文牒，今一切乘驛，非便。」上深然之。始置提控急遞鋪官。自中都至真定、平陽置者，達于京兆。京兆至鳳翔置者，達于臨洮。自真定至彰德置者，達于南京。自南京分至歸德置者，達于泗州、壽州，分至許州置者，達于鄧州。自中都至滄州置者，達于益都府。自此郵達無復滯焉。

七年，吳曦死，宋安丙分兵出秦、隴間。十月，詔鎰出兵金、房以分掣宋人梁、益、漢、沔兵勢。鎰遣行軍都統斡勒葉禄瓦、副統把回海、完顏撾剌以步騎五千出商州。十一月，葉禄瓦拔鶻嶺關，撾剌別將攻破燕子關新道口，回海取小湖關敖倉，至營口鎮，破宋兵千餘人，追至上津縣，斬首八百餘級，遂取上津縣。葉禄瓦破宋兵二千于平溪，將趨金州。宋王柟以書乞和，詔鎰召葉禄瓦軍退守鶻嶺關。八年正月，宋安丙遣景統領由梅子溪、新道口、朱砂谷襲鶻嶺關，回海、撾剌擊走之，斬景統領于陣。是歲，罷兵。鎰遷特進，賜賚有差。改知真定府事。

大安初，加儀同三司，封濮國公。改東京留守，過闕入見。衛紹王謂鎰曰：「卿兩朝舊德，欲用卿爲相。太尉匡，卿之門人，朕不可屈卿下之。」遷開府儀同三司，佩金符，充遼東安撫副使。三年，改上京留守。平章政事獨吉思忠敗績于會河堡，中都戒嚴，鎰曰：「事急矣。」乃選兵二萬，遣同知烏古孫兀屯將之，入衛中都。朝廷嘉之，徵拜尚書右丞相，監修國史。

鎰言：「自用兵以來，彼聚而行，我散而守，以聚攻散，其敗必然。不若入保大城，併力備禦。昌、桓、撫三州素號富實〔七〕，人皆勇健，可以内徙，益我兵勢，人畜貨財，不至亡失。」平章政事移剌〔八〕、參知政事梁瑝曰：「如此是自蹙境土也。」衛紹王以責鎰。鎰復奏曰：「遼東國家根本，距中都數千里，萬一受兵，州府顧望，必須報可，誤事多矣。可遣大臣行省以鎮之。」衛紹王不悅曰：「無故置行省，徒摇人心耳。」其後失昌、桓、撫三州，衛紹王乃大悔曰：「從丞相之言，當不至此！」頃之，東京不守，衛紹王自誦曰：「我見丞相恥哉！」

术虎高琪駐兵縉山，甚得人心，士樂爲用。至寧元年，尚書左丞完顔綱將行省于縉山，鎰謂綱曰：「行省不必自往，不若益兵爲便。」綱不聽，且行，鎰遣人止之曰：「高琪之功即行省之功也。」亦不聽。綱至縉山，遂敗績焉。

頃之，鎰墜馬傷足在告，聞胡沙虎難作，命駕將入省。或告之曰：「省府相幕皆以軍士守之，不可入矣。」少頃，兵士索人于閭巷，鎰乃還第。胡沙虎意不可測，方猶豫，不能自定，乃詣鎰問疾，從人望也。鎰從容謂之曰：「翼王，章宗之兄，顯宗長子，衆望所屬，元帥決策立之，萬世之功也。」胡沙虎默然而去，乃迎宣宗于彰德。胡沙虎既殺徒單南平，欲執其弟知真定府事銘，鎰説之曰：「車駕道出真定，鎬王家在威州，河北人心易摇，徒單銘有變，朝廷危矣。不如與之金牌，奉迎車駕，銘必感元帥之恩。」胡沙虎從之。至寧、貞祐之際，轉敗爲功，惟鎰是賴焉。

宣宗即位，進拜左丞相，封廣平郡王，授中都路迭魯都世襲猛安蒲魯吉必剌謀克〔九〕。鎰尚有足疾，詔侍朝無拜。明年，鎰建議和親。言事者請罷按察司。鎰曰：「今郡縣多殘毁，正須按察司撫集，不可罷。」遂止。宣宗將幸南京，鎰曰：「鑾輅一動，北路皆不守矣。今已講和，聚兵積粟，固守京師，策之上也。南京四面受兵。遼東根本之地，依山負海，其險足恃，備禦一面，以爲後圖，策之次也。」不從。是歲，薨。詔賻贈從優厚。

鎰明敏方正，學問該貫，一時名士皆出其門，多至卿相。嘗嘆文士委頓，雖巧拙不同，要以仁義道德爲本，乃著學之急、道之要二篇。太學諸生刻之于石。有弘道集六卷。

賈鉉字鼎臣，博州博平人。性純厚，好學問。中大定十三年進士，調滕州軍事判官、單州司候，補尚書省令史。章宗爲右丞相，深器重之，除陝西東路轉運副使。入爲刑部主事，遷監察御史。遷侍御史，改右司諫。上疏論邊戍利害，上嘉納之，遷左諫議大夫兼工部侍郎，與党懷英同刊修遼史。

鉉上書曰：「親民之官，任情立威，所用決杖，分徑長短不如法式，甚者以鐵刃置於杖端，因而致死。間者陰陽愆戾，和氣不通，未必不由此也。願下州郡申明舊章，檢量封記，按察官其檢察不如法者，具以名聞。內庭勑斷，亦依已定程式。」制可。復上書論山東採茶事，其大概以爲「茶樹隨山皆有，一切護邏，已奪民利，因而以拺茶樹執誣小民，嚇取貨賂，宜嚴禁止。仍令按察司約束。」上從之。

承安四年，遷禮部尚書，諫議如故。是時有詔，凡奉敕商量照勘公事皆期日聞奏。鉉言：「若如此，恐官吏迫於限期，姑務苟簡，反害事體。況簿書自有常程，御史臺治其稽緩，如事有應密，三月未絕者，令具次第以聞。」下尚書省議。如省部可即定奪者，須三月擬奏，如取會案牘卒難補勘者，先具次第奏知，更限一月結絕，違者准稽緩制書罪之。

上議置相，欲用鉉，宰臣薦孫即康。張萬公曰：「即康及第在鉉前。」上曰：「用相安問榜次？　朕意以爲賈鉉才可用也。」然竟用即康焉。

泰和二年，興陵崇妃薨，上欲成服苑中，行登門送喪之禮，以問鉉，鉉對曰：「故宋嘗行此禮，古無是也。」遂已。改刑部尚書。泰和三年，拜參知政事。亳州醫者孫士明輒用黃紙大書「敕賜神針先生」等十二字，及於紙尾年月間摹作寶樣朱篆青龍二字，以誑惑市人。有司捕治款伏。值赦，大理寺議宜准僞造御寶〔一〇〕，雖遇赦不應原。已奏可矣。鉉奏：「天子有八寶，其文各異，若僞造，不限用泥及黃蠟。今用筆描成青龍二字〔一一〕，既非八寶文，論以僞造御寶，非本法意。」上悟，遂以赦原。明日，上謂大臣曰：「已行之事，賈鉉猶執奏，甚可嘉也，羣臣亦當如此矣。」

泰和六年，御試，鉉爲監試官。上曰：「丞相崇浩嘗言試題頗易，由是進士例不讀書。朕今以日合天統爲賦題。」鉉曰：「題則佳矣，恐非所以牢籠天下士也。」上曰：「帝王以難題窘舉人，固不可，欲使自今積致學業而已。」遂用之。久之，鉉與審官院掌書大中漏言除授事。上謂鉉曰：「卿罪自知之矣。然卿久參機務，補益弘多，不深罪也。」乃出爲安武軍節度使，改知濟南府。致仕。貞祐元年，薨。

孫鐸字振之，其先滕州人，徙恩州歷亭縣。鐸性敏好學，遼陽王遵古一見器之，期以公輔。登大定十三年進士第，調海州軍事判官，衞縣丞，補尚書省令史。章宗爲右丞相，語人曰：「治官事如孫鐸，必無錯失。」初即位，問鐸安在？有司奏爲右都管，使宋。及還，除同知登聞檢院事。鐸言：「凡上訴者皆因尚書省斷不得直，若上訴者復送省，則必不行矣，乞自宸衷斷之。」上以爲然。詔登聞檢院，凡上訴者，每朝日奏十事。詔刊定舊律，鐸先奏名例一篇。

承安元年，遷左諫議大夫，改河東南路轉運使，召爲中都路都轉運使。初置講議錢穀官十人，鐸爲選首。承安四年，遷户部尚書。鐸因轉對奏曰：「比年號令，或已行而中輟，或既改而復行，更張太煩，百姓不信。乞自今凡將下令，再三講究，如有益于治則必行，無恤小民之言。」國子司業紇石烈善才亦言「頒行法令，絲綸既出，尤當固守」。上然之。

泰和二年十二月〔三〕，上召鐸、户部侍郎張復亨議交鈔。復亨曰：「三合同鈔可行。」鐸請廢不用，詰難久之，復亨議詘。上顧謂侍臣曰：「孫鐸剛正人也，雖古魏徵何加焉！」

三年，御史中丞孫即康、刑部尚書賈鉉皆除參知政事，鐸再任户部尚書。鐸心少之，對賀客誦古人詩曰：「唯有庭前老柏樹，春風來似不曾來。」御史大夫卞劾鐸怨望，降同知河南府事。改彰化軍節度使，復爲中都轉運使。泰和七年，拜參知政事。

蒲陰縣令大中與左司郎中劉昂、通州刺史史肅、前監察御史王宇、吏部主事曹元、户部員外郎李著、監察御史劉國樞、尚書省都事曹温、雄州都軍馬師周、吏部員外郎徒單永康、太倉使馬良顯、順州刺史唐括直思白坐私議朝政，下獄，尚書省奏其罪。鐸進曰：「昂等非敢議朝政，但如鄭人游鄉校耳。」上悟，乃薄其罪。

鐸上言：「民間鈔多，宜收斂。院務課程及諸窠名錢須要全收交鈔。秋夏税本色外，盡令折鈔，不拘貫例，農民知之，迤漸重鈔。比來州縣抑配行市買鈔，無益，徒擾之耳。乞罷諸處鈔局，惟省庫仍舊，小鈔無限路分，可令通行。」上覽奏，即詔有司曰：「可速行之。」

大安初，議誅黄門李新喜。鐸曰：「此先朝用之太過耳。」衛紹王不察，即曰：「卿今日始言之何耶？」既而復曰：「後當盡言，勿以此介意。」頃之，遷尚書左丞，兼修國史。議鈔法忤旨，猶以論李新喜降濬州防禦使。改安國軍節度使，徙絳陽軍。

宣宗即位，召赴闕，以兵道阻。宣宗遷汴，鐸上謁于宜村，除太子太師。有疾，累遣使候問。貞祐三年，致仕。是歲，薨。

孫即康字安伯，其先滄州人。石晉之末，遼徙河北實燕、薊，八代祖延應在徙中，占籍析津，實大興，仕至涿州刺史。延應玄孫克構，遼檢校太傅、啓聖軍節度使。即康，克構曾孫，中大定十年進士第。章宗爲右丞相，是時，即康爲尚書省令史，由是識其人。章宗即位，累遷户部員外郎，講究鹽法利害，語在食貨志。除耀州刺史，入爲吏部左司郎中〔一三〕。

上謂宰臣曰：「孫即康向爲省掾，言語拙訥，今才力大進，非向時比也。」宰臣因曰：「即康年已高，幸及早用之。」上問：「年幾何矣？」對曰：「五十六歲。」上復問：「其才何如張萬公？」平章政事守貞對曰：「即康才過之。」上曰：「視萬公爲通耳。」由是遷御史中丞。

初，張汝弼妻高陀斡不道，伏誅。汝弼，鎬王永中舅也，上由是頗疑永中。永中府傅尉奏永中第四子阿离合懣語涉不軌，詔同簽大睦親府事䩭與即康鞫之。第二子神土門嘗撰詞曲，頗輕肆，遂以語涉不遜就逮。家奴德哥首永中嘗與侍妾瑞雲言：「我得天下，以爾爲妃，子爲大王。」䩭、即康還奏，詔禮部尚書張暐覆訊。永中父子皆死，時論冤之。頃之，遷泰寧軍節度使，改知延安府事。

承安五年，上問宰相：「今漢官誰可用者？」司空襄舉即康。上曰：「不輕薄否？」襄曰：「可再用爲中丞觀之。」上乃復召即康爲御史中丞。泰和三年，除參知政事。明年，進尚書右丞。六年，宋渝盟有端，大臣猶以爲小盜竊發不足恤。即康與左丞僕散端、參政獨吉思忠以爲必當用兵，上以爲然。

上問即康、參知政事賈鉉曰：「太宗廟諱同音字，有讀作『成』字者，既非同音，便不當缺點畫。睿宗廟諱改作『崇』字，其下却有本字全體，不若將『示』字依蘭亭帖寫作『未』字〔一四〕。『充』字合缺點畫，如『統』傍之『充』，似不合缺。」即康奏曰：「唐太宗諱世民，偏傍犯如『葉』字作『苿』字，『泯』字作『汦』字。」乃擬「熙宗廟諱從『面』從『且』。睿宗廟諱上字從『未』，下字從『𡒄』〔一五〕。世宗廟諱從『系』。顯宗廟諱如正犯字形，止書斜畫，『沇』字、『鈗』字各從『口』，『兑』『悦』之類各從本傳〔一六〕。」從之，自此不勝曲避矣。進左丞。宋人請和，進官一階。

舊制，尚書省令史考滿優調，次任回降，崔建昌已優調興平軍節度副使，未回降即除大理司直。詔知除郭邦傑、李蹊杖七十勒停，左司員外郎高庭玉決四十解職，即康待罪，有詔勿問。章宗崩，衛紹王即位，即康進拜平章政事，封崇國公。大安三年，致仕。是歲，薨。遣使致祭。

李革字君美，河津人。父餘慶，三至廷試，不遂，因棄去。革穎悟，讀書一再誦，輒記不忘。大定二十五年進士。調真定主簿。察廉，遷韓城令。同知州事納富商賂，以歲課軍須配屬縣，革獨不聽，提刑司以爲能。遷河北東路轉運都勾判官、太原推官。丁母憂，起復，遷大興縣令、中都左警巡使、南京提刑判官、監察御史、同知昭義軍節度事。丁父憂，起復，簽南京按察事。

泰和六年，伐宋，尚書省奏：「軍興，隨路官，差占者别注，闕者選補，老不任職者替罷，及司、縣各存留强幹正官一員。」革與簽陝西高霖、簽山東孟子元俱被詔，體訪三路官員能否，籍存留正官，行省、行部、元帥府差占員數及事故闕員，老不任職，赴闕奏事。改刑部員外郎，調觀州刺史兼提舉漕運，陝西西路按察副使，大興府治中。知府徒單南平貴幸用事，勢傾中外，遣所親以進取誘革，革拒之。貞祐二年，遷户部侍郎。宣宗遷汴，行河北西路六部事，遷知開封府事，河南勸農使，户部、吏部尚書，陝西行省參議官。

四年，拜參知政事。革奏：「有司各以情見引用斷例，牽合附會，實啓倖門。乞凡斷例勑條特旨奏斷不爲永格者，不許引用，皆以律爲正。」詔從之。是歲，大元兵破潼關，革自以執政失備禦之策，上表請罪。不許，罷爲絳陽軍節度使。興定元年，胥鼎自平陽移鎮陝西，革以知平陽府事，權參知政事，代鼎爲河東行省。

是時興兵伐宋，革上書曰：「今之計當休兵息民，養鋭待敵。宋雖造釁，止可自備。若不忍小忿以勤遠略，恐或乘之，不能支也。」不納。太原兵後闕食，革移粟七萬石以濟之。二年，宣差粘割梭失至河東，於是晚禾未熟，牒行省耕毀清野。革奏：「今歲雨澤及時，秋成可待。如令耕毁，民將不堪。」詔從革奏。十月，平陽被圍，城中兵不滿六千，屢出戰，旬日間傷者過半。徵兵吉、隰、霍三州，不時至。裨將李懷德縋城出降，兵自城東南入。左右請革上馬突圍出。革歎曰：「吾不能保此城，何面目見天子！汝輩可去矣。」乃自殺。贈尚書右丞。

贊曰：傳曰：「君子之言，其利博哉。」〔一七〕徒單鎰拱挹一語而宣宗立，厥功懋矣。賈鉉、孫鐸皆舊臣，鉉久致仕，鐸忤旨衞王，皆不復見用。徒單鎰亦外官，惟孫即康詭隨，乃驟至宰相。古所謂斗筲之人，即康之謂矣。鐸論李新喜，其言似漢耿育，有旨哉。貞祐執政李革，可謂君子，其進退之際，有古人爲相之風焉。

校勘記

〔一〕選諸路學生三十餘人　此上當脱「九年」二字。按，本書卷五一選舉志一策論進士條，「始大定四年，世宗命頒行女直大小字所譯經書，每謀克選二人習之。尋欲興女直字學校，猛安謀克内多擇良家子爲生，諸路至三千人。九年，選異等者得百人，薦於京師，廩給之，命温迪罕締達教以古書，作詩、策，後復試，得徒單鎰以下三十餘人」。又女直學條同，是其證。

〔二〕十三年八月詔策女直進士　「十三年」，原作「九年」。按，本書卷五一選舉志一策論進士條，大定「十一年，始議行策選之制，至十三年始定每場策一道，（中略）乃就憫忠寺試徒單鎰等，（中略）中選者得徒單鎰以下二十七人」。又卷一〇五温迪罕締達傳，大定「十三年，設女直進士科。是歲，徒單鎰等二十七人登第」。今據改。

〔三〕吏部令史楊克忠譯解　「楊克忠」，本書卷一〇五温迪罕締達傳記此事作「張克忠」。

〔四〕或命節度定武　「或」，金史詳校卷八下以爲「當作『故』」。

〔五〕徒單鎰與崇浩執優　「崇浩」，即「宗浩」，避金睿宗諱所改。參見本書卷八校勘記〔九〕。

〔六〕義者天下之制也　「制」，原作「斷」，據禮記表記改。徒單鎰蓋習女直文禮記，故用字不同，下文「義爲斷之節」似出禮記喪服四制，文亦不同。

〔七〕昌桓撫三州素號富實　「富實」，原作「富貴」。金史詳校卷八下以爲「『貴』當作『實』」，今據改。

〔八〕平章政事移剌　「移剌」，按，姓氏下脱其名。

〔九〕授中都路迭魯都世襲猛安蒲魯吉必剌謀克　按，本書卷一四宣宗紀上，至寧元年閏九月，「授尚書左丞相徒單鎰中都路迭魯猛安」，所授係「猛安」非「謀克」，與此異。

〔一〇〕大理寺議宜准僞造御寶　「僞造」，原作「僞學」，據南監本、北監本、殿本、局本改。

〔一一〕今用筆描成青龍二字　「令」，原作「令」，據南監本、北監本、殿本、局本改。下文多處「今」誤寫作「令」，一併改正。

〔一二〕泰和二年十二月　按，本書卷四八食貨志三錢幣，泰和二年「閏十二月，上以交鈔事，召户部尚書孫鐸、侍郎張復亨，議於内殿」。繫月與此異。

〔一三〕入爲吏部左司郎中　此處疑有衍文。按，本書卷五五百官志一，尚書省分左右司，皆置「郎中一員，正五品」。吏部不分左右司。

〔一四〕不若將示字依蘭亭帖寫作未字　「不」字原脱。金史詳校卷八下稱當加「不」字。今據補。

〔一五〕下字從垚　「垚」，原作「世」，據宗堯名「堯」字上半字形改。

〔一六〕沇字鋭字各從口兑悦之類各從本傳　按，此處疑有誤字，疑「沇」當作「兖」，「鋭」當作「銃」，「傳」當作「體」。

〔一七〕傳曰君子之言其利博哉　按，左傳昭公三年：「君子曰：『仁人之言，其利博哉。』」引文不確。

金史卷一百

列傳第三十八

孟鑄　宗端脩　完顏閭山　路鐸　完顏伯嘉　术虎筠壽
張煒　高竑　李復亨

孟鑄，大定末，補尚書省令史。明昌元年，御史臺奏薦户部員外郎李獻可、完顏掃合、太府丞徒單繹、宫籍監丞張庸、右警巡使衮、禮部主事蒲察振壽、户部主事郭蛻、應奉翰林文字移剌益、中都鹽鐵判官趙暠、尚書省令史劉昂及鑄十一人皆剛正可用。詔除獻可右司諫，掃合磁州刺史，繹秘書丞，庸中都右警巡使，衮彰國軍節度副使，振壽治書侍御史，蛻同知定武軍節度使事，益翰林修撰，暠都水丞，昂户部主事，鑄刑部主事。累遷中都路按察副使、南京副留守、河平軍節度使。

泰和四年，入爲御史中丞，召見於香閤。上謂鑄曰：「朕自知卿，非因人薦舉也。御史責任甚重，往者臺官乃推求細故，彈劾小官，至於巨室重事，則畏徇不言。其勤乃職，無廢朕命。」是歲，自春至夏，諸郡少雨。鑄奏：「今歲愆陽，已近五月，比至得雨，恐失播種之期，可依種麻菜法，擇地形稍下處撥畦種穀，穿土作井，隨宜灌溉。」上從其言，區種法自此始〔一〕。

無何，奏彈知大興府事紇石烈執中過惡，其文略曰：「京師百郡之首，四方取則。知府執中貪殘專恣，不奉法令，自奉聖州罪解以後，怙罪不悛，蒙朝廷恩貸，轉生跋扈。雄州詐奪人馬，平州冒支己俸，無故破魏廷碩家〔二〕，發其冢墓。拜表以調鷹不赴，祈雨聚妓戲嬉，毆詈同僚，擅令住職，失師帥之體。乞行黜退，以厭人望。」上以執中東宮舊人，頗右之，謂鑄曰：「執中麤人，似有跋扈者。」鑄曰：「明天子在上，豈容有跋扈之臣？」上悟，詔尚書省問之。

泰和五年，唐、鄧、河南屢有警，議者謂宋且敗盟。六年正月，宋賀正旦使陳克俊等朝辭〔三〕，上使鑄就館諭克俊以國家涵容之意，果不詳此旨，恐兵未可息也。使以上言達宋主。章宗本無意用兵，故再三諭之。

鑄論提刑司改按察司，差官覆察，權削望輕。下尚書省議。參知政事賈鉉奏：「乞差監察時，即別遣官偕往，更不覆察，諸疑獄並令按察司從正與決，庶幾可慰人望。」從之。

永豐庫官不守宿，因而被盜，上召登聞鼓院官欲有所問，皆不在。上諭鑄曰：「此輩慢法如此，御史臺所職何事也！」復諭御史大夫宗肅及鑄曰：「朕聞唐宰相宿省中，卿等所知也。臺官、六部官、其餘司局亦嘗宿直。今尚書省左右司官宿直，餘亦當準此。」八年，除絳陽軍節度使。至寧元年，復爲御史中丞。

紇石烈執中作亂，召鑄及右諫議大夫張行信俱至大興府，問曰：「汝輩向來彈我者耶？」鑄等各以正言答之。執中乃遣還家，曰：「且須後命。」既而執中死，鑄亦尋卒。

宗端脩字平叔，汝州人。章宗避睿宗諱上一字，凡太祖諸子皆加「山」爲「崇」，改「宗」氏爲「姬」氏。端脩好學，喜名節，中大定二十二年進士第〔四〕。明昌間，補尚書省令史。承安元年，監察御史孫椿年、武簡職事不修舉，詔以端脩及范鐸代之。

是時元妃李氏兄弟干預朝政，端脩上書乞遠小人。上遣李喜兒傳詔問端脩：「小人爲誰，其以姓名對。」端脩對曰：「小人者，李仁惠兄弟。」仁惠，喜兒賜名也。喜兒不敢隱，具奏之。上雖責喜兒兄弟，而不能去也。四年，復上書言事，宰相惡之，坐以不經臺官直進奏帖，准上書不以實，削一官，朞年後敍。章宗知端脩不爲衆所容，釋之，改大理司直。

泰和四年，遷大理丞，召見于香閣。上謂端脩曰：「汝前爲御史，以幹能見用。汝言多細碎，不究其實，嘗令問汝，亦不汝罪。及爲大理司直，乃能稱職，用是擢汝爲丞，盡乃心力，惟法是守，勿問上位宰執所見何如，汝其志之！」知大興府紇石烈執中陳言，下大理寺議。端脩謂執中言事涉私治罪。詔以端脩別出情見不當，與司直温敦按帶各削一官解職。久之，爲節度副使〔五〕，卒官。

端脩終以直道不振於時，自守愈篤。妻死不復更娶，獨居二十年，士論高之。汝州司候游彦哲將之官，問爲政。端脩曰：「爲政不難，治氣養心而已。」彦哲不達，端脩曰：「心正則不私，氣平則不暴。爲政之術，盡於此矣。」

完顏閭山，蓋州猛安人。明昌二年進士，累調觀察判官，補尚書省令史，知管差除。授都轉運都勾判官〔六〕，改河東南路轉運都勾判官、南京警巡使。丁母憂，起復南京按察判官，累遷沁南軍節度使，入爲工部尚書。貞祐三年，知京兆府事，充行省參議官。四年，知鳳翔府事。

興定元年冬，詔陝西行省伐宋，閭山權元帥右都監，參議諸軍事。宋兵千餘人伏吴寨谷，閭山率騎兵掩擊敗之，追襲十五里，殺三百餘，獲牛羊以千計。改知平涼府，敗宋人于步落堝。遷官一階。三年，召爲吏部尚書。廷議選户部官，往往舉聚斂苛刻以應詔。閭山曰：「民勞至矣，復用此輩，將何以堪。」識者稱之。三年，朝廷以晉安行元帥府陀滿胡土門暴刻，以閭山代之〔七〕。是歲十月，卒。

路鐸字宣叔，伯達子也。明昌三年，爲左三部司正。上書言事，召見便殿，遷右拾遺。明年，盧溝河決，鐸請自玄同口以下、丁村以上無修舊堤，縱使分流，以殺減水勢。詔工部尚書胥持國與鐸同檢視。章宗將幸景明宮，是歲民饑，不可行。御史中丞董師中上書諫，鐸與左補闕許安仁繼之，賜對御閤。詔尚書省曰：「朕不禁暑熱，欲往山後。今臺諫言民間多闕食，朕初不盡知，既已知之，其忍自奉以重困民哉。」乃罷行。

尚書左丞完顏守貞每論政事，守正不移，與同列不合，罷知東平府事，臺諫因而擠之。鐸上書論守貞賢，可復用，其言太切，召對于崇政殿。既而章宗以鐸書語大臣，於是尚書左丞烏林荅愿、參知政事夾谷衡、胥持國奏路鐸以梁冀比右丞相，所言狂妄，不稱諫職。右丞相，夾谷清臣也。上曰：「周昌以桀、紂比漢高祖，高祖不以爲忤。路鐸以梁冀比丞相耳。」頃之，守貞入爲平章政事。五年，復與禮部尚書張暐、御史中丞董師中、右諫議大夫賈守謙、翰林修撰完顏撒剌諫幸景明宮，語多激切，章宗不能堪，遣近侍局直長李仁愿召凡諫北幸者詣尚書省，詔曰：「卿等諫北幸甚善，但其間頗失君臣之體耳。」

是歲，鄗忠愈獄起，事密，諫官不能察其詳，議者頗謂事涉鎬王永中，思有以寬解上意。右諫議大夫賈守謙上封事，鐸繼之，尤切直。上優容之，謂鐸曰：「汝言諸王皆有覬心，游其門者不無横議，是何言也。但朕不罪諫官耳。」頃之，尚書省奏擬鐸同知河北西路轉運使事，詔再任右拾遺，謂宰相曰：「鐸敢言，但識短耳。朕嘗詰責而氣不沮。」鐸因召對，論宰相權太重。上曰：「凡事由朕，宰相安得權重。」既而復奏曰：「乞陛下勿泄此言，泄則臣虀粉矣。」上曰：「宰相安能虀粉人。」至是，章宗並以此言告宰相，雖留再任，宰相愈銜之。改右補闕。

自完顏守貞再入相，以政事爲己任，胥持國方幸，尤忌守貞，并忌鐸輩。鐸輩雖嘗爲守貞論辨而不相附。鐸論邊防，守貞以爲掇拾唐人餘論，皆不行。及守貞持鎬王永中事久不決，鐸等亦上言切諫，並指以爲黨。上乃出守貞知濟南府，凡曾薦守貞者皆黜降，謂宰臣曰：「董師中謂臺省無守貞不可治，路鐸、李敬義皆稱舉之者。然三人者後俱可用，今姑出之。」上復曰：「路鐸敢言，甚有時名，一旦外補，人將謂朕不能容直臣。可選敢言及才識處鐸右者。」參知政事馬琪奏曰：「鐸雖知無不言，然亦多不當理。」上曰：「諫官非但取敢言，亦須間有出朕意表者，乃有裨益耳。」於是，吏部尚書董師中出爲陝西西路轉運使，鐸爲南京留守判官。户部郎中李敬義方使高麗還，即出爲安化軍節度副使。詔曰：「卿等昨來交薦守貞公正可用，今坐所舉失實耳。」

承安二年，召爲翰林修撰，同看讀陳言文字。上召禮部尚書張暐、大理卿麻安上及鐸，問趙晏所言十事，因問董師中、張萬公優劣。鐸奏：「師中附胥持國以進，趙樞、張復亨、張嘉貞皆出持國門下，嘉貞復趨走襄之門。持國不可復用，若再相，必亂綱紀。」上曰：「朕豈復相此人，但遷官二階使致仕，何爲不可？」持國黨聞之，怒愈甚。改監察御史。

參知政事楊伯通引用鄉人李浩，鐸劾奏：「伯通以公器結私恩，左司郎中賈益、知除武郁承望風旨，不詳檢起復條例。」涉妄冒，大夫張暐抑之不行。上命同知大興府事賈鉉詰問。張暐、伯通待罪于家。賈鉉奏：「近詔書詰問御史大夫張暐。暐言路鐸嘗稟會楊伯通私用鄉人李浩。暐以爲彈紏大臣，須有阿曲實迹，恐所劾不當，臺綱愈壞，令再體察。賈益言除授皆宰執公議，奏稟，不見伯通私任形迹。」於是，詔責鐸言事輕率，慰諭伯通治事如故。

頃之，遷侍御史，主奏事。監察御史姬端脩以言事下吏，使御史臺令史郭公仲達意于大夫張暐及鐸。暐與鐸奏事殿上，上問：「姬端脩彈事嘗申臺官否？」對曰：「嘗來面議。」端脩款伏乃云：「秪曾與侍御私議，大夫不知也。」既而端脩杖七十收贖，公仲杖七十替罷。暐、鐸坐奏事不實，暐追一官，鐸兩官，皆解職。頃之，起爲泰定軍節度副使。上謂宰臣曰：「凡言事者，議及朕躬亦無妨，語涉宰相，間有憎嫌，何以得進？」詔左司計鐸資考至正五品，即除東平府治中。未幾，景州闕刺史，尚書省已奏郭歧爲之，詔特改鐸爲景州刺史，仍勿送審官院。鐸述十二訓以教民。詔曰：「路鐸十二訓皆勸人爲善，遍諭州郡使知之。」遷陝西路按察副使。坐以糾彈之官與京兆府治中蒲察張鐵、總管判官辛孝儉、推官愛刺宴飲，奪一官解職。泰和六年，召爲翰林待制兼知登聞鼓院，累除孟州防禦使。貞祐初，城破，投沁水死。

鐸剛正，歷官臺諫，有直臣之風。爲文尚奇，詩篇温潤精緻，號虚舟居士集云。

完顏伯嘉字輔之，北京路訛魯古必刺猛安人。明昌二年進士，調中都左警巡判官。孝懿皇后妹晉國夫人家奴買漆不酬直，伯嘉鈎致晉國用事奴數人繫獄。晉國白章宗，章宗曰：「姨酬其價，則奴釋矣。」由是豪右屏迹。改寶坻丞。補尚書省令史，除太學助教、監察御史。劾奏平章政事僕散揆。或曰：「與宰相有隙，奈何？」伯嘉曰：「職分如此。」遷平涼治中。累官莒州刺史。讞屬縣盜，伯嘉曰：「飢寒爲盜，得錢二千，經月不使一錢云何？此必官兵捕他盜不獲，誣以準罪耳。」詰之，果然。詔與按察官俱推排物力，召見于香閤。

大安中，三遷同知西京留守，權本路安撫使。貞祐初，遷順義軍節度使。居父母喪，卒哭，起復震武軍節度使兼宣撫副使，提控太和嶺諸隘。副統李鵬飛誣殺彰國軍節度使牙改，詔伯嘉治之。貞祐四年三月，伯嘉奏：「西京副統程琢智勇過人，持心忠孝，以私財募集壯士二萬，復取渾源、白登，有恢復山西之志，已命駐于弘州矣。近者靖大中、完顏毛吉打以三千人歸國，各遷節度副使。今山西已不守，琢收合餘衆，盡忠於國，百戰不挫。臣恐失機會，輒擬琢昭勇大將軍，同知西京留守事，兼領一路義軍，給以空名勑二十道，許擇有謀略者充州縣。」制可，仍賜琢姓夾谷氏。琢請曰：「前代皆賜國姓，不繫他族，如蒙更賜，榮莫大焉。」詔更賜完顏氏。

是月，伯嘉遷元帥左監軍，知太原府事，河東北路宣撫使。以同知太原府斡勒合打爲彰國軍節度使、宣撫副使。六月，斡勒合打奏：「同知西京留守完顏琢恃與宣撫使伯嘉雅善，徙居代州，肆爲侵掠。遙授太原治中、權堅州刺史完顏斜烈私離邊面，臣白伯嘉，伯嘉不悅，遣臣護送糧運于代州。臣請益兵，乃以羸卒數百見付，半無鎧仗。臣復爲言，伯嘉怒臣，榜掠幾死。臣立功累年，頗有寸效，伯嘉挾私陵轢，無復宣撫同僚之禮。臣欲不言，恐他日反爲所誣，無以自明。」上問宰臣，奏曰：「太原重鎮，防秋在邇，請勑諭和解。」詔曰：「太原兵衝，若以私忿廢國事，國家何賴焉！卿等同心戮力，以分北顧之憂，無執前非，誤大計也。」七月，伯嘉改知歸德府事，合打改武寧軍節度使。御史臺奏：「宣撫副使合打訴元帥伯嘉以私忿加箠楚，令本臺廉問，既得其事，遂不復窮治。若合打奏實，伯嘉安得無罪，伯嘉無罪，合打合坐欺罔，乞審正是非，明示黜陟。」宣宗曰：「今正防秋，且已。」

初，河東行省胥鼎奏：「完顏伯嘉屢言同知西京留守兼臺州刺史完顏琢，可倚之以復山西，朝廷遷官賜姓，令屯代北，扼太和嶺。今聞諸隘悉無琢兵，蓋琢挈太原之衆，保五臺剽掠耳。如尚以伯嘉之言爲可信，乞遣琢出太原，或徙之內地，分處其衆，以備不測之變。」宰臣奏：「已遣官體究琢軍，且令太原元帥府烏古論德升召琢使之矣。當以此意報鼎。」無何，德升奏：「琢兵數萬分屯代州諸險，拒戰甚力，其衆烏合，非琢不可制。」胥鼎復奏：「宣差提控古里甲石倫言，琢方招降人，謀復山西，盤桓于忻、代、定襄間，恣爲侵擾，無復行意。發掘民粟，戕殺無辜，雖曰不煩官廩，博易爲名，實則攘劫，欺國害民無如琢者。石倫之言如此，臣已令帥府禁止之矣。」宰臣奏：「所遣官自忻、代來，云不見劫掠之迹，惟如德升言便。」從之。

伯嘉至歸德，上言，乞雜犯死罪以下納粟贖免。辛臣奏：「伯嘉前在代州嘗行之，蓋一時之權，不可爲常法。」遂寢。俄改簽樞密院事。未閱月，改知河南府事。是時，甫經兵後，乏兵食，伯嘉令輸棗栗菜根足之，皆以爲便。興定元年，知河中府，充宣差都提控，未幾召爲吏部尚書。二年，改御史中丞。

初，貞祐四年十月，詔以兵部尚書、簽樞密院事蒲察阿里不孫爲右副元帥，備禦潼關、陝州。次澠池土濠村〔八〕，兵不戰而潰。阿里不孫逸去，亡所佩虎符，變易姓名，匿柘城縣，與其妻妹前韓州刺史合喜男婦紇石烈氏及僕婢三人僦民舍居止。合喜母徒單氏聞之，捕執紇石烈，斷其髮，拘之佛寺中。阿里不孫復亡去。監察御史完顏藥師劾奏：「乞就詰紇石烈及僕婢，當得所在。其妻子見在京師，亦無容不知，請窮治。」有司方繫其家人，特命釋之，詔曰：「阿里不孫若能自出，當免極罪。」阿里不孫乃使其子上書，請圖後效。尚書省奏：「阿里不孫幸特赦死，當詣闕自陳，乃令其子上書，猶懷顧望。」伯嘉劾之曰：「古之爲將者，受命之日忘其家，臨陣之日忘其身，服喪衣、鑿凶門而出，以示必死。進不求名，退不避罪，惟民是保。阿里不孫膺國重寄，握兵數萬，未陣而潰，委棄虎符，既不得援枹鼓以死敵，又不能負斧鑕而請罪，逃命竄伏，猥居里巷，挾匿婦人，爲此醜行。聖恩寬大，曲赦其死，自當奔走闕庭，皇恐待命。安坐要君，略無忌憚，迹其情罪，實不容誅。

此而不懲，朝綱廢矣。乞尸諸市以戒爲臣之不忠者！」宣宗曰：「中丞言是，業已赦之矣。」阿里不孫乃除名。

五月，充宣差河南提控捕蝗，許決四品以下。宣宗憂旱。伯嘉奏曰：「日者君之象，陽之精，旱熯乃人君自用亢極之象，宰執以爲冤獄所致。夫燮和陰陽，宰相之職，而猥咎於有司。高琪武弁出身，固不足論，汝礪輩不知所職，其罪大矣。漢制，災異策免三公，顧歸之有司邪。臣謂今日之旱，聖主自用，宰相諂諛，百司失職，實此之由。」高琪、汝礪深怨之。

禮部郎中抹撚胡魯剌以言事忤旨，集五品以上官顯責之。明日，伯嘉諫曰：「自古帝王莫不欲法堯、舜而恥爲桀、紂，蓋堯、舜納諫，桀、紂拒諫也。故曰『納諫者昌，拒諫者亡』。胡魯剌所言是，無益於身，所言不是，無損於國。陛下廷辱如此，獨不欲爲堯、舜乎。近日言事者語涉謗訕，有司當以重典，陛下釋之。與其釋之以爲恩，曷若置之而不問。」

宰相請修山寨以避兵，伯嘉諫曰：「建議者必曰據險可以安君父，獨不見陳後主之入井乎？假令入山寨可以得生，能復爲國乎。人臣有忠國者，有媚君者，忠國者或拂君意，媚君者不爲國謀。臣竊論之，有國可以有君，有君未必有國也。」高琪、汝礪聞之，怒愈甚。

十二月，以御史中丞、權參知政事、元帥左監軍，行尚書省、元帥府于河中，控制河東南北路便宜從事。興定三年，伯嘉至河中，奏曰：「本路衝要，不可闕官，凡召辟者每以艱險爲辭。乞凡檄召無故不至者宜令降罰，悉心幹當者視所歷升遷。」詔召不至者決杖一百，餘如所請。廷議欲棄河東，徙其民以實陝西。伯嘉上書諫曰：「中原之有河東，如人之有肩背。古人云『不得河東不雄』，萬一失之，恐未易取也。」大忤宰執意。

頃之，召還，罷爲中丞。伯嘉入見，奏曰：「如臣駑鈍，固宜召還，更須速遣大臣鎮撫。」宣宗深然之。伯嘉上疏曰：「國家兵不强，力不足以有爲，財不富，賞不足以周衆，獨恃官爵以激勸人心。近日以功遷官赴都求調者，有司往往駁之，冒濫者固十之三，既與而復奪之，非所以勸功也。乞應軍功遷官，宣勑無僞者即準用之。」又曰：「自兵興以來，河北桀黠往往聚衆自保，未有定屬。乞賜招撫，署以職名，無爲他人所先。」又曰：「河東、河北有能招集餘民完守城寨者，乞無問其門地，皆超踰等級，授以本處見任之職。」又曰：「河中、晉安被山帶河，保障關、陝，此必爭之地。今雖殘破，形勢猶存，若使他人據之，因鹽池之饒，聚兵積糧，則河津以南，太行以西，皆不足恃矣。」

四年秋，河南大水，充宣慰副使，按行京東。奏曰：「亳州災最甚，合免三十餘萬石。三司止奏除十萬石，民將重困，惟陛下憐之！」詔治三司奏災不以實罪。伯嘉行至蘄縣，聞前有紅襖賊，不敢至泗州。監察御史烏古孫奴申劾伯嘉違詔，不徧按視。又曰：「伯嘉知永城縣主簿蒙古訛里剌不法，沈丘令夾谷陶也受賄，匿而不發。前穀城縣令獨吉鼎朮可嘗受業伯嘉，伯嘉諷御史辟之。」詔有司鞫問，會赦免。

五年，起爲彰化軍節度使，改翰林侍講學士。伯嘉純直，不能與時低昂，嘗曰：「生爲男子，當益國澤民，其他不可學也。」高汝礪方希寵固位，伯嘉論事輒與之忤，由是毀之者衆。元光元年，坐言事過切，降遥授同知歸德府事。二年三月，遥授集慶軍節度使，權參知政事，行尚書省于河中，率陝西精鋭與平陽公史詠共復河東。頃之，伯嘉有疾。六月，薨。

伯嘉去太原後，完顏瑑寓軍平定石仁寨，權平定州刺史范鐸以閻德用充本州提控。德用桀驁，蓄姦謀，鐸不能制，委曲容庇之。興定二年，德用率所部掩襲〔九〕，殺瑑及官屬程珪等百餘人，遂據石仁寨。鐸懼，挈家奔太原。德用遂據平定州。十月，詔誅范鐸。

朮虎筠壽，貞祐間爲器物局直長，遷副使。貞祐三年七月，工部下開封市白牯取皮治御用鞠仗。筠壽以其家所有鞠仗以進，因奏曰：「中都食盡，遠棄廟社，陛下當坐薪懸膽之日，奈何以毬鞠細物動摇民間，使屠宰耕牛以供不急之用，非所以示百姓也。」宣宗不懌，擲仗籠中。明日，出筠壽爲橋西提控。

贊曰：孟鑄、宗端脩、路鐸盡言於章宗，皆擯斥不遂。鑄劾胡沙虎，可謂先知，雖行其言，弗究厥罰。厥後胡沙虎逆謀，胥持國終至于誤國，而不悟也。宣宗時，完顏素蘭、許古皆敢言者，亦挫于高琪、汝礪之手。蕢土不能塞河決，有以也夫。完顏伯嘉以著功參大政，亦不能一朝而安，言之難也如是哉。朮虎筠壽，所謂執藝事以諫者邪。

張煒字子明，洺州永年人，本名熻，避章宗嫌名改焉。大定二十五年進士，調葭州軍事判官，再遷中都左警巡使。煒喜言功利，寡廉節，交通部民閻元翬，縉紳薄之。累官户部員外郎。

承安五年，天色久陰晦，平章政事張萬公奏：「此由君子小人邪正不分所致，君子宜在内，小人宜在外。」章宗問：「孰爲小人？」萬公對曰：「户部員外郎張煒〔一〇〕、文繡署丞田櫟、都水監丞張嘉貞雖有幹才，無德而稱，好奔走以取勢利。大抵論人當先德後才。」詔三人皆與外除，煒出爲同知鎮西軍節度使事，轉同知西京轉運使事。是時，大築界墻，被行户工部牒主役事。丁母憂，起復桓州刺史，奏請以鹽易米事，且所言利害甚多，恐涉細碎，不敢盡上。詔尚書省曰：「張煒通曉人也，朕不敢縷詰，卿等詳問之，毋爲虚文。」充宣差西北路軍儲，自言斂不及民，可以足用。大抵募商賈縱其販易，不問所從來。姦人往往投牒，妄指產業，疏隣保姓名，煒信之，多與之錢。已而亡去，即逮繫隣保，使之代償，一路爲之疲弊。以故舊氈罽繒絮皮革折給軍士，皆棄於道而去。歲餘，改户部郎中，遷翰林直學士，俱兼規措職事。左丞相崇浩奏〔二〕：「張煒長於恢辦，比户部給錢三十萬，已增息十四萬矣。請給錢通百萬，令從長恢辦，乞不隸省部，委臣專一提控，有應奏者，許煒專達，歲差幹事官計本息具奏。」上從其請。

泰和六年〔三〕，伐宋，煒進銀五千兩。詔曰：「汝幹集資儲，固其職也，毋令軍士有議國家。人之短汝，朕皆知之，惟能興利，斯惟汝功。」自西北路召還，勾計諸道倉庫，除簽三司事。上問：「誰可代卿規措者？」煒舉中都轉運户籍判官王謙。謙至西北路，盡發煒前後散失錢物以鉅萬計，對獄者積年。大安三年，起爲同簽三司事。會河堡兵敗〔三〕，軍士猶云張宣差刻我，欲倒戈殺之。累遷户部侍郎。貞祐初，遷河北西路按察轉運使。

貞祐二年春，中都乏糧，詔同知都轉運使事。邊源以兵萬人護運通州積粟，軍敗死焉，平章政事高琪舉煒代源行六部事。以勞進官一階，改河北東路轉運使。宣宗遷汴，佐尚書右丞胥鼎前路排頓，及修南京宮闕。無何，坐事降孟州防禦使。三年，遷安國軍節度使。致仕。宣宗初以煒有才，既察其無實，遂不復用。貞祐四年，卒。

高竑，渤海人。以蔭補官，累調貴德縣尉。提刑司舉任繁劇，遷奉聖州録事。察廉，遷内黄令，累官左藏庫副使。元妃李氏以皁幣易紅幣，竑獨拒不肯易。元妃奏之。章宗大喜，遣人諭之曰：「所執甚善。今姑與之，後不得爲例。」轉儀鸞局、少府少監，改户部員外郎、安州刺史。

大安中，越王永功判中山，竑以王傅同知府事。改同知河南府，充安撫使。徙同知大名府，兼本路安撫使。貞祐二年，遷河北西路按察轉運使，録大名功，遷三官，致仕。興定四年，卒。

李復亨字仲修，榮州河津人〔一四〕。年十八，登進士第。復中書判優等，調臨晉主簿。護送官馬入府，宿逆旅，有盜殺馬，復亨曰：「不利而殺之，必有仇者。」盡索逆旅商人過客。同邑人橐中盛佩刀，謂之曰：「刀蠟馬血，火煆之則刃青。」其人款服，果有仇。以提刑薦遷南和令。盜割民家牛耳。復亨盡召里中人至，使牛家牽牛偏過之，至一人前，牛忽驚躍，詰之，乃引伏。察廉，遷臨洮府判官，改陝西東路户籍判官，轉河東北路度支判官〔一五〕。

泰和中，伐宋，充宣撫司經歷官，遷解鹽副使，歷保大、震武同知節度事。丁母憂〔一六〕，起復同知震武節度，加遥授忻州刺史。貞祐間，歷左司員外郎、郎中，遷翰林直學士行三司事。興定三年，上言：「近日興師伐宋，恐宋人乘虚掩襲南鄙，故籍邊郡民爲軍。今大軍已還，乞罷遣歸本業。」從之。復亨舉陳留縣令程震等二十九人農桑有效，徵科均一，朝廷皆遷擢之。

是歲七月，置京東、京西、京南三路行三司，掌勸農催租、軍須科差及鹽鐵酒榷等事，户部侍郎張師魯攝東路，治歸德，户部侍郎完顏麻斤出攝南路，治許州，復亨攝西路，治中京實河南府〔一七〕，三司使侯摯總之。復亨奏：「民間銷毁農具以供軍器，臣竊以爲未便。汝州魯山、寶豐，鄧州南皆産鐵〔一八〕，募工置冶，可以獲利，且不厲民。」又奏：「陽武設賣鹽官以佐軍用，乞禁止滄、濱鹽勿令過河，河南食陽武、解鹽，河北食滄、濱鹽，南北俱濟。」詔尚書省行之。九月，以勸農有勞，遷兵部尚書。再閲月，轉吏部尚書，權參知政事。四年三月，真拜參知政事，兼修國史。

七月，河南雨水害稼，復亨爲宣慰使，御史中丞完顏伯嘉副之，循行郡縣，凡官吏貪汙不治者，得廢罷推治。復亨奏乞禁宣慰司官吏不得與州府司縣行總管府及管軍官會飲。又奏曰：「詔書令臣，民間差發可免者免之。民養驛馬，此役最甚，使者求索百端，皆出養馬之家，人多逃竄，職此之由。可依舊設回馬官，使者食料皆官給之，歲終會計〔一九〕，均賦於民。」又奏：「河南閑田多，可招河東、河北移民耕種。被災及沿邊郡縣租税全免，内地半之，以救塗炭之民，資蓄積之用。」詔有司議行焉。還奏：「南陽禾麥雖傷，土性宜稻，今因久雨，乃更滋茂。田凡五百餘頃，畝可收五石，都得二十五萬餘石。可增直糴稻給唐、鄧軍食。緣詔書不急科役即令免罷，臣不敢輒行，如以臣言爲然，乞付有司計之。」制可。無何，被詔提控軍興糧草。復亨奏：「河渡不通，陝西鹽價踊貴，乞以粟互易足兵食。」詔户部從長規措。

復亨有會計才，號能吏，當時推服，故驟至通顯。既執政，頗矜持，以私自營，譽望頓減。五年三月，廷試進士，復亨監試。進士盧元謬誤，濫放及第。讀卷官禮部尚書趙秉文、翰林待制崔禧、歸德治中時戩、應奉翰林文字程嘉善當奪三官降職，復亨當奪兩官。趙秉文嘗請致仕，宣宗憐其老，降兩階，以禮部尚書致仕。復亨罷爲定國軍節度使〔二〇〕。元光元年十一月，城破自殺，年四十六。贈資德大夫、知河中府事。

贊曰：大凡兵興則財用不足，是故張煒、李復亨乘時射利，聚斂爲功。大安，軍士欲倒戈殺煒。復亨宣慰南陽，還奏稻熟可糴。所謂聚斂之臣者，二子之謂矣。高竑之守藏，君子頗有取焉。

校勘記

〔一〕區種法自此始　按，本書卷一〇章宗紀二承安元年四月戊午初行區種法，泰和四年不得言始。

〔二〕無故破魏廷碩家　「魏廷碩」，本書卷一三二逆臣紇石烈執中傳作「魏廷實」。

〔三〕宋賀正旦使陳克俊等朝辭　「陳克俊」，即「陳景俊」，爲避金章宗諱所改。參見本書卷一二校勘記〔九〕。

〔四〕中大定二十二年進士第　中州集卷八宗端脩小傳所記與此同。然閑閑老人滏水文集卷一一姬平叔墓表稱姬氏「中大定二十五年進士第」。又卷一三學道齋記，「與吾姬伯正父同登大定二十五年進士第」。趙秉文與宗端脩同年。此處「二十二年」當作「二十五年」。

〔五〕久之爲節度副使　「爲」字下脱地名。按，本書卷一二三忠義傳三姬汝作傳，「全州節度副使端脩之姪孫也」。又中州集卷八宗端脩小傳云：「以全州節度副使卒官。」本書卷二四地理志上，北京路「全州，下，磐安軍節度使」。蓋所脱當爲「全州」或「磐安軍」。

〔六〕授都轉運都勾判官　「都轉運」，其上當脱轉運司路名。

〔七〕三年朝廷以晉安行元帥府陀滿胡土門暴刻以閭山代之　按，本書卷一二三忠義傳三陀滿胡土門傳，胡土門知晉安府在興定二年十月。又卷一〇八胥鼎傳，興定三年八月上言晉安帥府完顏閭山「奉旨清野」事，則閭山代胡土門當在三年八月前。且本卷上文已有「三年」二字。

疑此「三年」或爲「三月」之誤。

〔八〕次澠池土濠村 「澠池」，原作「沔池」，今改。參見本書卷二五校勘記〔一六〕。

〔九〕興定二年德用率所部掩襲 按，本書卷一五宣宗紀中，興定元年四月戊午，「平定州賊閻德用之黨閻顯殺德用，以其衆降」。記其事在元年，與此異。

〔一〇〕户部員外郎張煒 「張煒」，原作「張暐」，據南監本、北監本、殿本、局本及本卷張煒傳改。下同改。

〔一一〕左丞相崇浩奏 「崇浩」，即「宗浩」，避金睿宗諱所改。參見本書卷八校勘記〔九〕。

〔一二〕泰和六年 「六年」，原作「八年」。按，本書卷一二章宗紀四，泰和六年五月「丙戌，以宋畔盟出師，告于天地太廟社稷。（中略）辛卯，以征南詔中外」。卷九三承裕傳，「泰和六年，伐宋，遷陝西路統軍副使」。今據改。

〔一三〕會河堡兵敗 「會河堡」，原作「會河東」。按，本書卷一三衛紹王紀，大安三年「九月，千家奴、胡沙敗績于會河堡」。卷九三獨吉思忠傳，「既而敗績于會河堡」。又同卷贊，「會河堡之役，獨吉思忠、承裕沮喪不可復振」。今據改。

〔一四〕滎州河津人 「滎州」，原作「滎州」，今改。參見本書卷二六校勘記〔三〕。

〔一五〕轉河東北路度支判官 「路」字原脱。按，本書卷二六地理志下：「河東北路。宋河東路，天會六年析河東爲南、北路，各置兵馬都總管。」今據補。「度支」，本書卷五七百官志三，都轉運司，「支度判官二員，從六品，掌勾判、分判支度案事」，作「支度」，與此異。

〔一六〕丁母憂　按，歸潛志卷六，李復亨「南渡，爲左司郎中，大爲宣宗所器，（中略）進吏部尚書，爲參知政事，年方四十，父母俱存」，所述與此不合。

〔一七〕治中京實河南府　按，歸潛志卷六李鞏傳，李復亨「南渡，（中略）遷翰林直學士，知開封府」。與此異。

〔一八〕鄧州南皆産鐵　按，本書卷二五地理志中，南京路鄧州有南陽縣。疑「南」後脱「陽」字。

〔一九〕歲終會計　「終」，原作「給」，據南監本、北監本、殿本、局本改。

〔二〇〕復亨罷爲定國軍節度使　「定國軍」，原作「安國軍」。按，本書卷一六宣宗紀下，元光元年「十一月丁未，大元兵徇同州，定國軍節度使李復亨、同知定國軍節度使訛可皆自盡」。又卷二六地理志下，京兆府路「同州，中。宋馮翊郡定國軍節度」。卷二七河渠志漕渠條有「定國軍節度使李復亨言」句，知「定國軍」是。今據改。

金史卷一百一

列傳第三十九

承暉本名福興　抹撚盡忠　僕散端本名七斤　耿端義　李英

孛术魯德裕　烏古論慶壽

承暉字維明，本名福興。好學，淹貫經史。襲父益都尹鄭家塔割剌訛没謀克。大定十五年，選充符寶祗候，遷筆硯直長，轉近侍局直長，調中都右警巡使。章宗爲皇太孫，選充侍正。章宗即位，遷近侍局使。孝懿皇后妹夫吾也藍，世宗時以罪斥去，乙夜，詔開宮城門召之。承暉不奉詔，明日奏曰：「吾也藍得罪先帝，不可召。」章宗曰：「善。」未幾，遷兵部侍郎兼右補闕。

初置九路提刑司，承暉東京咸平等路提刑副使，改同知上京留守事。御史臺奏：「承暉前爲提刑，豪猾屏息。」遷臨海軍節度使。歷利涉、遼海軍，遷北京路提刑使。歷知咸平、臨潢府，爲北京留守。副留守李東陽素貴，承暉自非公事，不與交一言。改知大名府，召爲刑部尚書，兼知審官院。惠民司都監余里痕都遷織染署直長，承暉駁奏曰：「痕都以蔭得官，別無才能，前爲大陽渡譏察，纔八月擢惠民司都監，已爲太優，依格兩除之後，當再入監差，今乃超授隨朝八品職任。況痕都乃平章鎰之甥，不能不涉物議。」上從承暉議，召徒單鎰深責之。

改知大興府事。宦者李新喜有寵用事，借大興府妓樂。承暉拒不與，新喜慙。章宗聞而嘉之。豪民與人爭種稻水利不直，厚賂元妃兄左宣徽使李仁惠。仁惠使人屬承暉右之。承暉即杖豪民而遣之，謂其人曰：「可以此報宣徽也。」復改知大名府事。雨潦害稼，承暉決引潦水納之濠隍。

及伐宋，遷山東路統軍使。山東盜賊起，承暉言「捕盜不即獲，比奏報或遷官去官，請權行的決」。尚書省議：「猛安依舊收贖，謀克奏報，其餘鈐轄都軍巡尉先決奏聞，俟事定復舊。」從之。及罷兵，盜賊渠魁稍就招降，猶往往潛匿泰山巖穴間。按察司請發數萬人刊除林木，則盜賊無所隱矣。承暉奏曰：「泰山五岳之宗，故曰岱宗。王者受命，封禪告代，國家雖不行此事，而山亦不可赭也。齊人易動，驅之入山，必有凍餓失所之患，此誨盜非止盜也。天下之山亦多矣，豈可盡赭哉。」議遂寢。

是時，行限錢法。承暉上疏，略曰：「貨聚於上，怨結於下。」不報。改知興中府事。衛紹王即位，召爲御史大夫，拜參知政事。駙馬都尉徒單没烈與其父南平干政事，大爲姦利，承暉面質其非。進拜尚書左丞，行省于宣德。參知政事承裕敗績于會河堡，承暉亦坐除名。至寧元年，起爲横海軍節度使。貞祐初，召拜尚書右丞。承暉即日入朝，妻子留滄州。滄州破，妻子皆死。紇石烈執中伏誅〔一〕。進拜平章政事，兼都元帥，封鄒國公。

中都被圍，承暉出議和事。宣宗遷汴，進拜右丞相，兼都元帥，徙封定國公，與皇太子留守中都。承暉以尚書左丞抹撚盡忠久在軍旅，知兵事，遂以赤心委盡忠，悉以兵事付之，已乃總持大綱，期於保完都城。頃之，莊獻太子去之，右副元帥蒲察七斤以其軍出降，中都危急。詔以抹撚盡忠爲平章政事，兼左副元帥。三年二月，詔元帥左監軍永錫將中山、真定兵〔二〕，元帥左都監烏古論慶壽將大名軍萬八千人、西南路步騎萬一千、河北兵一萬，御史中丞李英運糧，參知政事、大名行省孛术魯德裕調遣繼發〔三〕，救中都。承暉間遣人以礬寫奏曰：「七斤既降，城中無有固志，臣雖以死守之，豈能持久。伏念一失中都，遼東、河朔皆非我有，諸軍倍道來援，猶冀有濟。」詔曰：「中都重地，廟社在焉，朕豈一日忘也。已趣諸路兵與糧俱往，卿會知之。」及詔中都官吏軍民曰：「朕欲紓民力，遂幸陪都，天未悔禍，時尚多虞，道路久梗，音問難通。汝等朝暮矢石，暴露風霜，思惟報國，靡有貳心，俟兵事之稍息，當不愆於旌賞。今已會合諸路兵馬救援，故茲獎諭，想宜知悉。」永錫、慶壽等軍至霸州北。三月乙亥，李英被酒，軍無紀律，大元兵攻之，英軍大敗。

是時，高琪居中用事，忌承暉成功，諸將皆顧望。既而，以刑部侍郎阿典宋阿爲左監軍，行元帥府于清州，同知真定府事女奚烈胡論出爲右都監，行元帥府于保州〔四〕，户部侍郎侯摯行尚書六部，往來應給，終無一兵至中都者。慶壽軍聞之亦潰。

承暉與抹撚盡忠會議于尚書省。承暉約盡忠同死社稷。盡忠謀南奔，承暉怒，即起還第，亦無如盡忠何。召盡忠腹心元帥府經歷官完顏師姑至，謂曰：「始我謂平章知兵，故推心以權畀平章，嘗許與我俱死，今忽異議，行期且在何日，汝必知之。」師姑曰：「今日向暮且行。」曰：「汝行李辦未？」曰：「辦矣。」承暉變色曰：「社稷若何？」師姑不能對。叱下斬之。

承暉起，辭謁家廟，召左右司郎中趙思文與之飲酒，謂之曰：「事勢至此，惟有一死以報國家。」作遺表付尚書省令史師安石，其表皆論國家大計，辨君子小人治亂之本，歷指當時邪正者數人，曰：「平章政事高琪，賦性陰險，報復私憾，竊弄威柄，包藏禍心，終害國家。」因引咎以不能終保都城爲謝。復謂妻子死于滄州，爲書以從兄子永懷爲後。從容若平日，盡出財物，召家人隨年勞多寡而分之，皆與從良書。舉家號泣，承暉神色泰然，方與安石舉白引滿，謂之曰：「承暉於五經皆經師授，謹守而力行之，不爲虛文。」既被酒，取筆與安石訣，最後倒寫二字，投筆歎曰：「遽爾謬誤，得非神志亂邪？」謂安石曰：「子行矣。」安石出門，聞哭聲，復還問之，則已仰藥薨矣。家人匆匆瘞庭中。是日暮，盡忠出奔，中都不守。貞祐三年五月二日也。師安石奉遺表奔赴行在奏之。宣宗設奠於相國寺，哭之盡哀。贈開府儀同三司、太尉、尚書令、廣平郡王，謚忠肅。詔以永懷爲器物局直長。永懷子撒速爲奉御。

承暉生而貴富，居家類寒素，常置司馬光、蘇軾像於書室，曰：「吾師司馬而友蘇公。」平章政事完顏守貞素敬之，與爲忘年交。

抹撚盡忠本名象多，上京路猛安人。中大定二十八年進士第，調高陽、朝城主簿，北京、臨潢提刑司知事。御史臺舉廉能，遷順義軍節度副使。以憂去官，起復翰林修撰，同知德昌軍節度事，簽北京按察司、滑州刺史，改恩州。上言：「凡買賣軍器，乞令告給憑驗，以防盜賊私市。」尚書省議，「止聽係籍人斥貨賣，有知情售不應存留者同私造法」。

從之。遷山東按察副使，坐虚奏田稼豐收請糴常平粟，詐稱宣差和糴，降虢州刺史，改乾州。

泰和六年，伐宋，爲元帥右監軍完顏充經歷官，坐奏報稽滯，杖五十。八年，入爲吏部郎中，累遷中都、西京按察使。是時，紇石烈執中爲西京留守，與盡忠爭，私意不協。盡忠陰伺執中過失，申奏。執中雖跋扈，善撫御其部曲，密於居庸北口置腹心刺取按察司文字。及執中自紫荆關走還中都，詔盡忠爲左副元帥兼西京留守。以保全西京功進官三階，賜金百兩、銀千兩、重綵百段、絹二百疋。未幾，拜尚書右丞，行省西京。

貞祐初，進拜左丞。詔曰：「卿總領行省，鎮撫陪京，守禦有功，人民攸賴。朕新嗣祚，念爾重臣，益勉乃力，以副朕懷。」二年五月，自西京入朝，加崇進，封申國公，賜玉帶、金鼎、重幣。二年，進拜都元帥，左丞如故。

宣宗遷汴，與右丞相承暉守中都。承暉爲都元帥，盡忠復爲左副元帥。十月，進拜平章政事，監修國史，左副元帥如故。宣宗詔盡忠善撫糺軍，盡忠不察，殺糺軍數人。已而中都受圍，承暉以盡忠久在軍旅，付以兵事，嘗約同死社稷。及烏古論慶壽等兵潰，外援不至，中都危急，密與腹心元帥府經歷官完顏師姑謀棄中都南奔，已戒行李，期以五月二日向暮出城。是日，承暉、盡忠會議于尚書省，承暉無柰盡忠何，徑歸家，召師姑問之，知將以其夜出奔，乃先殺師姑，然後仰藥而死。是日，凡在中都妃嬪，聞盡忠出奔，皆束裝至通玄門。盡忠謂之曰：「我當先出，與諸妃啓途。」諸妃以爲信然。盡忠乃與愛妾及所親者先出城，不復顧矣。中都遂不守。盡忠行至中山，謂所親曰：「若與諸妃偕來，我輩豈能至此！」

盡忠至南京，宣宗釋不問棄中都事，仍以爲平章政事。盡忠言：「記注之官，奏事不當回避，可令左右司官兼之。」宣宗以爲然。盡忠奏應奉翰林文字完顔素蘭可爲近侍局。宣宗曰：「近侍局例注本局人及宮中出身，雜以他色，恐或不和。」盡忠曰：「若給使左右，可止注本局人。既令預政，固宜慎選。」宣宗曰：「何謂預政？」盡忠曰：「中外之事得議論訪察，即爲預政矣。」宣宗曰：「自世宗、章宗朝許察外事，非自朕始也。如請謁營私，擬除不當，臺諫不職，非近侍體察，何由知之？」盡忠乃謝罪。參政德升繼之曰：「固當慎選其人。」宣宗曰：「朕於庶官曷嘗不慎，有外似可用而實無才力者，視之若忠孝而包藏悖逆者。蒲察七斤以刺史立功，驟升顯貴，輒懷異志。蒲鮮萬奴委以遼東，乃復肆亂。知人之難如此，朕敢輕乎！」衆以蒲察五斤爲公幹，乃除副使。衆以斜烈爲淳直，乃用爲提點。若烏古論石虎乃汝等共舉之，朕豈不盡心哉！」德升曰：「比來訪察，開決河隄，水損田禾等，覆之皆不實。」上曰：「朕自今不敢問若輩，外間事皆不知，朕幹何事，但終日默坐聽汝等所爲矣。方朕有過，汝等不諫，今乃面訐，此豈爲臣之義哉！」德升亦謝罪。

紇石烈執中之誅，近侍局嘗先事啓之，遂以爲功，陰秉朝政。高琪託此輩以自固。及盡忠、德升面責，愈無所忌。未幾，德升罷相，盡忠下獄，自是以後，中外蔽隔，以至于亡。

盡忠與高琪素不相能，疑宣宗頗疎己，高琪間之。其兄吾里也爲許州監酒，秩滿，求調南京。盡忠與吾里也語及中都事，曰：「邇來上頗疎我，此高琪所爲也。若再主兵，必不置此，胡沙虎之事孰爲爲之〔五〕！」吾里也曰：「然。」九月，尚書省奏：「遥授武寧軍節度副使徒單吾典告盡忠謀逆。」上憮然曰：「朕何負彖多，彼棄中都，凡祖宗御容及道陵諸妃皆不顧，獨與其妾偕來，此固有罪。」乃命有司鞫治，問得與兄吾里也相語事，遂并吾里也誅之。

僕散端本名七斤，中都路火魯虎必刺猛安人。事親孝，選充護衛，除太子僕正、滕王府長史、宿直將軍、邳州刺史、尚厩局副使、右衛將軍。章宗即位，轉左衛。章宗朝隆慶宫，護衛花狗邀駕陳言：「端叔父胡覩預弑海陵，端不宜在侍衛。」詔杖花狗六十，代撰章奏人杖五十。丁憂，起復東北路招討副使，改左副點檢，轉都點檢，歷河南、陝西統軍使，復召爲都點檢。承安四年，上如薊州秋山獵，端射鹿誤入圍，杖之，解職。泰和三年，起爲御史大夫。明年，拜尚書左丞。泰和六年，詔大臣議伐宋，皆曰無足慮者。左丞相崇浩〔六〕、參知政事賈鉉亦曰：「狗盜鼠竊，非舉兵也。」端曰：「小寇當晝伏夜出，豈敢白日列陳，犯靈壁、入渦口、攻壽春邪？此宋人欲多方誤我，不早爲之所，一旦大舉入寇，將墮其計中。」上深然之。未幾，丁母憂，起復尚書左丞。

平章政事僕散揆伐宋，發兵南京，詔端行省，主留務。僕散揆已渡淮，次廬州。宋使皇甫拱奉書乞和〔七〕，端奏其書。朝議諸道兵既進，疑宋以計緩師，詔端遣拱還宋。七年，僕散揆以暑雨班師，端還朝。

初，婦人阿魯不嫁爲武衞軍士妻，生二女而寡，常託夢中言以惑衆，頗有驗，或以爲神。乃自言夢中屢見白頭老父指其二女曰：「皆有福人也。」若侍掖廷，必得皇嗣。」是時，章宗在位久，皇子未立，端請納之。章宗從之。既而京師久不雨，阿魯不復言：「夢見白頭老父使己祈雨，三日必大澍足。」過三日雨不降，章宗疑其誕妄，下有司鞫問，阿魯不引伏。詔讓端曰：「昔者所奏，今其若何？後人謂朕信其妖妄，實由卿啓其端倪，鬱于予懷，念之難置。其循省于往咎，思善補于將來。恪整乃心，式副朕意！」端上表待罪，詔釋不問。頃之，進拜平章政事，封申國公。八年，宋人請盟，端遷一官。

章宗遺詔：「內人有娠者兩位，生子立爲儲嗣。」衞紹王即位，命端與尚書左丞孫即康護視章宗內人有娠者。泰和八年十一月二十日，章宗崩。二十二日，太醫副使儀師顏狀：「診得范氏胎氣有損。」明年四月，有人告元妃李氏教承御賈氏詐稱有身。元妃、承御皆誅死。端進拜右丞相〔八〕，授世襲謀克。

貞祐二年五月，判南京留守，與河南統軍使長壽、按察轉運使王質表請南遷，凡三奏，宣宗意乃決。百官士庶皆言其不可，太學生趙昉等四百人上書極論利害，宣宗慰遣之，乃下詔遷都。明年，中都失守。

宣宗至南京，以端知開封府事。頃之，爲御史大夫，無何，拜尚書左丞相。三年，兼樞密副使，未幾，進兼樞密使。數月，以左丞相兼都元帥行省陝西，給親軍三十人、騎兵三百爲衞，次子宿直將軍納丹出侍行。賜契紙勘同曰：「緩急有事，以此召卿。」端招遥領通遠軍節度使完顏狗兒即日來歸〔九〕，奏遷知平涼府事，諸將聞之，莫不感激。遣納蘭伴僧招諭臨洮苽黎五族都管青覺兒、積石州章羅謁蘭冬及鐸精族都管阿令結、蘭州葩俄族都管汪三郎等，皆相繼內附。汪三郎賜姓完顏，後爲西方名將。

四年，以疾請致仕，不許，遣近侍與太醫診視。端雖癃老，凡朝廷使至必遠迓，宴勞不懈，故讒構不果行。宣宗聞之，詔自今專使酒三行別于儀門，他事經過者一見而止。初，同、華舊屯陝西軍及河南步騎九千餘人，皆隸陝州宣撫副使永錫，端奏：「潼關之西，皆陝西地，請此軍隸行省，緩急可使。」朝廷從之。及大元兵入潼關，永錫坐誅，而罪不及端。

興定元年〔一〇〕，朝廷以知臨洮府事承裔爲元帥左都監，行元帥府於鳳翔。端奏：「隴外十州，介宋、夏之間，與諸番雜處，先於鞏州置元帥府以鎮之。今承裔以隴外萬兵移居鳳翔，臣恐一旦有警，援應不及。乞令承裔行元帥府於鞏州。若以鳳翔密邇宋界，則本路屯兵已多，但令總管攝行帥事，與京兆、鞏相爲首尾，足以備緩急矣。」從之。是歲，薨。訃聞，宣宗震悼，輟朝。贈延安郡王，謚忠正。正大三年，配享宣宗廟廷。

子納坦出爲定國軍節度使。天興元年十一月，納坦出之子忙押門與兄石里門及護衞顏盞宗阿同飲，忙押門詐以事出投北兵，省以刑部郎中趙楠推其家屬及同飲人。時上下迎合，必欲以知情處之，至於忙押門妻皆被訊掠。其母完顏氏曰：「忙押門通其父妾，父殺此妾，忙押門不自安，遂叛，求脱命而已。」委曲推問，無知情之狀。省中微聞之，召小吏郭從革喻以風旨，從革言之。楠方食，擲匕筯於案，大言曰：「寧使趙楠除名，亦不能屈斷無辜人。」遂以不知情奏，且以妾事上聞。上曰：「丞相功臣，納坦出父子俱受國恩，吾已保其不知情也。立命赦出之。」楠字才美〔一二〕，進士，高平人。

耿端義字忠嗣，博州博平人。大定二十八年進士。調滑州軍事判官，歷上洛縣令，安化、順義軍節度判官，補尚書省令史，除汾陽軍節度副使，改都轉運司户籍判官，轉太常博士，遷太常丞兼秘書郎，再除左司員外郎，歷太常少卿兼吏部員外郎，同修國史，户部郎中，河北東路按察副使，同知東平府事，充山東安撫使。宣宗判汾陽軍，是時端義爲副使。宣宗即位，召見，訪問時事，遷翰林侍講學士兼户部侍郎，未幾，拜參知政事。

貞祐二年，中都被圍，將帥皆不肯戰。端義奏曰：「今日之患，衞王啓之。士卒縱不可使，城中軍官自都統至謀克不啻萬餘，遣此輩一出，或可以得志。」議竟不行。中都解圍，端義請遷南京。既而僕散端三表皆言遷都事，宣宗意遂決。是歲，薨。宣宗輟朝，賻贈甚厚，遣使祭葬。

李英字子賢，其先遼陽人，徙益都。中明昌五年進士第，調淳化主簿、登州軍事判官、封丘令。丁父憂，服除，調通遠令。蕃部取民物不與直，攝之不時至，即掩捕之，論如法。補尚書省令史。

大安三年，集三品以上官議兵事，英上疏曰：「軍旅必練習者，朮虎高琪、烏古孫兀屯、納蘭佤頭、抹撚盡忠先朝嘗任使，可與商略。餘者紛紛，恐誤大計。」又曰：「比來增築城郭，修完樓櫓，事勢可知。山東、河北不大其聲援，則京師爲孤城矣。」不報。除吏部主事。

貞祐初，攝左司都事，遷監察御史。右副元帥朮虎高琪辟爲經歷官，乃上書高琪曰：「中都之有居庸，猶秦之崤、函，蜀之劍門也。邇者撤居庸兵，我勢遂去。今土豪守之，朝廷當遣官節制，失此不圖，忠義之士，將轉爲他矣。」又曰：「可鎮撫宣德、德興餘民，使之從戎。所在自有宿藏，足以取給，是國家不費斗糧尺帛，坐收所失之關隘也。居庸咫尺，都之北門，而不能衞護，英實耻之。」高琪奏其書，即除尚書工部員外郎，充宣差都提控，居庸等關隘悉隸焉。

二年正月，乘夜與壯士李雄、郭仲元、郭興祖等四百九十人出城，緣西山進至佛巖寺。令李雄等下山招募軍民，旬日得萬餘人。擇衆所推服者領之，詭稱土豪，時時出戰。被創，召還。遷翰林待制，因獻十策〔一三〕，其大概謂：「居中土以鎮四方，委親賢以守中都，立藩屏以固關隘，集人力以防不虞，養馬力以助軍威，愛禾稼以結民心，明賞罰以勸百官，選守令以復郡縣，併州縣以省民力。」頗施行之。

宣宗南遷，與左諫議大夫把胡魯俱爲御前經歷官。詔曰：「扈從軍馬，朕自總之，事有利害，可因近侍局以聞。」宣宗次真定，以英爲國子祭酒，充宣差提控隴右邊事。無何，召爲御史中丞。英言：「兵興以來，百務皆弛，其要在于激濁揚清，奬進人材耳。近年改定四善、二十七最之法，徒爲虛文。大定間，數遣使者分道考察廉能，當時號爲得人。願改前日徒設之文，遵大定已試之効，庶幾人人自勵，爲國家用矣。」宣宗嘉納之。

自兵興以來，亟用官爵爲賞，程陳僧敗官軍于龕谷，遣僞統制董九招西關堡都統王狗兒，狗兒立殺之。詔除通遠軍節度使，加榮禄大夫，賜姓完顏氏。英言：「名器不可以假人，上恩以難得爲貴。比來醲於用賞，實駭聞聽。帑藏不足，惟恃爵命，今又輕之，何以使人？伏見蘭州西關堡守將王狗兒向以微勞，既蒙甄録，頃者堅守關城，誘殺賊使，論其忠節，誠有可嘉。若官之五品，命以一州，亦無負矣。急於勸奬，遂擢節鉞，加階二品，賜以國姓，若取蘭州，又將何以待之？陝西名將項背相望，曹記僧、包長壽、東永昌、徒單醜兒、郭禄大皆其著者。狗兒藐然賤卒，一朝處衆人之右，爲統領之官，恐衆望不厭，難得其死力。」宣宗以英奏示宰臣。宰臣奏：「狗兒奮發如此，賞以異恩，殆不爲過。」上然其言。

中都久圍，丞相承暉遣人以礬寫奏告急。詔元帥左監軍永錫〔一三〕、左都監烏古論慶壽將兵，英收河間清、滄義軍自清州督糧運救中都。英至大名，得兵數萬，馭衆素無紀律。貞祐三年三月十六日，英被酒，與大元兵遇于霸州北，大敗，盡失所運糧。英死，士卒殲焉。慶壽、永錫軍聞之，皆潰歸。五月，中都不守，宣宗猶加恩，贈通奉大夫，謚剛貞，官護葬事，録用其子云。

孛术魯德裕本名蒲剌都，隆安路猛安人。補樞密院、尚書省令史，右三部檢法、監察御史，遷少府監丞。明昌末，修北邊壕塹，立堡塞，以勞進官三階，授大理正。丁母憂，起復廣寧治中，歷順州、濱州刺史。坐前在順州市物虧直，遇赦，改刺瀋州，累官北京路按察使、太子詹事、元帥左都監，遷左監軍兼臨潢府路兵馬都總管。坐士馬物故多，及都統按帶私率官兵救護家屬，德裕蔽之，御史劾奏逮獄。遇赦，謫寧海州刺史，稍遷泗州防禦使、武勝軍節度使。

貞祐二年，改知臨洮府事，兼陝西路副統軍。召爲御史中丞，拜參知政事兼簽樞密院事，行省大名。詔發河北兵救中都。凡真定、中山、保、涿等兵，元帥左監軍永錫將之，大名、河間、清、滄、觀、霸、河南等兵，德裕將之，并護清、滄糧運。德裕不時發。及李英至霸州兵敗，糧盡亡失，坐弛慢兵期，責授沂州防禦使，尋知益都府事。興定元年二月，卒。

烏古論慶壽，河北西路猛安人，由知把書畫充奉御，除近侍局直長，再轉本局使。禦邊有勞，進一階，賜金帶。泰和四年，遷本局提點。是時，議開通州漕河，詔慶壽按視。漕河成，賜銀一百五十兩、重幣十端。

泰和六年，伐宋，從右副元帥完顏匡出唐鄧，爲先鋒都統，賜御弓二。以騎兵八千攻下棗陽。頃之，完顏匡軍次白虎粒，遣都統完顏按帶取隨州，遣慶壽以兵五千扼赤岸，斷襄、漢路。行與宋兵遇，斬首五百級，宋隨州將雷太尉遁去，遂克隨州。於是宋鄧城、樊城戍兵皆潰，遂與大軍渡漢江，圍襄陽。元帥匡表薦慶壽謀略出衆。上嘉之，進一官，遷拱衞直都指揮使，提點如故。

初，慶壽上書云：「汝州襄城縣去汝州遠於許州兩舍，請割隸許州便。」尚書省議：「汝州南有鵶路舊屯四千，其三千在襄城，今割襄隸許州，道里近便，仍食用解鹽，其屯軍三千，依舊汝州總押。」從之。八年，罷兵，遷兩階，賜銀二百五十兩、重幣十端。有疾，賜御藥。衛紹王即位，改左副點檢、近侍局如故。未幾，坐與黄門李新喜題品諸王，免死除名。久之，起爲保安州刺史，歷同知延安府，西北、西南招討副使，棣州防禦使，興平軍節度使。

貞祐二年，遷元帥右都監，以保全平州功進官五階，賜金吐鶻、重幣十端。頃之，宣宗遷汴，改右副點檢兼侍衛親軍副都指揮使。閱月，知大興府事。未行，改左副點檢兼親軍副都指揮。數月，知彰德府事。三年，中都危急，改元帥左都監，將大名兵萬八千、西南路步騎萬一千、河北兵一萬救中都。次霸州北，兵潰。頃之，中都不守，改大名府權宣撫使。未幾，知河中府，權河東南路宣撫副使。四年，遷元帥右監軍兼陝西統軍使。駐兵延安，敗夏人于安塞堡〔一四〕。戰于鄜州之倉曲谷，有功。

興定元年，與簽樞密院事完顏賽不經略伐宋，敗宋兵于泥河灣石壕村，斬首三千級，獲馬四百匹、牛三百頭，器械稱是。復破宋兵七千於樊城縣。既而，以軍士多被傷，奏不以實，詔有司鞫問，已而釋之。歷鎮南、集慶軍節度使，卒。

贊曰：承暉守中都朞年，相爲存亡，臨終就義，古人所難也。大抵宣宗既遷，則中都必不能守〔一五〕，中都不守，則土崩之埶決矣。僕散端、耿端義似忠而實愚，抹撚盡忠委中都，庸何議焉。高琪忌承暉成功，孛术魯德裕緩師期，姦人之黨，於是何誅。李英被酒敗軍，雖死不能贖也。烏古論慶壽無罰，貞祐之刑政，從可知矣。

校勘記

〔一〕紇石烈執中伏誅　此七字當是衍文。按，本書卷一四宣宗紀上，貞祐元年十月辛亥，「以兵殺胡沙虎于其第」；十一月庚午，「以横海軍節度使承暉爲尚書右丞」。此記紇石烈執中伏誅於承暉召拜尚書右丞之後，時序有誤，且與上下文全無關係。

〔二〕三年二月詔元帥左監軍永錫將中山真定兵　按，本書卷一四宣宗紀上，貞祐二年「十二月戊戌，遣真定行元帥府事永錫等援中都」，繫時與此處異。

〔三〕大名行省孛术魯德裕調遣繼發　「裕」字原脱。按，本卷孛术魯德裕傳，貞祐二年，「行省大名。詔發河北兵救中都」。所敍爲同一人同一事，今據補。

〔四〕行元帥府于保州　「于」，原作「爲」，據南監本、北監本、殿本改。

〔五〕胡沙虎之事孰爲爲之　「事」，原作「子」。按，金史詳校卷八下，「『子』當作『事』」。今據改。

〔六〕左丞相崇浩　「崇浩」，即「宗浩」，避金睿宗諱所改。參見本書卷八校勘記〔九〕。

〔七〕宋使皇甫拱奉書乞和　「皇甫拱」，本書卷一二章宗紀四泰和六年十一月庚子、卷六二交聘表下泰和六年十一月壬辰作「林拱」，建炎以來朝野雜記乙集卷一八丙寅淮漢蜀口用兵事目，記開禧三年正月「宗卿道遇所遣使臣皇甫恭自汴京回」，作「皇甫恭」。

〔八〕「明年四月」至「端進拜右丞相」 此處繫月有誤，且記事時序顛倒。按，本書卷一三衛紹王紀，大安元年三月甲辰，「以平章政事僕散端爲右丞相。四月庚辰，殺章宗元妃李氏及承御賈氏」。

〔九〕端招遥領通遠軍節度使完顔狗兒即日來歸 「通遠軍」，原作「通安軍」。按，金無「通安軍」。本書卷二六地理志下，臨洮路「鞏州，（中略）皇統二年升軍事爲通遠軍節度使」。又本卷李英傳，「程陳僧敗官軍于龕谷，遣僞統制董九招西關堡都統王狗兒，狗兒立殺之。詔除通遠軍節度使，加榮禄大夫，賜姓完顔氏」。今據改。

〔一〇〕興定元年 原作「興定四年」。按，本書卷一一三白撒傳，「白撒名承裔，（中略）興定元年，爲元帥左都監，行帥府事於鳳翔」。又卷一五宣宗紀中，興定元年八月「甲戌，元帥左都監承裔遣其部將納蘭記僧等，合葩俄族都管尼厖古，以兵掩襲瓜黎餘族諸蕃帳」。今據改。

〔一一〕楠字才美 「才美」，李俊民莊靖集卷八題登科記後承安五年庚申四月十二日經義榜作「庭幹」。

〔一二〕因獻十策 按，下文所敍僅九策，疑有脱文。

〔一三〕詔元帥左監軍永錫 「左監軍」，原作「右監軍」。按，本書卷一四宣宗紀上，貞祐二年「十二月戊戌，遣真定行元帥府事永錫等援中都」；三年八月「丙辰，元帥左監軍兼知真定府事永錫坐援中都失律，削官爵，杖之八十」。本卷承暉傳，「詔元帥左監軍永錫將中山、真定兵，（中略）救中都」。又孛朮魯德裕傳，「詔發河北兵救中都。凡真定、中山、保、涿等兵，元帥左監軍永錫將之」。皆作「左監軍」。今據改。

〔一四〕遷元帥右監軍兼陝西統軍使駐兵延安敗夏人于安塞堡　本書卷一四宣宗紀上，貞祐四年八月，「夏人入安塞堡，元帥左監軍烏古論慶壽遣軍敗之」。又卷一三四外國傳上西夏傳，貞祐四年「八月，左監軍烏古論慶壽敗夏兵于安塞堡」。均作「左監軍」，與此異。

〔一五〕大抵宣宗既遷則中都必不能守　「則」，南監本、北監本、殿本、局本並作「汴」。

金史卷一百二

列傳第四十

僕散安貞　田琢　完顏弼　蒙古綱　必蘭阿魯帶

僕散安貞本名阿海，以大臣子充奉御。父揆，尚韓國公主，鄭王永蹈同母妹也。永蹈誅，安貞罷歸，召爲符寶祗候。復爲奉御，尚邢國長公主，加駙馬都尉，襲胡土愛割蠻猛安。歷尚衣直長、御院通進、尚藥副使。丁母憂，起復，轉符寶郎，除同知定海軍節度使事。歷邳、淄、涿州刺史，拱衞直都指揮使。貞祐初，改右副點檢兼侍衞親軍副都指揮使，遷元帥左都監。二年，中都解嚴，河北州郡未破者惟真定、大名、東平、清、沃、徐、邳、海州而已。朝廷遣安貞與兵部尚書裴滿子仁、刑部尚書武都分道宣撫。於是除安貞山東路統軍、安撫等使。

初，益都縣人楊安國自少無賴，以鬻鞍材爲業，市人呼爲「楊鞍兒」，遂自名楊安兒。泰和伐宋，山東無賴往往相聚剽掠，詔州郡招捕之。安兒降，隸諸軍，累官刺史、防禦使。大安三年，招鐵瓦敢戰軍得千餘人，以唐括合打爲都統，安兒爲副統，戍邊。至雞鳴山不進。衞紹王驛召問狀。安兒乃曰：「平章參政軍數十萬在前，無可慮者。屯駐雞鳴山所以備間道透漏者耳。」朝廷信其言。安兒乃亡歸山東，與張汝楫聚黨攻劫州縣，殺略官吏，山東大擾。

安貞至益都，敗安兒于城東。安兒奔萊陽。萊州徐汝賢以城降安兒，賊勢復振。登州刺史耿格開門納僞鄒都統，以州印付之，郊迎安兒，發帑藏以勞賊。安兒遂僭號，置官屬，改元天順，凡符印詔表儀式皆格草定，遂陷寧海，攻濰州。僞元帥方郭三據密州〔一〕，略沂、海。李全略臨朐，扼穆陵關，欲取益都。安貞以沂州防禦使僕散留家爲左翼，安化軍節度使完顔訛論爲右翼。

七月庚辰，安貞軍昌邑東，徐汝賢等以三州之衆十萬來拒戰。自午抵暮，轉戰三十里，殺賊數萬，獲器械不可勝計。壬午，賊棘七率衆四萬陣于辛河。安貞令留家由上流膠西濟，繼以大兵，殺獲甚衆。

甲申，安貞軍至萊州，僞寧海州刺史史潑立以二十萬陣于城東。留家先以輕兵薄賊，諸將繼之，賊大敗，殺獲且半，以重賞招之，不應。安貞遣萊州黥卒曹全、張德、田貴、宋福詐降于徐汝賢以爲内應。全與賊西南隅戍卒姚雲相結，約納官軍。丁亥夜，全縋城出，潛告留家。留家募勇敢士三十人從全入城，姚雲納之，大軍畢登，遂復萊州，斬徐汝賢及諸賊將以徇。安兒脱身走，詔諭以兵追之。耿格、史潑立皆降〔二〕。留家略定膠西諸縣，宣差伯德玩襲殺方郭三，復密州。餘賊在諸州者皆潰去。安兒嘗遣梁居實、黄縣甘泉鎮監酒石抹充浮海赴遼東構留哥，已具舟，皆捕斬之。

十一月戊辰，曲赦山東，除楊安兒、耿格及諸故官家作過驅奴不赦外，劉二祖、張汝楫、李思温及應脅誘從賊，并在本路自爲寇盜，罪無輕重，並與赦免。獲楊安兒者，官職俱授三品，賞錢十萬貫。十二月辛亥，耿格伏誅〔三〕，妻子皆遠徙。諸軍方攻大沫堌，赦至，宣撫副使、知東平府事烏林荅與即引軍還。賊衆乘之，復出爲患。詔以陝西統軍使完顔弼知東平府事，權宣撫副使。其後楊安兒與汲政等乘舟入海，欲走岠嵎山。舟人曲成等擊之，墜水死。

三年二月，安貞遣提控紇石烈牙吾塔破巨蒙等四堌，及破馬耳山，殺劉二祖賊四千餘人，降餘黨八千，擒僞宣差程寬、招軍大使程福，招降脅從百姓三萬餘人。安貞遣兵會宿州提控夾谷石里哥同攻大沫堌，賊千餘逆戰。石里哥以騎兵擊之，盡殪。提控没烈奪其北門以入，別軍取賊水寨，諸軍繼進，殺賊五千餘人。劉二祖被創，獲之，及僞參謀官崔天祐，楊安兒僞太師李思温。餘衆保大小峻角子山，前後追擊，殺獲以萬計，斬劉二祖。詔遷賞没烈等有差。詔尚書省曰：「山東東、西路賊黨猶嘯聚作過者，詔書到日，並與免罪，各令復業。在處官司盡心招撫，優加存卹，無令失所。」十月，安貞遷樞密副使，行院于徐州。

四年二月，楊安兒餘黨復擾山東。詔安貞與蒙古綱、完顏弼以近詔招之。五月，安貞遣兵討郝定，連戰皆克，殺九萬人，降者三萬餘，郝定僅以身免。獲僞金銀牌、器械甚衆，來歸且萬人，皆安慰復業。自楊安兒、劉二祖敗後，河北殘破，干戈相尋。其黨往往復相團結，所在寇掠，皆衣紅納襖以相識別，號「紅襖賊」。官軍雖討之，不能除也。大概皆李全、國用安、時青之徒焉。

興定元年十月，詔安貞曰：「防河卒多老幼疲軟不勝執役之人，其令速易之。」二年十二月，開封治中吕子羽等以國書議和于宋〔四〕，宋人不受。以安貞爲左副元帥權參知政事行尚書省元帥府〔五〕，及唐、息、壽、泗行元帥府分道各將兵三萬，安貞總之，畫定期日，下詔伐宋。安貞至安豐，宋兵七千拒戰，權都事完顏胡魯剌衝擊敗之，追至淝水，死者二千餘人。安貞至大江，乃班師。

三年閏月，安貞至自軍中，入見于仁安殿。胡魯剌進一階。久之，安貞燕見，奏曰：「泗水之捷，胡魯剌功第一〔六〕，臣之兵事皆咨此人，功厚賞薄，乞加賞以勸來者。」尚書省奏：「凡行省行院帥府參議左右司經歷官都事以下皆遷一官，所以絕求請之路，塞姦倖之門也。安貞之請不可從。」遂止。

五年，復伐宋。二月，安貞出息州，軍于七里鎮，宋兵據淨居山，遣兵擊敗之。宋兵保山寺。縱火焚寺，乘勝追至洪門山。宋兵方浚濠立柵，安貞軍亟戰，奪其柵。宋黃統制團兵五千保黃土關，關絕險，素有備，堅壁不出。安貞遣輕兵分爲左右軍潛登〔七〕，別以兵三千直逼關門。翼日，左右軍會于山顛，俯瞰關內。宋人守關者望之，駭愕不能立。中軍急攻，宋兵潰，遂奪黃土關。遂入梅林關，拔麻城縣，抵大江，至黃州，克之。進克蘄州，前後殺略不可勝計。獲宋宗室男女七十餘口，獻之，師還。安貞每獲宋壯士，輒釋不殺，無慮數萬，因用其策，輒有功。宣宗謂宰臣曰：「阿海將略固善矣，此輩得無思歸乎？南京密邇宋境，此輩既不可盡殺，安所置之？朕欲驅之境上，遣之歸如何？」宰臣不對。

六月甲寅朔，尚書省奏安貞謀叛。宣宗謂平章政事英王守純曰：「朕觀此奏，皆飾詞不實，其令覆案之。」戊寅，并其二子殺之〔八〕，以祖忠義、父揆有大功，免兄弟緣坐。詔曰：「銀青榮祿大夫、左副元帥兼樞密副使、駙馬都尉僕散阿海，早藉世姻，寖馳仕軌，屬當軍旅之事，益厚朝廷之恩，爰自帥藩，擢居樞府。頃者南伐，時乃奏言，是俾行鱗介之誅，而盡露梟獍之狀。二城雖得，多罪稔彰，念勝負之靡常，肯刑章之輕用。始自畫因糧之計，乃更嚴橫斂之期，督促計司，彫弊民力，信其私意，或失防秋。顧利害之實深，尚優容而弗問。頃因近侍，悉露姦謀，蓋虞前後罪之上聞，廼以金玉帶而夜獻。審事情之詭秘，命信臣而鞫推，迨致款詞，乃詳實狀。自以積愆之著，必非公憲所容，欲結近臣之歡心，俾伺內庭之指意，如釁端之少露，得先事而易圖。因其方握兵權，得以謀危廟祏，事或不濟，計即外奔。前日之俘，隨時誅戮，獨於宋族，曲活全門，示其悖德于敵讎，豫冀全身而納用。」

初，安貞破蘄州，獲宋宗室不殺而獻之，遂以爲罪。安貞憂讒，以賄近侍局，乃以質成其誣。安貞典兵征伐，嘗曰：「三世爲將，道家所忌。」自忠義、揆至安貞，凡三世大將焉。

初，安貞破蘄州，所得金帛，分給將士。南京都轉運使行六部事李特立、金安軍節度副使紇石烈蒲剌都、大名路總管判官銀朮可因而欺隱。事覺，特立當死，蒲剌都、銀朮可當杖一百除名。詔薄其罪，特立奪三官、降三等，蒲剌都、銀朮可奪兩官、降二等云。

田琢字器之，蔚州定安人。中明昌五年進士，調寧邊、茌平主簿，潞州觀察判官，中都商税副使。丁父憂，起復懷安令，補尚書省令史。

貞祐二年，中都被圍，琢請由間道往山西招集義勇，以爲宣差兵馬提控、同知忠順軍節度使事，經略山西。琢與弘州刺史魏用有隙，琢自飛狐還蔚州，用伏甲於路，將邀而殺之。琢知其謀，自别道入定安。用入蔚州，殺觀察判官李宜、録事判官馬士成、永興縣令張福，劫府庫倉廪，以兵攻琢於定安。琢與戰，敗之。用脱身走，易州刺史蒲察縛送中都元帥府殺之。

是時，勸農副使侯摯提控紫荆等關隘，朝廷聞蔚州亂，欲以摯就代琢守蔚州，令軍中推可爲管押者，即以魏用金牌佩之，以安其衆。丞相承暉奏：「田琢實得軍民心，諳練山西利害，魏用將士本無勞効，以用弄兵死禍，遽爾任用，恐開倖門。」詔從之。

琢至蔚州，誅與用同惡數人。募兵旬日，得二萬人。十月，琢兵敗，僅以身免。招集散亡，得三萬餘，入中山界屯駐，而遣沈思忠招集西京蕩析百姓，得萬餘人，皆願徙河南。琢上書：「此輩與河南鎮防，往往鄉舊，若令南渡，擇壯健爲兵，自然和協，且可以招集其餘也。」從之。加沈思忠同知深州軍州事。琢復遣沈思忠、宮楫招弘州、蔚州百姓，得五萬餘人，可充軍者萬五千人，分屯蔚州諸隘，皆願得沈思忠爲將。詔加思忠順天軍節度副使，提控弘、蔚州軍馬，宮楫副之。

頃之，西山諸隘皆不能守。琢移軍沃州。沃州刺史完顏僧家奴奏：「田琢軍二千五百人，官廩不足，發民窖粟猶不能贍。其中多女直人，均爲一軍，不可復有厚薄，可令於衛、輝、大名就食。」制可。加琢河北西路宣撫副使，遥授濬州防禦使，屯濬州。琢欲陂西山諸水以衛濬州。

貞祐三年十一月，河北行省侯摯入見，奏：「河北兵食少，請令琢汰遣老弱，就食歸德。」琢奏：「此輩嶺外失業，父子兄弟合爲一軍，若離而分之，定生他變，乞以全軍南渡，或徙衛州防河。」詔盡徙屯陝。琢復奏：「臣幸徙安地，然濬乃河北要郡，今見糧可支數月，乞俟來春乃行。」數日，琢復奏：「濬不可守，惟當遷之。」宰臣劾琢前後奏陳不一，請逮鞫問。宣宗不許。

琢至陝，上書曰：「河北失業之民僑居河南、陝西，蓋不可以數計。百司用度，三軍調發，一人耕之，百人食之，其能贍乎？春種不廣，收成失望，軍民俱困，實繫安危。臣聞古之名將，雖在征行，必須屯田，趙充國、諸葛亮是也。古之良吏，必課農桑以足民，黄霸、虞詡是也。方今曠土多，游民衆，乞明勑有司，無蹈虛文，嚴升降之法，選能吏勸課，公私皆得耕墾。富者備牛出種，貧者傭力服勤。若又不足，則教之區種，期于盡闢而後已。官司圉牧，勢家兼并，亦籍其數而授之農民，寬其負算，省其徭役，使盡力南畝，則蓄積歲增，家給人足，富國强兵之道也。」宣宗深然之。

陝西元帥府請益兵，詔以琢衆與之。興定元年，朝廷易置諸將，遷山東西路轉運使。二年，改山東東路轉運使，權知益都府事，行六部尚書宣差便宜招撫使。李旺據膠西，琢遣益都治中張林討之，生擒李旺。八月，萊州經略使朮虎山壽襲破李旺黨僞鄒元帥于小堌，獲其前鋒于水等三十人，追擊僞陳萬户，斬首八百級。明日，復破之于朱寒寨。膠西、高密官軍亦屢破之于諸村及海島間。

是月，棣州裨將張聚殺防禦使斜卯重興，遂據棣州，襲濱州，其衆數千人。琢遣提控紇石烈醜漢會兵討之。聚棄濱專保棣州。諸軍趣棣，聚出戰，敗之，斬首百級，生擒僞都統王仙等十三人。餘衆奔潰，追及于別寨，攻拔之，聚僅以身免。遂復二州。

李全據安丘，琢遣總領提控王政、王庭玉討之。宣差提控、太府少監伯德玩率政兵攻安丘，敗焉，提控王顯死之。琢奏：「伯德玩本相視山東山堌水寨，未嘗偏行，獨留密州，輒爲此舉，乞治其罪。」詔遣官鞫玩，會赦而止。既而昌樂縣令朮虎桓都、臨朐縣令兀顏吾丁、福山縣令烏林荅石家奴、壽光縣巡檢紇石烈醜漢破李全于日照縣，琢承制各遷官一階，進職一等，詔許之。

三年，沂州注子堌王公喜構宋兵據沂州，防禦使徒單福定徒跣脱走，百姓潰散。琢奏：「去歲顧王二嘗據沂州，邳州總領提控納合六哥前爲同知沂州防禦事，招集餘衆攻取之，百姓歸心。可用六哥取沂州，今方在行省侯摯麾下，乞發還，取便道進討。」制可。既而莒州提控燕寧復沂州，王公喜復保注子堌。琢奏：「沂州須知兵者守之。徒單福定已衰老，納合六哥善治兵，識沂形勢。」詔福定專治州事，以六哥爲沂州總領。琢奏：「濰州刺史致仕獨吉世顯能招集猛安餘衆及義軍，却李全，保濰州。六哥破灰山堌，沂境以安。守兖州觀察判官梁昱嘗攝淄州刺史，率軍民力田，徵科有度，饋餉不乏，保全淄州，土賊不敢發。前猗氏主簿張亞夫嘗權行部官，主餉密州，委曲購得糧二萬斛，兵儲乃足，行至高密，徵他州兵拒李全。」詔世顯升職從四品，遥授同知海州事。六哥遷一官，升一等，充沂州宣差都提控。梁昱遷一官，同知淄州事。張亞夫遷兩官，密州觀察判官。

初，張林本益都府卒，有復立府事之功，遂爲治中，而兇險不逞，恥出琢下。琢在山東徵求過當，頗失衆心，林欲因衆以去琢，未有間也。會于海、牟佐據萊州，琢遣林分兵討之。林既得兵，伺琢出，即率衆譟入府中。琢倉猝入營，領兵與林戰，不勝，欲就外縣兵，且戰且行。至章丘，兵變，求救於鄰道，不時至。東平行省蒙古綱以狀聞。宣宗度不能制林，而欲馴致之，乃遣人召琢還。行至壽張，疽發背卒。

完顏弼本名達吉不，蓋州猛安人。充護衛，轉十人長。從丞相襄戍邊，功最，除同知德州防禦使事、武衛軍鈐轄，轉宿直將軍、深州刺史。泰和六年，從左副元帥完顏匡攻襄陽〔九〕，破雷太尉兵，積功加平南盪江將軍。丁母憂，起復。八年，除南京副留守、壽州防禦使。大安二年，入爲武衛軍副都指揮使。三年，以本官領兵駐宣德。會河之敗，弼被創，馬中流矢，押軍千户夾谷王家奴以馬授弼，遂得免。遷右副都點檢。

至寧元年，東京不守，弼爲元帥左監軍，扞禦遼東。請「自募二萬人爲一軍，萬一京師有急，亦可以回戈自救。今驅市人以應大敵，往則敗矣」。衛紹王怒曰：「我以東北路爲憂，卿言京師有急何邪？就如卿言，我自有策。以卿皇后連姻，故相委寄，乃不體朕意也。」弼曰：「陛下勿謂皇后親姻俱可恃也。」時提點近侍局駙馬都尉徒單沒烈侍側，弼意竊譏之。衛紹王怒甚，顧謂沒烈曰：「何不叱去？」沒烈乃引起，付有司，論以奏對無人臣禮，詔免死，杖一百，責爲雲内州防禦使。

貞祐初，宣宗驛召弼赴中都，是時雲内已受兵，弼善馬矟，與數騎突出，由太原出澤、潞，將從清、滄赴闕。會有詔除定武軍節度使，尋爲元帥左都監，駐真定。弼奏：「賞罰所以勸善懲惡，有功必賞，有罪必罰，而后人可使、兵可强。今外兵日增，軍無鬭志。亦有逃歸而以戰潰自陳者，有司從而存恤之，見聞習熟，相傚成風。」又曰：「村寨城邑，兵退之後，有心力勇敢可使者，乞招用之。」又曰：「河朔郡縣，皆以拘文不相應救，由此殘破。乞勅州府，凡有告急徵兵，即須赴救，違者坐之。」又曰：「河北軍器，乞權宜弛禁，仍令團結堡寨以備外兵。」又曰：「今雖議和，萬一輕騎復來，則吾民重困矣。願速講防禦之策。」及勸遷都南京，阻長淮，拒大河，扼潼關以自固。

宣宗將遷汴，弼兼河北西路兵馬都總管。宣宗次真定，弼言：「皇太子不可留中都，蓋軍少則難守，軍多則難養。」又奏：「將帥以閫外爲威，今生殺之權皆從中覆。」又奏：「瑞州軍頗狡，左丞盡忠多疑，乞付他將。」宣宗頗采用其言。

大名軍變，殺蒲察阿里，詔弼鎮撫之。未幾，改陝西路統軍使、京兆兵馬都總管。宣撫副使烏古論兗州置秦州榷場，弼以擅置，移文問之。兗州曰：「近日入見，許山外從宜行事。秦州自宋兵焚蕩榷場，幾一年矣，今既安帖，復宜開設，彼此獲利，歲收以十萬計。對境天水軍移文來請，如俟報可，實慮後時。」弼奏其事，宰臣以兗州雖擅舉而無違失，苟利於民，專之亦可。宣宗曰：「朕固嘗許其從宜也。」

三年，改知東平府事、山東西路宣撫副使。是時，劉二祖餘黨孫邦佐、張汝楫保濟南勤子堌，弼遣人招之，得邦佐書云：「我輩自軍興屢立戰功，主將見忌，陰圖陷害，竄伏山林，以至今日，實畏死耳。如蒙湔洗，便當釋險面縛，餘賊未降者保盡招之。」弼奏：「方今多故，此賊果定，亦一事畢也。乞明以官賞示之。」詔曰：「孫邦佐果受招，各遷五官職〔一〇〕。」於是邦佐、汝楫皆降。邦佐遥授濰州刺史，汝楫遥授淄州刺史，皆加明威將軍。頃之，弼薦邦佐、汝楫改過用命，招降甚衆，稍收其兵仗，放歸田里。詔邦佐遥授同知益都府事，汝楫遥授同知東平府事，皆加懷遠大將軍。梁聚寛遥授泰定軍節度副使，加宣武將軍。四年，弼遷宣撫使〔一一〕。已而，汝楫復謀作亂，邦佐密告弼，弼饗汝楫，伏甲廡下，酒數行，鍾鳴伏發，殺汝楫并其黨與。手詔褒諭，封密國公。其後邦佐屢立功。元光末，累官知東平府事、山東西路兵馬都總管，充宣差招撫使。

弼上書曰：「山東、河北、河東數鎮僅能自守，恐長河之險有不足恃者。河南嘗招戰士，率皆游惰市人，不閑訓練。若選簽驅丁監户數千，别爲一軍，立功者全户爲良，必將爭先効命以取勝矣。武衛軍家屬嘗苦于兵，人人懷憤，若擇驍悍千餘，加以爵賞，亦可得其死力。」又曰：「老病之官，例許致仕，居河北者嫌于避難，居河南者苟于尸禄，職事曠廢。乞徧諭覈實，其精力可用者仍舊，年高昏瞶不事事者罷之。」又曰：「賦役頻煩，河南百姓新强舊乏，諸路豪民行販市易，侵土人之利，未有定籍，一無庸調，乞權宜均定。如知而輒避、事過復來者，許諸人捕告，以軍興法治之。」詔下尚書省議，惟老病官從所言，餘皆不允。

大元兵圍東平，弼百計應戰，久之乃解圍去。宣宗賜詔，奬諭將士，賞賚有差。是歲五月，疽發于腦。詔太醫診視，賜御藥。俄卒。

弼平生無所好，惟喜讀書，閑暇延引儒士，歌詠投壺以爲常。所辟如承裔、陀滿胡土門、紇石烈牙古塔，皆立方面功。治東平，愛民省費，井邑之間軍民無相訟，有古良將之風焉。

蒙古綱本名胡里綱，咸平府猛安人。承安五年進士，累調補尚書省令史，除國子助教。貞祐初，自請招集西山兵民，進官一階，賜錢二百萬，遷都水監丞，尋加遥授永定軍節度副使。招捕有功，遷太子左諭德，除順州刺史，遷同知大興府事。三年，知河間府事，權河北東路宣撫使，屯冀州。軍食不足，徙濟南。綱欲徙河南，行至徐州，未渡河，尚書省奏：「東平宣撫使完顔弼行事多不盡。」乃以綱權山東宣撫副使。改山東路統軍使，兼知益都府事，權元帥右都監，宣撫如故。

四年十月，行元帥府事。綱奏：「山東兵後，楊安兒黨内有故淄王習顯、故留守朮羅等家奴，不在赦原，據險作亂，至今未息，民多歸之，乞普賜恩宥。」宣宗即命赦之，仍贖爲良。

興定元年，徙知東平府事，遷元帥右監軍。久之，拜右副元帥權參知政事，行尚書省。先是，東平治中没烈坐事削降殿年，詔仍從軍，有功復用。綱遣没烈討花帽賊于曹、濟間，捷報，乃復没烈前職〔三〕。興定二年，詔曰：「卿以忠貞，爲國捍難，保完城邑，朕甚嘉之。可進官二階，賜金帶一、重幣十端。」

興定三年，奏曰：「濟南介山東兩路之間，最爲衝要，被兵日久，雖與東平隣接，不相統屬，緩急不相應，乞權隸本路，且差近於益都。」詔從之。綱奏：「恩州武城縣艾家凹水濼、清河縣澗口河濼，其深一丈，廣數十里，險固可恃。因其地形，少加浚治，足以保禦。請遷州民其中，多募義軍以實之。」綱以山東恃東平爲重鎮，兵卒少，守城且不足，況欲分部出戰，是安坐以待困也。乃上奏曰：「伏見貞祐三年古里甲石倫招義軍，設置長校，各立等差，都統授正七品職，副統正八品，萬户正九品，千户正班任使，謀克雜班，仍三十人爲一謀克，五謀克爲一千户，四千户爲一萬户，四萬户爲一副統，兩副統爲一都統，設一總領提控。今乞依此格募選，以益兵威。」制可。

是歲，益都桃林寨總領張林號「張大刀」，據險爲亂，自稱安化軍節度使。綱奏：「林勢甚張，乞遣河南馬軍千人，單州經略司以衆接應。」左司郎中李蹊請令綱約燕寧同力殄滅，單州經略使完顔仲元分兵三千人同往。辛相以糧運不給，益都以東，嘯聚不止一張林，宜令綱設備禦，俟來春議之。

四年，張林侵掠東平，綱遣元帥右監軍行樞密院事王庭玉討之。至舊縣，遇張林衆萬餘人據嶺爲陣，庭玉督兵踰嶺搏戰。林衆少却，且欲東走。庭玉踵擊，大破之，殺數千人，生擒張林，獲雜畜兵仗萬計。招降虎窟諸寨，悉令歸業。詔賜空名宣勑，聽綱第功遷賞。遣樞密院令史劉顒泣殺張林于東平。張林乞貰死自效，請曰：「臣兄演在宋爲統制，有衆三千，駐即墨、萊陽之境，請以書招之，使轉致諸賊之款密者，相爲表裏，然後以檄招益都張林，不從則合擊之，山東不足平也。」所謂益都張林，即據府事逐田琢者也，事見琢傳。綱以林策請于朝，樞密院請羈縻使之。制可，以爲萊州兵馬鈐轄。久之，山東不能守，林乃降于宋云。

初，東平提控鄭倜生擒宋將李資，綱奏賞倜。宰臣謂：「李資自稱宋將，無所憑據，請詳究其實。」綱奏：「臣自按問俱獲宋將統制十餘人，皆以資爲將無異辭。此輩力屈就擒，豈肯虛稱僞將以重獲者之功？今多故之際，賞功後時，將士且解體。凡行賞必求形迹，過爲逗遛，甚未可也。」詔即賞之。綱奏：「遼東渡海，必由恩、博二州之間，乞置經略司鎮撫。」從之。興定五年二月，東平解圍，宣宗曲赦境内。凡東平府試諸科中選人，嘗被任使，已逾省試期日，特免省試。惟經童、律科即爲及第，似涉太優，別日試之。皆從綱所請也。詔以綱、王庭玉、東莒公燕寧保全東平，各遷一階。

是歲，燕寧戰死。綱奏：「寧所居天勝寨，乃益都險要之地。寧嘗招降羣盜胡七、胡八，用爲牙校，委以腹心，羣盜皆有歸志。及寧死，復懷顧望，胡七、胡八亦反側不安。臣以提控孫邦佐世居泰安，衆心所屬，遂署招撫使。以提控黃摑兀也充總領，副之。此當先奏可，顧事勢危迫，故輒授之。」燕寧死而綱勢孤矣。

綱奏請移軍於河南，詔百官議，御史大夫紇石烈胡失門以下皆曰：「金城湯池，非粟不守。東平孤城，四無應援，萬一失之，則官吏兵民俱盡。宜徙之河南〔三〕，以助防秋。」翰林待制抹撚阿虎德奏曰：「車駕南遷，恃大河以爲險。大河以東平爲藩籬，今乃棄之，則大河不足恃矣。兵以將爲主，將以心爲主，蒙古綱既欲棄之，決不可使之守矣。宜就選將士之願守者擢用之，別遣官爲行省，付以兵馬鎧仗，從宜規畫軍食。」樞密院請用胡失門議，焚其樓櫓廨舍而徙之。宣宗曰：「此事朕不能決擇，衆議可者行之。」樞密院頗采阿虎德議，許綱內徙，率所部女直、契丹、漢軍五千人，行省邳州。元帥左監軍王庭玉將餘軍屯黃陵岡，行元帥府事。於是，綱改兼靜難軍節度使，行省邳州。自此山東事勢去矣。

是歲六月，以歸德、邳、宿、徐、泗乏軍食，詔綱率所部就食睢州。綱奏：「宿州連年饑饉，加之重斂，百姓離散。鎮防軍遽徵逋課，窘迫陵辱有甚于官，衆不勝其酷，皆懷報復之心。近日，高羊哥等苦其佃户，佃户憤怒，執羊哥等投之井中。武夫不識緩急，乃至于此。乞一切所負並令停止，俟夏秋收成徵還，軍人量增廩給，可也。」詔議行之。元光二年三月，以邳州經略司隸綱，令募勇敢收復山東。

初，碭山首領數人，以減罷懷忿怨，誘脅餘衆作亂，引水環城以自固，構浮橋於河上，結紅襖賊爲援。同簽樞密院事徒單牙刺哥會諸道兵討之。綱云：「碭山北近大河，南近汴堤，東西二百里，大河分派其間，乾灘泥淖，步騎俱不可行，惟宜輕舟往來。可選鋭卒數千與水軍埽兵，以舟二百艘，由便道斷浮梁，絶紅襖之援。募膽勇有口辯者，持牒密諭之以離間其黨，與臣已遣三人入賊中。復分兵屯要害，别以三百人巡邏。乞賜空名告身，從便遷賞。」樞密院奏：「已委監軍王庭玉駐歸德、寧陵備之矣。仍令牙刺哥水陸並進，先行招誘，不從，乃合擊之。其空名告身，宜從所請，以責成功。」

無何，碭山賊夜襲永城縣，行軍副總領高琬、萬户麻吉擊走之，殺傷及溺死者甚衆，奪其所俘掠而還。詔綱併力討之。綱遣降人陳松持牒招李全，全縛松將斬之，已而但黥其面遣還。綱奏：「全有歸國意，嚴實、張林亦可招之。」此謂益都張林也。詔擬實一品官職，封國公，仍世襲。全階正三品、職正二品。林山東西路宣撫使兼知益都府事，與全皆賜田百頃。受命往招者先授正七品官職，賜銀二十五兩，事成遷五品。會綱遇害而止。

綱御下嚴，信賞必罰，邳州軍不樂屬綱。八月辛未朔，邳州從宜經略使納合六哥、都統金山顏俊率沂州軍士百餘人晨入行省〔一四〕，殺綱及僚屬于省署，遂據州反。樞密院奏請出空名宣敕，設重賞招誘。丞相高汝礪曰：「懸重賞募死士，必有能取之者。」宣宗不得已，下詔罪綱，以撫諭六哥。六哥遣人送綱尸及虎符牌印，終不肯出。乃升經略司爲元帥府，加六哥泗州防禦使，權元帥左監軍，副使烏古論老漢加邳州刺史，權右監軍。頃之，邳州卒逃歸，詣總帥牙吾塔言，六哥已結李全爲助。遣總領孛术魯留住等毁其橋梁，攻破承安、青陽寨，留兵戍守。六哥惶懼，乃言待李全兵入邳州，誘而殺之，以圖報効。宣宗曰：「李全豈無心者，六哥能誘而殺之？殆詐耳。」十月壬辰，牙吾塔圍邳州，急攻之。紅襖賊高顯等殺六哥，函首以獻。詔加顯三品官職，授世襲謀克，侯進四品，陳榮、邢進、邊全、魏興、孫仲皆五品，賞銀有差。

必蘭阿魯帶，貞祐初，累官寧化州刺史。二年，同知真定府事，權河北、大名宣撫副使。三年，保全贊皇，加遥授安武軍節度使，改昭義軍節度使，充宣撫副使。閲月，權元帥左都監行元帥府事，節度、宣撫如故。

遣都統奥屯喜哥復取威州及獲鹿縣。既而詔擇義軍爲三等，阿魯帶奏：「自去歲初置帥府，已按閱本軍，去其冗食。部分既定，上下既親，故能所向成功，此皆血戰屢試而可者。父子兄弟自相救援，各顧其家，心一力齊，勢不可離。今必析之，將互易其處，不相諳委矣。國家糧儲常患不繼，豈容僥冒其間？但本府之兵不至是耳。事勢方殷，分別如此，彼居中下，將氣挫心懈而不可用。且義軍率皆農民，已散歸田畝，趨時力作，徵集旬日，農事廢而歲計失矣。乞本府所定，無輕變易。」詔許之。阿魯帶繕完州縣之可守者，其不可守者遷徙其民，依險爲柵以備緩急。

澤州舊隸昭義軍，近年改隸孟州，阿魯帶奏：「澤州城郭堅完，器械具備，若屯兵數千，臣能保守之。今聞議遷于青蓮寺山寨，距州既遠，地形狹隘，所容無幾。一旦有急，所保者少，所遺者多，徒棄名城以失太行之險，則沁南、昭義不通問矣。」詔澤州復隸昭義軍。

是歲，潼關失守，阿魯帶趨備藍田、商州，乃陳河北利害，略曰：「今忻、代撤戍，太原帥府衆纔數千，平陽行省兵亦不多，河東、河北之勢全恃潞州，潞州兵强則國家基本漸可復立。臣已將兵離境，乞復置潞州帥府。」阿魯帶行次澠池〔一五〕，右副元帥蒲察阿里不孫敗績，逃匿不知所在。阿魯帶亦被創，收集潰卒，卧澠池。詔還潞州。

興定元年，改簽樞密院事。數月，以元帥左監軍兼山東路統軍使，知益都府事。未幾，權參知政事，行尚書省于益都。阿魯帶復立潞州，最有功，識遼州刺史郭文振，舉以爲將。既而去潞州，張開代領其衆，與郭文振不相得，文振漸不能守矣。

贊曰：貞祐之時，僕散安貞定山東，僕散端鎮陝西，胥鼎控制河東，侯摯經營趙、魏，其措注施設有可觀者。故田琢撫青、齊，完顏弼保東平，必蘭阿魯帶守上黨，皆嚮用有功焉。高琪忌功，汝礪固位，西啓夏釁，南挑宋兵。宣宗道謀是用，煦煦以爲慈，皦皦以爲明，孑孑以爲强。既而潼關破毀，崤、澠喪敗，汴州城門不啓連月，高琪方且增陴浚隍爲自守計，繕御寨以祈逃死。然後田琢走益都而青、齊裂，蒙古綱去東平而兖、魯蹙，僕散安貞死而南伐無功。雖曰天道，亦由人事。自是以往，無足言者矣。

校勘記

〔一〕僞元帥方郭三據密州　「方郭三」，原作「郭方三」。按，本卷下文「宣差伯德玩襲殺方郭三，復密州」。又本書卷一二二忠義傳二時茂先傳，「紅襖賊方郭三據密州，（中略）方郭三聞而執之」。皆作「方郭三」。今據改。

〔二〕耿格史潑立皆降　「耿格」，原作「耿略」，據南監本、北監本、殿本、局本及本卷上下文改。

〔三〕十二月辛亥耿格伏誅　按，本書卷一四宣宗紀上，貞祐二年十二月「乙卯，登州刺史耿格伏誅」，記日與此異。

〔四〕二年十二月開封治中呂子羽等以國書議和于宋　「十二月」，原作「十月」，據局本改。按，本書卷一五宣宗紀中，興定二年十二月「甲寅，以開封府治中呂子羽等使宋講和」。又卷六二交聘表下，興定二年「十二月甲寅，朝議乘勝與宋議和，以開封治中呂子羽、南京路轉運副使馮璧爲詳問宋國使」。

〔五〕以安貞爲左副元帥權參知政事行尚書省元帥府　按，下文「唐、息、壽、泗行元帥府分道各將兵三萬，安貞總之」，疑此「元帥府」三字爲衍文。又此處脱行省名。

〔六〕胡魯剌功第一　「胡魯剌」，原作「胡魯」，據南監本、北監本、殿本及本卷上文改。

〔七〕安貞遣輕兵分爲左右軍潛登　「潛」，原作「澄」，據南監本、北監本、殿本、局本改。

〔八〕并其二子殺之　按，本書卷一六宣宗紀下，興定五年六月「戊寅，僕散安貞坐謀反，并其三子，皆伏誅」。「二子」，作「三子」。

〔九〕泰和六年從左副元帥完顏匡攻襄陽　「左副元帥」，疑當作「右副元帥」。按，本書卷九八完顏匡傳敍此事作「右副元帥」。又本書卷一二章宗紀四，泰和六年五月，「以樞密副使完顏匡爲右副元帥」；七年三月，「以完顏匡爲左副元帥」。

〔一〇〕各遷五官職　「五」下當有「品」字。按，本卷下文言「邦佐遥授濰州刺史」，刺史爲正五品官；又本書卷一四宣宗紀上，貞祐三年四月，「招大沬堌渠賊孫邦佐、張汝楫以五品職」。可知此處「遷五官職」並非指升遷五階，而是升遷至五品。

〔二〕四年弼遷宣撫使　此處「年」疑當作「月」。按，本書卷一四宣宗紀上，貞祐三年八月「丙午，山東西路宣撫使完顏弼表：『遥授同知東平府事張汝楫將謀復叛』」，事在三年。

〔三〕乃復没烈前職　「復」，原在「没烈」之下，據局本乙正。

〔三〕宜徙之河南　「宜」字原脱，據南監本、北監本、殿本、局本補。

〔四〕都統金山顔俊率沂州軍士百餘人晨入行省　「都統」，原作「都俊」，據局本改。按，本書卷一六宣宗紀下，元光二年「八月辛未朔，邳州從宜經略使納合六哥等率都統金山顔俊以沂州百餘人，晨入省署，殺行尚書省蒙古綱，據州反」。

〔五〕阿魯帶行次滬池　「滬池」，原作「沔池」，據局本改。下文同改。參見本書卷二五校勘記〔一六〕。

金史卷一百三

列傳第四十一

完顏仲元　完顏阿鄰　完顏霆　烏古論長壽　完顏佐
石抹仲温　烏古論禮　蒲察阿里　奥屯襄　完顏蒲剌都
夾谷石里哥　术甲臣嘉　紇石烈桓端　完顏阿里不孫
完顏鐵哥　納蘭胡魯剌

完顏仲元本姓郭氏，中都人。大安中，李雄募兵，仲元與完顏阿鄰俱應募，數有功。貞祐三年，與阿鄰俱累功至節度。仲元爲永定軍節度使，賜姓完顏氏。仲元在當時兵最强，號「花帽軍」，人呼爲「郭大相公」，以與阿鄰相别。頃之，兼本路宣撫使。八月，遥授知河間府事。數月，改知濟南府事，權山東東路宣撫副使。

貞祐四年，山東乏糧，仲元軍三萬欲於黄河之側或陝右分屯，上書乞補京官，且言恢復河朔之策，當詣闕面陳。詔曰：「卿兄弟鳩集義旅，所在立功，忠義之誠，皎然可見。朕以參政侯摯與卿素厚，命於彼中行省，應悉朕心。卿求入見，其意固嘉，東平方危，正賴卿等相爲聲援，俟兵勢稍緩，即徙軍附河屯駐，此時卿來，蓋未晚也。尚思戮力，朕不汝忘。」未幾，改河北宣撫副使。

仲元部將李霆等積功至刺史、提控，仲元奏賜金牌，霆等皆爲名將，功名與仲元相埒。仲元屢有功，以本職爲從宜招撫使，計約從坦等軍圖恢復。詔以仲元軍猥多，差爲三等，上等備征伐，中下給戍守，懦弱者皆罷去。紅襖賊千餘人據漣水縣，仲元遣提控婁室率兵擊破之，斬首數百，敗祝春，擒郭偉，餘衆奔潰，遂復漣水縣。仲元兼單州經略使，婁室遷兩階，升職一等。未幾，仲元遥授知歸德府事。

是歲十月，徙軍盧氏，改商州經略使，權元帥右都監。詔曰：「商、虢、潼關，實相連屬，卿思爲萬全之計。」未幾，潼關失守，仲元軍趨商、虢，復至嵩、汝，皆弗及。仲元上書曰：「去年六月，臣嘗請於朝廷，乞選名將督諸軍，臣得推鋒，身先士卒，糧儲不繼，竟不果行。今將坐甲待敵，則師老財殫，日就困弊。」其大概欲伐西夏以張兵勢。又曰：「陝西一路最爲重地，潼關、禁坑及商州諸隘俱當預備。向者中都，居庸最爲要害，乃由小嶺、紫荆遶出，我軍腹背受兵，卒不能守。近日由禁坑出，遂失潼關。可選精兵分地戍之。」其後乃置秦、藍守禦，及用兵西夏矣。

興定元年，復爲單州經略使，敗宋人二千于龜山，復敗步騎千餘于盱眙，敗紅襖于白里港，獲老幼萬餘人，皆縱遣之。宋人圍海州，仲元軍高橋，令提控兀顏阿隣領騎繞出其後夾擊之〔一〕。宋兵解去。賜金帶，優詔獎諭。紅襖賊陷曹馬城，剽掠徐、單之間。提控高琬等分兵擊之，俘生口二千。三年，仲元奏：「州城既固，積糧二十萬石，集鄉義軍萬餘人，並閑訓練，足以守禦，乞以所部渡河。」詔屯宿州，與右都監紇石烈德同行帥府事。仲元有足疾，滿百日，詔曰：「卿處置機務，撫存將士，出兵使李辛可也。」四年，兼保靜軍節度使，尋爲勸農使。五年，爲鎮南節度使。

元光元年，知鳳翔府事。鳳翔被圍，左監軍石盞合喜來濟軍。仲元讓合喜總兵事。合喜曰：「公素得衆心，不必以官位見讓。」仲元請身先士卒，諭諸將士曰：「凡有奇功者，即承制超擢。」及危急乃輒注四品以下。顏盞蝦蟆力戰功最，輒授通遠軍節度使。圍解，奏請擅除拜之罪。宣宗嘉其功，皆許之。

遷元帥右監軍，授河北東路洮委必剌猛安，賜金五十兩、重幣十五端、通犀帶，優詔褒諭。正大間，爲兵部尚書，皇太后衞尉，卒。仲元爲將，沈毅有謀，南渡後最稱名將云。

完顏阿鄰本姓郭氏，以功俱賜姓完顏。大安中，李雄募兵，阿鄰與完顏仲元等俱應募，數有功。宣宗即位，遷通州防禦使〔二〕。宣宗遷汴，阿鄰改同知河間府事兼清州防禦使，將所部兵駐清、滄，控扼山東。遷橫海軍節度使，賜以國姓。阿鄰與山東路宣撫副使顏盞天澤不相能，詔阿鄰當與天澤共濟國事，無執偏見，妄分彼此。尋改泰定軍節度使、山東西路宣撫使。是時，仲元亦積功勞，知濟南府，賜姓完顏，與阿鄰俱加從宜招撫使，詔書獎諭，且令計約涿州刺史從坦等軍恢復中都。於是，仲元、阿鄰部兵猥多，詔以三等差第之，上等備征伐，中下戍守，懦弱者罷去，量給地以贍其家。阿鄰所部「黃鶴袖軍」駐魚臺者，桀驁不法，掠平民，劫商旅，道路不通，有司乞徙于滕州。詔阿鄰就處置之。頃之，破紅襖賊郝定于泗水縣柘溝村，生擒郝定，送京師斬之。

近制，賜本朝姓者，凡以千人敗敵三千者賜及緦麻以上，敗二千人以上者賜及大功以上，敗千人以上者賜止其家。阿鄰既賜姓，以兄守楫及從父兄弟爲請。宰臣奏阿鄰功止賜一家，宣宗特詔許之。至是仲元上奏曰：「臣頃在軍旅，纔立微功，遽蒙天恩，賜之國姓，非臣殺身所能仰報。族兄徐州譏察副使僧喜〔三〕、前汾州酒同監三喜、前解州鹽管勾添章、守興平縣監酒添福猶姓郭氏。念臣與僧喜等昔同一家，今爲兩族，完顏阿鄰與臣同功，皇恩所加併及本族，僧喜等四人乞依此例。」不許。改輝州經略使。

阿隣有衆萬五千，詔分五千隸東平行省，其衆泣訴云：「我曹以國家多難，奮義相從，捐田宅，離親戚，轉戰至此，誓同立功，偕還鄉里。今將分配他軍，心實艱苦。乞以全軍分駐懷、衞、輝州之間，捍蔽大河，惟受阿隣節制。」阿隣亦不欲分之，因以爲請。宰臣奏：「若遂聽之，非唯東平失備，他將倣効，皆不可使矣。」宣宗以爲然。加遥授知河南府事，應援陝西。阿隣將兵八千，西赴至潼關，聞京兆已被圍，游騎至華州，陝西行院欲令阿隣駐軍商、虢，拒東向之路。阿隣上奏：「臣本援陝西，遇難而止，豈人臣之節？夫自古用兵，步騎相參，乃可以得志。今乃各有所屬，臨難不救，互分彼此。今臣所統皆步卒，願賜馬軍千人，則京兆之圍不足解矣。」宣宗謂皇太子曰：「阿隣赴難不回，固善矣。而軍勢單弱，且駐内地以觀事變，併以虢州兵五千付之，使乘隙而進，卿以此意諭之也。」

興定元年，遷元帥右都監。出秦州伐宋，宋統制吴筠守皁角角又作郊。堡，城三重，據山之巔〔四〕。阿隣分兵絶其汲路，克其外城，再克其次城。宋兵縱火而出，阿隣以騎兵邀之，遣步卒襲其後，宋兵敗，生獲吴筠及將校二百人，馬數百匹，糧萬石及兵甲衣襖。復敗宋兵于裴家莊六谷中，斬五百級，墜澗死者甚衆。又敗之于寒山嶺、龍門關、大石渡，得粟二千餘石。復敗之于稍子嶺，斬首二千餘級，生擒百人。是時三月，宿麥方滋，阿隣留兵守之。已而宋兵大至，金兵敗，阿憐戰没。贈金紫光禄大夫、西京留守。

完顏霆本姓李氏，中都寶坻人。粗知書，善騎射，輕財好施，得鄉曲之譽。貞祐初，縣人共推霆爲四鄉部頭。霆招集離散，糾合義兵，衆賴以安。招撫司奏其事，遷兩官。霆與弟雲率衆數千巡邏固安、永清間，遥授寶坻縣丞，充義軍都統。劉璋説霆使出降，霆縛送經略司。遷三階，攝寶坻令，升都提控，遥授同知通州軍州事。

中都食盡，霆遣軍分護清、滄河路，召募賈船通餉道。遥授同知清州防禦事，從河北路宣撫使完顏仲元保清、滄。遥授通州刺史、河北東路行軍提控，佩金牌。舊制，宣撫副使乃佩金牌，仲元奏：「臣軍三萬，管軍官三人，皆至五品，乞各賜金牌。」廷議霆輩忠勇絶人，遂與之。改大名路提控，復取玉田、三河、香河三縣。徙屯濱、棣、淄，留副將孫江守滄州。江以滄州降于王檝，而江將兵圍觀州。霆乃詐作書與孫江，約同取滄州者。王檝得其書，果疑孫江與霆有謀，召江還，殺之。霆乃定觀州而還。進官三階，充濱、棣行軍都提控。未幾，遥授同知益都府事，加宣差都提控，遷棣州防禦使，賜姓完顏氏，屯海州。俄權單州經略司事，充宣差總領都提控。

興定元年，泰安、滕、兗土寇蠭起，東平行省侯摯遣霆率兵討之，降石花五、夏全餘黨二萬人，老幼五萬口，充權海州經略副使。紅襖賊于忙兒寇海州，霆擊走之。二年，宋高太尉兵三萬駐朐山。霆軍乏糧，采野菜麥苗雜食之。宋兵柵朐山，下隔湖港，霆作港中暗橋，遣萬户胡仲珪、副統劉贇率死士由暗橋登山，霆率兵四千人趨山下，約以昏時舉火爲期，上下夾擊，宋兵大敗，墜澗溺水死者，不可勝計，斬高太尉、彭元帥于陣，餘衆潰去。遷安化軍節度使，經略副使如故。以其子爲符寶典書。逾月，宋兵復至，霆逆戰，駐兵城外。夜半，宋人乘虚踰城而入。經略使阿不罕奴失剌率兵扼戰，都統温迪罕五兒、副統蒲察永成、蒲察只魯身先士卒，殺二百餘人，城賴以完。詔五兒等各遷兩階。

四年，改集慶軍節度使，兼同知歸德府事。五年，改定國軍節度使，兼同知京兆府事，擢其子爲護衛。元光元年，陝西行省白撒奏：「京兆南山密邇宋境，官民遷避其間者，無慮百萬人。可遣官鎮撫，庶幾不生他變。」宣宗以爲然。十月，霆以本官爲安撫使，守同知歸德府惟宏、大司農丞郭皓爲副使，分護百姓之遷南山者。元光二年，卒。

烏古論長壽，臨洮府第五將突門族人也。本姓包氏，襲父永本族都管。泰和伐宋，充緋翮翅軍千户，取床川寨及祐州、宕昌、辛城子，以功進官二階。貞祐初，夏人攻會州，統軍使署征行萬户，升副統，與夏人戰於窄土峽，先登陷陣，賞銀五十兩。戰東關堡，以功署都統，兼充安定、定西、保川、西寧軍馬都彈壓。詔録前後功，遥授同知隴州防禦事，世襲本族都巡檢。三年，賜今姓。攻蘭州程陳僧，爲先鋒都統。夏人圍臨洮，扼渭源堡〔五〕，内外不通。統軍司募人偵候臨洮消息，長壽應募，馘二人，擒一人，問得臨洮及夏兵事勢。以勞遷宣武將軍，遥授通遠軍節度副使。招降諸蕃族及熟羊寨秦州逋亡者。復遷懷遠大將軍，升提控。興定元年，夏人大入隴西，長壽拒戰，遷平涼府治中，兼節度副使，充宣差鞏州規措官。頃之，遥授同知鳳翔府事，兼同知通遠軍節度事，提控如故。

興定二年，遷同知臨洮府事。與提控洮州刺史納蘭記僧分兵伐宋。長壽由鹽川鎮進兵，宋人守戍者走保馬頭山，合諸部族兵來拒。長壽擊敗之，復破其援兵四千於荔川寨。即趨宕昌縣，破宋兵二千于八斜谷，拔宕昌縣，進攻西和州，先敗其州兵。明日，木波兵三千與宋兵合，依川爲陣，長壽奮擊，宋兵入保城，堅壁不復出，長壽乃還。凡斬馘八千，獲馬二百餘、牛羊三萬，器械軍實甚多。納蘭記僧出洮州鐵城堡，屢敗宋人，完軍而還。詔賞鳳翔、秦、鞏伐宋將士，長壽遥授隴安軍節度使，同知通遠軍、提控如故。頃之，長壽升總領都提控，改通遠軍節度使。

夏人攻定西，是時弟世顯已降夏人，夏人執世顯至定西城下，謂長壽曰：「若不速降，即殺汝弟。」長壽不顧，奮戰，夏兵退，加榮禄大夫，賜金二十五兩、重幣三端。世顯既降，二子公政、重壽當緣坐。宣宗嘉長壽守定西功，釋公政兄弟，有司廪給之。詔長壽曰：「汝久在戎行，盡忠國事。世顯之降，必不得已，汝永念國恩，益思自效。」未幾，夏人復攻會州，行元帥府事石盞合喜發兵救未至，夏人移兵臨洮，長壽伏精兵五千于定西險要間，敗夏兵三萬騎，殺千餘人，獲馬數百。夏人已破西寧，乃犯定西，長壽擊却之，斬首三百級。既而三萬騎復至，攻城甚急，長壽乘城拒戰，矢石如雨，夏兵死者數千，被創者衆，乃解去。是歲，卒。

完顔佐本姓梁氏，初爲武清縣巡檢。完顔㪍住本姓李氏，爲柳口鎮巡檢。久之，以佐爲都統，㪍住副之，戍直沽寨。貞祐二年，紏軍遣張暉等三人來招佐，佐執之。翌日，劉永昌率衆二十人持文書來，署其年曰天賜，佐擲之，麾衆執永昌，及暉等併斬之。宣宗嘉其功，遷佐奉國上將軍，遥授德州防禦使，㪍住鎮國上將軍，遥授同知河間府事，皆賜姓完顔氏。詔曰：「自今有忠義如是者，並一體遷授。」

贊曰：古者天子胙土命氏，漢以來乃有賜姓。宣宗假以賞一時之功，郭仲元、郭阿鄰以功皆賜國姓。女奚烈資禄、烏古論長壽皆封疆之臣而賜以他姓。貞祐以後，賜姓有格。

夫以名使人，用之貴則貴，用之賤則賤，使人計功而得國姓，則以其貴者反賤矣。完顏霆、完顏佐皆賜國姓者，併附于此。

石抹仲温本名老斡，懿州胡土虎猛安人。充護衛十人長、太子僕正，除同知武寧軍節度使事、宿直將軍、器物局使。坐前在武寧造馬鞍虧直，章宗原之，改左衛將軍，遷左副點檢。坐征契丹逗遛，降蔡州防禦使。復召爲左副點檢，遷知臨洮府事。泰和伐宋，青宜可内附，進爵二級，賜銀二百五十兩、重幣十端。詔曰：「青宜可之來，乃汝管内，與有勞焉。比與青宜可相合，其間諸事量宜而行。」頃之，諸道進兵，仲温以隴右步騎五千出鹽川。八年，罷兵，改知河中府。崇慶初，遷陝西統軍使。貞祐二年，宋人攻秦州，仲温率兵敗之。尋充本路安撫使，改鎮南軍節度使。致仕。興定三年，卒。

烏古論禮本名六斤，益都猛安人。充習騎，累擢近侍局直長，轉本局副使、左衛副將軍。坐受沁南軍節度使兗王永成名馬玉帶〔六〕，杖一百，削官解職。起爲蒲速碗羣牧副使，改武庫署令、宿直將軍，復爲左衛副將軍、順州刺史，累遷武寧軍節度。泰和伐宋，爲山東路兵馬都統副使兼副統軍、安化軍節度。八年，宋人請盟，罷兵馬都統官，仍以節度兼副統軍。大安三年，改知歸德府兼河南副統軍，歷知河南府。至寧初，改知太原府事。貞祐二年，兼河東北路安撫使。三年，充本路宣撫使，頃之，兼左副元帥。四年，太原被圍，未幾圍解，進官二階。興定三年，卒。

蒲察阿里，興州路人〔七〕。以廕補官，充護衛十人長、武器署令，轉宿直將軍，遷右衛副將軍。宋兵犯分道鋪，馳驛赴邊，伺其入，以伏兵掩之。改提點器物局。泰和伐宋，從右副元帥匡爲副統，攻宜城縣，取之。八年，以功遷武衞軍副都指揮使。大安元年，同知南京留守事，徙壽州防禦使，遷興平軍節度使。崇慶初，遷元帥右都監，明年，轉左都監。時都城被圍，道路梗塞，阿里由太原至真定，率師赴援，抵中山，不克進。貞祐二年，移駐大名。徵河南鎮防軍圖再舉，衆既憚于行，而阿里遇之有厚薄，軍變，遇害，衆因逃散。宣宗詔元帥左都監完顏弼安集其軍，赦首惡以下，河南統軍司更加撫諭。

奧屯襄本名添壽，上京路人。大定十年，襲猛安。丞相襄舉通練邊事，授崇義軍節度副使，改烏古里糺詳穩，召爲都水少監、石州刺史。未幾，爲平南盪江將軍，以功陞壽州防禦使，遷河南路副統軍兼同知歸德府事、昌武軍節度使，仍兼副統軍。崇慶改元，爲元帥左都監，救西京，至墨谷口，一軍盡殪，襄僅以身免，坐是除名。明年，授上京兵馬使。宣宗即位，擢遼東路宣撫副使。未幾，改速頻路節度使，兼同知上京留守事。二年二月，爲元帥右都監，行元帥府事于北京。五月，改留守，兼前職，俄遷宣撫使兼留守。

十一月，詔諭襄及遼東路宣撫使蒲鮮萬奴、宣差蒲察五斤曰：「上京、遼東國家重地，以卿等累效忠勤，故委腹心，意其協力盡公，以徇國家之急。及詳來奏，乃大不然，朕將何賴。自今每事同心，併力備禦，機會一失，悔之何及！且師克在和，善鈞從衆，尚懲前過，以圖後功。」三年正月，襄爲北京宣差提控完顏習烈所害。未幾，習烈復爲其下所殺，詔曲赦北京。

完顏蒲剌都，西南路按出灰必剌罕猛安人。充護衞，除泰定軍節度副使。以憂去官，起復唐古部族節度副使，徙安國軍、移糺詳穩〔八〕，累官原州刺史。坐買部内馬虧直，奪官一階，降北京兵馬都指揮使、寧遠軍刺史〔九〕，歷同知臨洮府、西京留守事。崇慶元年，遷震武軍節度，備禦有功，遷一官。

貞祐初，置東西面經略司〔一〇〕，就充西面經略使，上言：「管内大和嶺諸隘屯兵，控制邊要。行元帥府輒分臣兵萬二千戍真定，餘衆不足守禦，近日復簡精鋭二千七百人以往。

今見兵不滿萬，老羸者十七八。臣死固不足惜，顧國家之事不可不慮，新設經略移文西京、太原、河東取軍馬，大數並稱非臣所統。」詔真定元帥府還其精鋭二千七百人。西京、太原、嵐州有警急，約爲應援。州郡皆不欲屬經略司，遂罷經略官，入爲簽樞密院事，改左副點檢。四年，遷兵部尚書。興定元年，致仕。四年，卒。

夾谷石里哥，上京路猛安人。明昌五年進士，泰州防禦判官，補尚書省令史，歷臨潢、婆速路都總管判官，累除刑部主事，改薊州副提控，駐軍大名。俄遷翰林待制，爲宿州提控。與山東宣撫完顔弼攻大沬堌，賊衆千餘逆戰，石里哥以騎兵擊之，盡殪。提控没烈入自北門，遂擒劉二祖。以功遷武衛軍副都指揮使。坐前在宿州掠良人爲生口，當死，特詔決杖八十。徙洺州防禦使、山東路副統軍。坐不時進兵，往宿遷取妻子〔一二〕，解職。起爲東平行軍提控。興定元年，破宋兵于宿州，以功遥授安化軍節度使，移定海軍，卒。

术甲臣嘉，北京路猛安人，襲父謀克。泰和伐宋，隸陝西完顔綱麾下。歷通州、海州同知軍州事。貞祐二年，除武器署丞。救集寧有功，遷河南統軍判官、拱衛直副都指揮使、河南治中，遥領綏州刺史兼延安治中〔一三〕，就遷同知府事，改同知河間府事。

興定元年，行樞密院于壽州，由壽、泗渡淮伐宋。二月，破宋兵三千於漸湖灘，斬三百級。有詔蹂踐宋境上，毋深入。臣嘉駐霍丘楂岡村，縱輕騎鈔掠，焚毁積聚。獲宋諜者張聰，知宋兵二千屯高柳橋，老幼甚衆，其寨兩城，環之以水。臣嘉遣張聰持牒招之，不從。先令水軍徑渡攻之。軍士牛青操戈刺門卒，皆披靡散去，遂登陴，大軍繼之，夷其寨而還。遇宋兵數千於梅景村。臣嘉伏兵林間，以步卒誘致之，伏發，宋兵潰，追奔十餘里，生擒其將阮世安等五人，獲器仗甚衆。二年，賞征南功，升職一等，遷元帥右都監，充陝西行省參議官。四年，兼金安軍節度使。五年，改知延安府事，轉左都監，駐兵京兆。元光元年，卒。

紇石烈桓端，西南路忽論宋割猛安人，襲兄銀朮可謀克。泰和伐宋，充行軍萬户，破宋兵二千於蔡州，加宣武將軍。自壽州渡淮，敗宋步騎一萬五千于鷄子嶺，遂克安豐軍。軍還，除同知懷遠軍節度事，權木典乣詳穩。大安三年，西京行省選充合扎萬户，遥授同知清州防禦事，改興平軍節度副使，遥授顯德軍節度副使，徙遼東路宣撫司都統〔一三〕。敗移剌留哥萬五千衆于御河寨，奪車數千兩，降萬餘人。加驃騎衛上將軍，遥授同知順天軍節度事。

貞祐二年，爲宣差副提控，同知婆速路兵馬都總管，行府事。貞祐三年，蒲鮮萬奴取咸平、東京瀋、澄諸州，及猛安謀克人亦多從之者。三月，萬奴步騎九千侵婆速近境，桓端遣都統溫迪罕怕哥輦擊却之。四月，復掠上古城，遣都統兀顏鉢轄拒戰。萬奴別遣五千人攻望雲驛，都統奧屯馬和尚擊之。都統夾谷合打破其衆數千于三叉里。五月，都統溫迪罕福壽攻萬奴之衆于大寧鎮，拔其壘，其衆殲焉。九月，萬奴衆九千人出宜風及湯池〔一四〕，桓端率兵與戰，其衆潰去，因招唵吉、斡都、麻渾、賓哥出、臺荅愛、顏哥、不灰、活拙、按出、孛德、烈隣十一猛安復來附，擇其丁男補軍，攻城邑之未下者。貞祐四年，桓端遣王汝弼由海道奏事，宣宗嘉其功，桓端遷遼海軍節度使、同知行府事，宣差提控如故。婆速路溫甲海世襲猛安、權同知府事溫迪罕哥不靄遷顯德軍節度使，兼婆速府治中。權判官、前修起居注裴滿按帶遷兩階，升二等。王汝弼遷四階，升四等。餘將士有功者，詔遼東宣撫承制遷賞。是歲，改邳州刺史，充徐州界都提控。

紅襖賊數萬攻邳州，桓端破之于黃山。賊復來，桓端薄其營，走保北山，追擊敗之，溺沂水死者甚衆。賊數萬圍沂州，同知防禦事僕散撒合突圍出求救，桓端率兵赴之。撒合還入沂州，與桓端內外夾擊之，殺萬餘人，賊乃去。樞密副使僕散安貞上其功，因奏曰：「桓端天資忠實，深有計畫，曉習軍事，撒合勇而有謀，皆得軍民心，乞加擢用。」桓端進金紫光祿大夫，兼同知武寧軍節度事，提控如故。召爲勸農副使，充都提控，屯陳州。

興定元年，自新息渡淮伐宋，破中渡店，至定城，以少擊衆，戰不留行。未幾，充宣差參議官，復渡淮，連破宋兵，獲其將沈俊，遷武衛軍副都指揮使。宋人城守不出，分兵攻其山寨水堡，殺獲甚衆。興定二年，遷鎮南軍節度使，權元帥右都監。數月，改武衛軍都指揮使，仍權右都監，行元帥府于息州。

徐州行樞密院石盞女魯歡剛愎自用，詔桓端以本官權簽樞密院事，往代之。四年冬，上言：「竊聞宋人與李全將併力來攻，當預爲之防。」樞密院奏可，召桓端與朝臣面議。尋有疾，賜太醫御藥。五年正月，召至京師，疾病不能入見，力疾草奏，大略以南北皆用兵，當豫防其患，及防河數策。無何，卒，年四十五。勑有司給喪事。

完顏阿里不孫字彥成，曷懶路泰申必刺猛安人。明昌五年進士，調易州、忻州軍事判官、安豐縣令。補尚書省令史，除興平軍節度副使，應奉翰林文字，轉修撰，充元帥左監軍紇石烈執中經歷官。執中圍楚州，縱兵大掠，坐不諫正，決杖五十。大安初，改户部員外郎、鈞州刺史。執中行樞密院於西京，復以爲經歷官。改威州刺史。貞祐初，累遷國子祭酒，歷越王、濮王傅，改同知平陽府事，兼本路宣撫副使。召爲兵部侍郎，遷翰林侍講學士。改陝西路宣撫副使，遷元帥左都監。改河平軍節度使、河北西路宣撫副使。改御史中丞、遼東宣撫副使。再閱月，權右副元帥、參知政事、遼東路行尚書省事，賜御衣、廐馬、安山甲。上京行省蒲察五斤奏其功，賜金百兩、絹百匹。

興定元年，真拜參知政事，權右副元帥，行尚書省、元帥府于婆速路，承制除拜刺史以下。不協〔一五〕。是時，蒲鮮萬奴據遼東，侵掠婆速之境，高麗畏其强，助糧八萬石。上京行省蒲察五斤入朝，遼東兵勢愈弱，五斤留江山守肇州，江山亦頗懷去就。及上京宣撫使蒲察移剌都改陝西行省參議官，而伯德胡土遂有異志。宣撫使海奴不迎制使，坐而受詔，阿里不孫械繫之。頃之，阿里不孫輒矯制大赦諸道，衆乃稍安，而請罪于朝。

初，留哥據廣寧，知廣寧府事温迪罕青狗居蓋州，妻子留廣寧，與伯德胡土約爲兄弟。青狗兵隸阿里不孫，内猜忌不協，蒲察移剌都嘗奏青狗無隸阿里不孫。宣宗乃召青狗，青狗不受詔，阿里不孫殺之。胡土乃怨阿里不孫。既而胡土率衆伐高麗，乃以兵戕殺阿里不孫。權左都監納坦裕與監軍温迪罕哥不靄、遥授東平判官參議軍事郭澍謀誅胡土，未敢發，會上京留守蒲察五斤遣副留守夾谷愛荅、左右司員外郎抹撚獨魯詣裕計事。裕以謀告二人，二人許諾，遂召胡土至帳中殺之。阿里不孫已死，朝廷始得矯赦奏疏，詔有司奬諭。未幾，聞阿里不孫死于亂，詔贈平章政事、芮國公。納合裕真授左都監〔一六〕，哥不靄進一階，愛荅、獨魯、郭澍遷官升職有差。

阿里不孫寬厚愛人，敏於吏事，能治劇要，識者以爲用之未盡云。

完顏鐵哥性淳直，體貌雄偉，粗通書。年二十四，襲父速頻路曷懶合打猛安。授廣威將軍。御下惠愛。察廉，除臨海軍節度副使，改底剌乣詳穩。丞相襄行省于北京，鐵哥爲先鋒萬户，有功。丁母憂，服除，遷同知武勝軍節度使事，充右副元帥完顏匡副統，號平南盪江將軍。攻光化軍，王統制以步騎出東門逆戰，鐵哥擊却之，拔鹿角，奪門以入，遂克之。進攻襄陽，爲前驅，獲生口，知江渡可涉處，陰植標以識之。大軍至，鐵哥導之濟，屢戰皆捷，以勞進官兩階。匡圍德安，鐵哥總領攻城，築壘于德安南鳳凰臺，並城作甬道，立鵝車，對樓攻之，擊走張統制兵。時暑，還屯鄧州。兵罷，進官兩階，遷同知臨潢府事，改西南路副招討、宿州防禦使。貞祐二年，樞密使徒單度移剌以鐵哥充都統，入衛中都。遷東北路招討使，兼德昌軍節度使。

蒲鮮萬奴在咸平，忌鐵哥兵强，牒取所部騎兵二千，又召泰州軍三千及户口遷咸平。鐵哥察其有異志，不遣。宣撫使承充召鐵哥赴上京，命伐蒲與路。既還，適萬奴代承充爲宣撫使，摭前不發軍罪，下獄被害。謚勇毅。

納蘭胡魯剌，大名路怕魯歡猛安人。性淳直，寡言笑，好讀書，博通今古。承安二年，進士第一，除應奉翰林文字。被詔括牛于臨潢、上京等路。丞相襄有田在肇州，家奴匿牛不以實聞，即械繫正其罪而盡括之。於是豪民皆懼，無敢匿者。使還，襄稱其能〔一七〕。居父喪盡禮，御史舉其清節。服除，轉修撰。平章政事僕散端舉廉能有文采，遷同知順天軍節度使事，從伐宋。以勞加朝請大夫，改禮部員外郎、曹州刺史。豪民僕散掃合立私渡於定陶問，逃兵盜劫，皆籍爲囊橐，累政莫敢問。胡魯剌捕治之，窮竟其黨，闔郡肅然。改沃州。改南京路按察副使。貞祐二年，改泗州防禦使。召爲吏部侍郎，遷絳陽軍節度使，權河東南路宣撫副使。

是時兵興，胡魯剌完城郭，繕器械，料丁壯爲鄉兵〔一八〕。延問耆老，招致儒士，咨以備禦之策。鹽米儲偫，勸富民出粟，郡賴以完。賜詔褒諭，加資善大夫，官其次子吾申。改權經略使，被召，以疾不能行，卒于絳州。

贊曰：泰和、貞祐，其間相去五年耳，故將遺老往往在焉〔一九〕。高琪得君，宿將皆斥外矣。高汝礪任職，舊臣皆守藩矣。假以重任，其實疎之。故石抹仲温以下，以見當時之將校焉。

校勘記

〔一〕令提控兀顏阿隣領騎繞出其後夾擊之　「兀顏」，南監本、北監本、殿本、局本並作「完顏」。

〔二〕宣宗即位遷通州防禦使　「防禦使」，疑當作「刺史」。按，本書卷二四地理志上，中都路「通州，下，刺史。（中略）興定二年五月陞爲防禦」。此「防禦使」事在南遷之前。

〔三〕族兄徐州譏察副使僧喜　「譏察」，原作「機察」，據局本改。按，本書卷五七百官志三：「提舉譏察使，正五品。副使，從五品。」今據改。

〔四〕據山之巔　「巔」，原作「鎮」，據局本改。金史詳校卷八下，「據山之鎮，『之』當作『爲』」，文義亦通。

〔五〕扼渭源堡　「渭源堡」，原作「渭堡」。按，本書卷一三四外國傳上西夏傳，貞祐三年十月，「陝西宣撫副使完顏胡失來救臨洮，大敗于渭源堡」。又卷二六地理志下，臨洮路臨洮府康樂縣有渭源堡。今據改。

〔六〕坐受沁南軍節度使兗王永成名馬玉帶　「受」，原作「授」，據南監本、北監本、殿本、局本改。

〔七〕興州路人　「路」字疑衍。金無「興州路」。按，本書卷二四地理志上，北京路「興州，寧朔軍節度使。本遼北安州興化軍，皇統三年降軍置興化縣，承安五年升爲興州」。

〔八〕徙安國軍移糺詳穩　「移」字下當有闕文。按，本書卷二四地理志上，西京路有移典糺詳穩。卷五七百官志三，「諸糺」下有「移剌糺」。卷八一阿勒根没都魯傳有「移剌都糺詳穩」。

〔九〕寧遠軍刺史　按，本書卷一二二忠義傳二伯德窊哥傳有「寧遠軍節度副使」，卷一三四外國傳上西夏傳有「寧遠軍節度使」。金制，軍州設節度使，此處「刺史」或有誤。

〔一〇〕貞祐初置東西面經略司　「貞祐」二字原脱，局本此處作「貞祐二年」四字。按，本書卷二四地理志上，中都路平州，「貞祐二年四月置東面經略司，八月罷」；卷二六地理志下，河東北路代州，「貞祐二年四月僑置西面經略司，八月罷」。今據補。

〔一一〕往宿遷取妻子　按，上文言夾谷石里哥曾爲宿州提控。金史詳校卷八下，「『遷』當作『州』」。疑是。

〔一二〕遥領綏州刺史兼延安治中　「綏州」，本書地理志不載。按，卷二六地理志下，鄜延路有綏德州。疑或脱「德」字，或新設綏州。

〔一三〕徙遼東路宣撫司都統　「遼」字原脱。按，下文貞祐四年，「宣宗嘉其功，（中略）詔遼東宣撫承制遷賞」。又本書卷一四宣宗紀上，貞祐三年十月「戊戌，遼東宣撫司報敗留哥之捷」。今據補。

〔一四〕萬奴衆九千人出宜風及湯池　按，本書卷二四地理志上，東京路遼陽府有宜豐縣，蓋州有湯池縣。「宜風」似當爲「宜豐」。

〔一五〕不協　此上疑有脱文。

〔一六〕納合裕真授左都監　「納合裕」，上文作「納坦裕」。按，本書卷五五百官志一吏部下「白號之姓」，「納合」與「納坦」兼有，今不能定何者爲是。

〔一七〕襄稱其能　「其」字原脱。金史詳校卷八下，「『能』上當加『其』」。今據補。

〔一八〕料丁壯爲鄉兵　「丁」，原作「才」。金史詳校卷八下，「『才』當作『丁』」。今據改。

〔一九〕故將遺老往往在焉　「焉」，原作「爲」，據南監本、北監本、殿本、局本改。

金史卷一百四

列傳第四十二

納坦謀嘉　鄒谷　高霖　孟奎　烏林荅與　郭俁
温迪罕達　王擴　移剌福僧　奧屯忠孝　蒲察思忠
紇石烈胡失門　完顏寓　斡勒合打　蒲察移剌都

納坦謀嘉，上京路牙塔懶猛安人。初習策論進士，大定二十六年，選入東宮，教鄆王琮、瀛王瓌讀書。以終場舉人試補上京提刑司書史，以廉能著稱。承安元年，契丹陀鎖寇掠韓州、信州，提刑司問諸書史「誰入奏者」？皆難之，謀嘉請行。五年，特賜同進士出身，調東京教授、湯池主簿、太學助教。丁母憂，服闋，累除翰林修撰，兼修起居注、監察御史。貞祐初，遷吏部員外郎、翰林待制、侍御史。

完顏寓舉謀嘉才行，志在匡國，可預軍政。充元帥府經歷官。中都被圍，食且盡，胥鼎奏「京師官民能贍足貧民者，計所贍遷官，皆先給據」，謀嘉不受據而去。中都危急，謀嘉曰：「帥臣統數萬衆不能出城一戰，何如自縛請降邪？」宣宗議遷都，謀嘉曰：「不可。河南地狹土薄，他日宋、夏交侵，河北非我有矣。當選諸王分鎮遼東、河南，中都不可去也。」不聽。頃之，除唐州刺史。入爲太常少卿兼左拾遺，遷鄭州防禦使。改左諭德，轉少詹事，攝御史中丞，未幾，攝太子詹事。興定元年，潼關失守〔一〕，遷河南統軍使兼昌武軍節度使，攝簽樞密院事，行院許州，汰去冗食軍士二千餘人。上書諫伐宋，不聽。

三年，降潁州防禦使。有告宋人將襲潁州者，已而宋兵果至，謀嘉有備，乃引去。有司上功，不及告者，謀嘉請而賞之。四年，召爲翰林侍講學士兼兵部侍郎，同修國史。五年，卒。

鄒谷字應仲，密州諸城人。中大定十三年進士第，累官瀋王府文學。尚書省奏擬大理司直，上曰：「司直爭論情法，折正疑難，谷非所長也。」宰臣曰：「谷有吏才，陝西、河南訪察及定課皆稱職。」上以谷爲同知曹州軍州事。召爲刑部主事，轉北京臨潢提刑判官，入爲大理寺丞。

尚書省點差接送伴宋國使官，令史周昂具數員呈請，左司都事李炳乘醉見之，怒曰：「吾口舉兩人即是，安用許爲？」命左右攬昂衣欲杖之，會左司官召昂去乃已，詈諸令史爲奴畜。明日語權令史李秉鈞曰：「吾豈惟箠罵，汝進退去留，亦皆在我！」羣吏將陳訴，會官劾奏，事下大理寺議，差接送伴官事當奏聞，炳謂口舉兩人，當科「違制」。谷曰：「口舉兩人，一時之言，當杖贖。攬昂衣欲加杖，當決三十。」上曰：「李炳讀書人，何乃至是？」宰臣對曰：「李炳疾惡，衆人不能容耳。」上曰：「炳誠過矣，告者未必是也。」乃從谷議。

歷濟南、彰德府治中，吏部郎中，河東按察副使，沂州防禦使。歷定海、泰寧軍節度使。泰和六年，致仕。貞祐初，卒。

高霖字子約，東平人。大定二十五年進士，調符離主簿。察廉，遷泗水令，再調安國軍節度判官。以父憂還鄉里，教授生徒，恒數百人。服除，爲絳陽軍節度判官。用薦舉，召爲國史院編修官。建言：「黄河所以爲民害者，皆以河流有曲折，適逢隘狹，故致湍決。按水經當疏其阸塞，行所無事。今若開雞爪河以殺其勢，可免數埽之勞。凡捲埽工物，皆取於民，大爲時病。乞並河隄廣樹榆柳，數年之後，隄岸既固，埽材亦便，民力漸省。」朝廷從之。遷應奉翰林文字兼前職，改監察御史。丁母憂，起復太常博士。改都水監丞，簽陝西路按察司事，體訪官員能否，仍赴闕待對。時南征調發繁急，民稍稽滯，有司皆坐失誤軍期罪。霖言其枉，悉出之。授都水少監。

大安初，爲耀州刺史。三年，遷河北東路按察副使，改韓王傅，兼翰林直學士。崇慶初，改工部侍郎兼直學士。至寧元年八月，霖奉儲倚迎宣宗至新城，勑霖南迎諸妃。既至，賜錢千貫，遷官三階。貞祐二年，除河平軍節度使兼都水監〔二〕。霖請城宜村爲衞州以護北門，上從之。入爲兵部尚書，知大興府事，俄權參知政事，與右丞相承暉行省于中都。尋改中都留守，兼本路兵馬都總管。

平章政事抹撚盡忠棄中都南奔，霖與子義傑率其徒夜出，不能進，謂義傑曰：「汝可求生，吾死於此矣。」霖死，義傑伏羣屍中以免。贈翰林學士承旨，令立碑鄉里，歲時致祭，訪其子孫録用，謚文簡。

孟奎字元秀，遼陽人也。大定二十一年進士〔三〕，調黎陽主簿。丁母憂，服闋，調淄州軍事判官，遷汲縣令。察廉，改定興令。補尚書省令史，從參知政事馬琪塞澶淵決河，改中都左警巡使。平章政事完顏守貞禮接士大夫，在其門者號「冷巖十俊」，奎其一也。改都轉運司度支判官〔四〕、上京等路提刑判官。

初，遼東契丹判余里也嘗殺驛使、大理司直〔五〕，有契丹人同名者，有司輒繫之獄，奎按囚速頻路，讞而出之，既而果獲其殺司直者。遷同知西京路轉運使事。置行樞密院于鎮寧，充宣差規措所官給軍用。改簽河東南北路按察司事、武州刺史。上言三事，其一曰：「親民之寄〔六〕，今吏部之選頗輕，使武夫計資而得，權歸胥吏。每縣宜參用士人，使紀綱其事。」未幾，改曹州刺史，再調同知中都路都轉運使事。旱，詔審録中都路冤獄，多平反。

大安初，除博州防禦使，凡屬縣事應赴州者，不得泊於逆旅，以防吏姦，人便之。改山東東西路安撫副使，遷北京臨潢等路按察轉運使，以本官爲行六部侍郎。劾奏監軍完顏訛出虛造功狀，訛出坐免官。詔以奎爲宣差都提控。貞祐初，以疾卒，謚莊肅。

烏林荅與本名合住，大名路納鄰必刺猛安人。充奉職、奉御、尚食局直長，兼頓舍。除監察御史，累官武勝軍節度使、北京按察轉運使、太子詹事、武衛軍都指揮使。貞祐二年，知東平府事，權宣撫副使。改西安軍節度使，入爲兵部尚書。上言：「按察轉運司拘榷錢穀，糾彈非違，此平時之治法。今四方兵動，民心未定，軍上動見刻削，乞權罷按察及勸農使。」又曰：「東平屯兵萬餘，可運濱鹽易糧芻給之。」又曰：「潼關及黄河津要，將校皆出卒伍，類庸懦不可用。乞選材武者代之。」又曰：「兗、曹、濮、濬諸郡皆可屯重兵，勑州縣官勸民力穡，至於防秋，則清野保城。」下尚書省，竟不施行。新制科買軍器材物稽緩者並的決，與奏：「有司必督責趣辦，民將不堪，可量罰月俸。」從之。坐前在陝州市物虧直，降鄭州防禦使。尋召爲拱衛直都指揮使，復爲兵部尚書。興定三年，卒。

郭俣字伯有，澤州人。大定二十二年進士，調長子主簿、萊州觀察判官、萊陽縣令，補尚書省令史，知管差除。除大理司直。丁母憂，起復太常博士、左司都事。御史臺舉俣及前應奉翰林文字張檝、吏部主事王質、刑部主事抹撚居中、通事舍人完顏合住、弘文校理把掃合、吏部架閣管勾烏古論和尚、尚書省令史溫迪罕思敬皆才幹可用。詔各升一等，遷除俣平陽府治中、張檝國子博士、王質昭義軍節度副使、抹撚居中大理司直、完顏合住侍儀司令、把掃合同知弘文院事、烏古論和尚利涉軍節度副使、溫迪罕思敬同知定武軍節度事。

久之，俣召爲同知登聞鼓院兼祕書丞，遷禮部郎中、滕州刺史、同知真定府事。上言：「每季合注巡尉官，吏、刑兩部斟酌盜賊多寡處選注。」詔議行之。改中都西京按察副使，遷國子祭酒。泰和六年，伐宋，充宣差山東安撫副使。七年，遷山東宣撫副使。大安元年，遷遼東按察轉運使，改中都路都轉運使、泰定軍節度使、陝西東路按察轉運使。貞祐三年，罷按察司，仍充本路轉運使，行六部尚書。改河北西路轉運使，致仕。元光二年，卒。

温迪罕達字子達，本名謀古魯，蓋州按春猛安人。性敦厚，寡言笑。初舉進士，廷試搜閱官易達貌小，謂之曰：「汝欲求作官邪？」達曰：「取人以才學，不以年貌。」衆咸異之。明昌五年，中第，調固安主簿。以憂去官，服除，調信州判官。丞相襄辟行省幕府。改順州刺史，補尚書省令史，除南京警巡使。居父喪，是時伐宋兵興，起復，給事行尚書省。大安初，遷德興府判官，再遷監察御史。宣宗遷汴，以本職護送衛士妻子。復被詔運大名粟，由御河抵通州，事集，遷一官，轉户部員外郎、左司郎中。遇繼母憂，起復太常少卿，充陝西元帥府經歷官。

興定元年，召還，攝侍御史，上疏論伐宋，略曰：「天時向暑，士馬不利，宜俟秋涼，無不可者。」又曰：「遼東興王之地，移刺都不能守，走還南京。度今之勢，可令濮王守純行省蓋州，駐兵合思罕，以繫一方之心。昔祖宗封建諸王，錯峙相維，以定大業。今乃委諸疏外，非計也。」宣宗曰：「一子非所愛，但幼不更事，詎能辨此？」逾月，復上言：「天下輕重，係于宰相，邇來每令權攝，甚無謂也。今之將帥，謀者不能戰，戰者不能謀。今豈無其人，但用之未盡耳。」宣宗曰：「人才難知，故先試其稱否，卿何患焉。所謂用之未盡者爲誰？」對曰：「陝西統軍使把胡魯忠直幹略，知延安府古里甲石倫深沉有謀，能得士心，雖有微過，不足以累大。」辛相高琪、高汝勵惡其言。俄充陝州行樞密院參議官。二年，召爲户部侍郎。改刑部，兼左司諫，同知集賢院。改大理卿，兼越王傅。尋遷河南統軍使、昌武軍節度使，行六部，攝同簽樞密院，行院許州。改集慶軍節度使。

是時，東方荐饑，達上疏曰：「亳州户舊六萬，今存者無十一，何以爲州？且今調發數倍于舊，乞量爲減免。」是歲大水，碭山、下邑野無居民，轉運司方憂兵食，達謾聞二縣無主稻田且萬頃，收可數萬斛，即具奏。朝廷大駭，詔户部尚書高夔佩虎符專治其事，所獲無幾，夔坐累抵罪。達自念失奏，因感愧發病，尋卒。

王擴字充之，中山永平人。明昌五年進士，調鄧州録事，潤色律令文字〔七〕。遷懷安令。猾吏張執中誣敗二令，擴到官，執中挈家避去。改徐州觀察判官，補尚書省令史，除同知德州防禦使事。被詔賑貸山東西路饑民，棣州尤甚，擴輒限數外給之。

泰和伐宋，山東盜賊起，被安撫使張萬公牒提控督捕。擴行章丘道中，遇一男子舉止不常，捕訊，果歷城大盜也。衆以爲有神。再遷監察御史，被詔詳讞寃獄。是時，凡鬬殺奏決者，章宗輒減死，由是中外斷獄，皆以出罪爲賢。擴謂同輩曰：「生者既讞，地下之寃云何！」是時，置三司治財，擴上書曰：「大定間，曹望之爲户部，財用殷阜，亦存乎人而已。今三司職掌，皆户部舊式，其官乃户部之舊官，其吏亦户部之舊吏，何愚於户部而智於三司乎？」既而三司亦竟罷。張煒職辦西北路糧草者數年，失亡多，尚書省奏擴考按，會煒亦舉王謙自代，王謙發其姦蠹，擴按之無所假借。煒舊與擴厚，使人諉擴曰：「君不念同舍邪？」擴曰：「既奉詔，安得顧故人哉！」

大安中，同知横海軍節度事，簽河東北路按察事。貞祐二年，上書陳河東守禦策，大概謂：「分軍守隘，兵散而不成軍。聚之隘内，軍合則勢重。饋餉一塗，以逸待勞，以主待客，此上策也。」又曰：「軍校猥衆，分例過優，萬户一員，其費可給兵士三十人。本路三從宜，萬户二百餘員，十羊九牧，類例可知。乞以千人爲一軍，擇望重者一人萬户，兩猛安、四謀克足以教閲約束矣，豈不簡易而省費哉。」又曰：「按察兼轉運，本欲假糾劾之權，以檢括錢穀。邇來軍興，糧道軍府得而制之。今太原、代、嵐三軍皆其州府長官，如令通掌資儲，則弊立革，按察之職舉矣。」又曰：「數免租税，科糴益繁，民不爲恩，徒增廩給，教練無法，軍不足用。」書奏，不見省。

遷汴後，召爲户部侍郎，遷南京路轉運使。太府監奏羊瘦不可供御。宣宗召擴詰問。擴奏曰：「官無羊，皆取於民，今民心未安，宜崇節儉。廷議肥瘠紛紛，非所以示聖德也。」宣宗首肯之。平章政事高琪閱尚食物，謂擴曰：「聖主焦勞萬機，賴膳羞以安養，臣子宜盡心。」擴曰：「此自食監事，何勞宰相！」高琪默然，銜之。有司奪市人衣，以給往戍潼關軍士，京師大擾。擴白宰相，請三日造之。高琪怒不從。潼關已破，大元兵至近郊，遣擴行六部事，規辦潼關芻糧。偕户部員外郎張好禮往商、虢〔八〕，過中牟不可進。高琪奏擴畏避，下吏論死。宣宗薄其責，削兩階，杖七十，張好禮削三階，杖六十。降爲遥授隴州防禦使，行六部侍郎，規辦秦、鞏軍食。逾月，權陝西東路轉運使，行六部尚書。致仕。興定三年，卒，謚剛毅。擴博學多才，梗直不容物，以是不振於時云。

移剌福僧，東北路烏連苦河猛安人。以廕補吏部令史，轉樞密院，調滕州軍事判官，歷甄官署直長、豳王府司馬、順義軍節度副使。部内世襲猛安木吞掠民婦女，藏之窟室，人頗聞之，無敢發其罪者。福僧請于節度使，願自効，既跡得其所在，率衆入索之，得婦女四十三人，木吞抵罪。徙横海軍，轉同知開遠軍節度事，簽北京、臨潢按察事，興中治中，莫州刺史。上言「沿邊軍官私役軍人，邊防不治，及擾動等事，按察司專一體究，各路宣差提控嚴勒禁治」。詔尚書省行之。

大安初，改沃州，同知興中府事。福僧督民繕治城郭，浚濠爲禦守備，百姓頗怨。頃之，兵果至，攻其北城。福僧戰其北，使備其西，薄暮果攻其西，以有備乃解去。尋改廣寧。

崇慶元年秋，福僧被牒如鄰郡，大兵薄城，其子銅和尚率家奴拒戰，廣寧賴之以完。福僧還，悉放奴爲良，終不言子之功，識者多之。未幾，充遼東宣撫副使。歲大饑，福僧出沿海倉粟，先賑其民，而後奏之，優詔獎諭。至寧元年，除翟王傅兼吏部郎中。胡沙虎作難，福僧稱疾不出。宣宗封胡沙虎澤王，百官皆賀，福僧不往，胡沙虎欲摭而罪之。詔除福僧壽州防禦使。貞祐三年，遷山東西路按察轉運使。是歲按察司罷，仍充轉運使。久之，致仕。

興定二年十一月庚辰，宣宗御登賢門，召致仕官，兵部尚書完顏蒲刺都、户部尚書蕭貢、刑部尚書僕散偉、工部尚書奥屯扎里吉、翰林學士完顏孛迭、轉運使福僧〔九〕、河東北路轉運使趙重福、沁南軍節度使猪奮、鎮南軍節度使石抹仲溫、泰定軍節度使李元輔、中衛尉完顏奴婢、原州刺史紇石烈孛吉賜食，訪問時政得失。福僧乃上書曰：「爲今之計，惟先招徠乣人。選擇乣人舊有宿望雄辨者，諭以恩信，彼若内附，然後中都可復，遼東可通。今西北多虞，而南鄙不敢撤戍，芻糧調度，仰給河南，賦役頻繁，民力疲弊。宜開宋人講和之端，撫定河朔，養兵蓄鋭，策之上也。」又曰：「山東殘破，羣盜滿野，官軍既少，且無騎兵。若宋人資以糧餉，假以官爵，爲患愈大。當選才幹官充宣差招捕，以恩賞諭使復業。募其壯悍爲兵，亦致勝之一也。」又曰：「自承安用兵，軍中設監戰官，論議之間，動相矛盾，不懲其失，反以爲法。若輩平居，皆選材勇自衛，一旦有急，驅疲懦出戰，寧不敗事？罷之爲便。」書奏，朝廷略施用焉。元光元年，卒。

贊曰：宣宗急於求賢，而使小人間之；悦於直言，而使邪説亂之。貞祐、興定之間，豈無其人哉。是故直言蔽於所惑，羣才詘於見忌耳。自納坦謀嘉以下，可攷見焉。

奧屯忠孝字全道，本名牙哥，懿州胡土虎猛安人。幼孤，事母孝。中大定二十二年進士科，調蒲州司候。察廉，遷一官，除校書郎兼太子司經。三遷禮部員外郎。遷翰林待制，權户部侍郎，佐參知政事胥持國治決河，以勞進一階。除河平軍節度使，兼都水監，遂疏七祖佛河及王村、周平、道口、雞爪、孫家港，復開東明、南陽岡、馬蹄、孫村諸河。忠孝常曰：「河之爲患，不免勞民。復壘石爲岸十餘里，民不勝其病矣。」改沁南軍，坐前在衛州勾集妨農、軍借民錢不令償，由是貧富不相假貸，軍民不相安，降寧海州刺史。改滑州，歷同知南京留守，遷定國軍節度使，復爲沁南軍。入爲太子少傅兼禮部尚書。

貞祐初，議降衞紹王，忠孝與蒲察思忠附胡沙虎議，語在思忠傳。頃之，拜參知政事。中都圍急，糧運道絶，詔忠孝搜括民間積粟，存兩月食用，悉令輸官，酬以銀鈔或僧道戒牒。是時，知大興府事胥鼎計畫軍食，奏許人納粟買官，鼎已籍者忠孝再括之〔一〇〕，令百姓兩輸，欲爲己功。左諫議大夫張行信上疏論之曰：「民食止存兩月，而又奪之，使當絶食，不獨歸咎有司，而亦怨朝廷之不察也。」宣宗善行信言，命近臣與忠孝同審取焉。謂忠孝曰：「國家本欲得糧，今既得矣，姑從民便可也。」

頃之，行信復奏曰：「參政奧屯忠孝平生矯僞不近人情，急於功名，詭異要譽，慘刻害物，忍而不恤。勾當河防，河朔居民不勝其病。軍負民錢，抑不令償。東海欲用胡沙虎，舉朝皆曰不可，忠孝獨力薦。及胡沙虎作難，忠孝自謂有功。詔議東海爵號，忠孝請籍没其子孫，及論特末也則云不當籍没，其偏黨不公如此。無事之時，猶不容一相非才，況今多故，乃使此人與政，如社稷何！」宣宗曰：「朕初即位，當以禮進退大臣，卿語其親知，諷之求去可也。」行信以語右司郎中把胡魯，把胡魯以宣宗意白忠孝，忠孝覥然不聽。頃之，罷爲太子太保，出知濟南府事，改知中山府。尋薨，年七十，謚惠敏。

蒲察思忠本名畏也，隆安路合懶合兀主猛安人〔一二〕。大定二十五年進士，調文德、滹陰主簿，國子助教，應奉翰林文字，太學博士，累遷涿州刺史、吏部郎中，遷潞王傅。被詔與翰林侍讀學士張行簡討論武成王廟配享諸將，思忠奏曰：「伏見武成王廟配享諸將，不以世代爲先。後按唐祀典，李靖、李勣居吴起、樂毅上。聖朝太祖以二千之衆，破百萬之師，太宗克宋，成此帝業，秦王宗翰、宋王宗望、婁室、谷神與前代之將，各以功德間列可也。」思忠論多矯飾，不盡録，録其頗有理者云。遷大理卿，兼左司諫，同修國史。

泰和六年，平章政事僕散揆宣撫河南，詔以備禦攻守之法，集百官議于尚書省。廷臣尚多異議，思忠曰：「宋人攻圍城邑，動至數千，不得爲小寇。但當選擇賢將，宜攻宜守，臨時制變，無不可者。」上以爲然。頃之，遷翰林侍講學士兼左諫議大夫，大理卿、同修國史如故。再閲月，兼知審官院正職，外兼四職自思忠始。宋人請和。賜銀五十兩、重綵十端。丁母憂，起復侍講學士，兼諫議、修史、知審官院，轉侍讀，兼兵部侍郎。

貞祐初，胡沙虎請廢衛紹王爲庶人，思忠與奥屯忠孝阿附胡沙虎，曰：「竊人之財，猶謂之盜，況偷天位以私己乎！」宣宗不從。頃之，遷太子太保兼侍讀、修國史。二年春，享于太廟，思忠攝太尉，醉毆禮直官，御史臺劾奏，降祕書監兼同修國史。頃之，遷翰林學士同修國史，卒。

紇石烈胡失門，上京路猛安人。明昌五年進士，累官補尚書省令史，除中都路度支判官，調河北東路都勾判官，累官翰林直學士、大理卿、右諫議大夫。興定二年，伐宋〔一二〕，充元帥左都監紇石烈牙吾塔參議官。牙吾塔至楚州，不待行省僕散安貞節制，輒進兵。宋人堅壁不出，野無所掠，軍士疲乏，餓死相望，直前至江而復。安貞劾奏之，牙吾塔坐不奉詔約，胡失門不矯正，特詔原之。改同知彰德府事。五遷吏部尚書。五年，拜御史大夫。元光元年，兼大司農。二年，薨，宣宗輟朝，百官致奠。

完顏寓本名訛出，西南路猛安人。大定二十八年進士，累調河東北路提刑司知事〔一三〕，改同知遼州軍州事，召爲國史院編修官，遷應奉翰林文字、南京路轉運副使。丁父憂，起復太府監丞，改吏部員外郎。大安初，除知登聞檢院，累遷右司郎中、翰林待制，兼侍御史。貞祐初，議衞紹王事，語在衞紹王紀。

中都圍急，詔於東華門置招賢所，内外士庶皆得言事，或不次除官，由是閭閻細民，往往衒鬻求售。王守信者，本一村夫，敢爲大言，以諸葛亮爲不知兵，寓薦于朝。詔署行軍都統，募市井無賴爲兵，教閱進退跳擲，大概似童戲。其陣法大書「古今相對」四字於旗上，作黄布袍、緇巾、鑞牌各三十六事，牛頭響環六十四枚，欲以怖敵而走之，大率皆誕妄。因與其衆出城，殺百姓之樵採者以爲功。賈耐兒者，本岐路小説人，俚語詼嘲以取衣食，製運糧車千兩。是時材木甚艱，所費浩大，觀者皆竊笑之。草澤李棟在衛紹王時嘗事司天監李天惠，依附天文，假託占卜，趨走貴臣，俱爲司天官。棟嘗密奏白氣貫紫微，主京師兵亂，幸不貫徹，得不成禍。既而高琪殺胡沙虎，宣宗愈益信之。

左諫議大夫張行信奏曰：「狂子庸流，猥蒙拔擢，參預機務，甚無謂也。司天之官，占見天象，據經陳奏，使人主飭己修政，轉禍爲福。如有天象，乞令諸監官公同陳奏，所見或異，則各以狀聞，不宜偏聽也。」上召行信與寓面訂守信事，復與近侍就決于高琪。高琪言守信不可用，上乃以行信之言爲然。

頃之，寓遷禮部侍郎，改東京副留守、隴州防禦使，遷安化軍節度使，兼山東路統軍副使。興定元年四月，詔寓以本官權元帥左都監，行元帥府事，和輯苗道潤、移剌鐵哥軍事，語在道潤傳。十二月，密州破，寓爲亂軍所殺。

斡勒合打，蓋州本得山猛安人。以蔭補官，充親軍，調山陰尉〔一四〕。縣當兵衝，合打率土豪官兵身先行陣。貞祐初，以功遷本縣令。縣升爲忠州，合打充刺史。州被兵久，耕桑俱廢，詔徙其民于太和嶺南。合打遥授同知太原府事，仍領其衆。俄以本官遥授彰國軍節度使，權河東北路宣撫副使，督糧餉往代州。合打不欲行，因與宣撫使完顔伯嘉爭辨。合打恐伯嘉奏聞，乃先奏伯嘉辱己。御史臺廉得其事，未及奏，伯嘉、合打皆改遷。合打改武寧軍節度使。數月，召爲勸農使。久之，爲金安軍節度使。興定元年，復爲勸農使，歷知河間府，權元帥右都監，行元帥府事，駐兵蔡、息間。權同簽樞密院事，守河清，改知歸德府事。合打屢守邊要，無他將略，雖未嘗敗北，亦無大功。元光元年，卒。

蒲察移剌都，東京猛安人。父吾迭，太子太傅致仕。移剌都勇健多力，充護衛十人長，調同知秦州防禦使事、武衛軍鈐轄，以憂去官。起復武器署令。從軍，兵潰被執。貞祐二年，與降兵萬餘人俱脱歸。遷隆安府治中，賜銀百兩、重幣六端，遥授信州刺史。有功，遷蒲與路節度使兼同知上京留守事，進三階，改知隆安府事。逾年，充遼東、上京等路宣撫使兼左副元帥。再閲月，就拜尚書右丞。

移剌都與上京行省蒲察五斤爭權，及賣隆安戰馬，擅造銀牌，睚眦殺人，已而矯稱宣召，棄隆安赴南京，宣宗皆釋不問。除知河南府事，俄改元帥左監軍，權左副元帥，充陝西行省參議官。無何，兼陝西路統軍使。興定二年四月，改簽樞密院事，權右副元帥，行樞密院於鄧州。御史臺奏移剌都在軍中，買沙覆道，盜用官銀，矯制收禁書，指斥鑾輿，使親軍守門，護衛押宿，擬前後衛仗，婢妾効內人粧飾等數事。詔吏部尚書阿不罕斜不失鞫之，坐是誅。

贊曰：讀金史，至張行信論奧屯忠孝事，曰：嗟乎，宣宗之不足與有爲也如此！夫進退宰執，豈無其道也哉！語其親知，諷之求去，豈禮邪？是故奧屯忠孝、蒲察思忠之黨比，紇石烈胡失門之疲衆，完顏寓之輕信誤國，斡勒合打之詆訟上官，於是曾不之罪，失政刑矣，豈小懲大誡之道哉！

校勘記

〔一〕興定元年潼關失守　此處繫年有誤。按，本書卷九九李革傳，貞祐四年，「大元兵破潼關」。卷一〇一僕散端傳，貞祐四年，「大元兵入潼關」。卷一〇二必蘭阿魯帶傳，貞祐四年，「潼關失守」。卷一〇三完顏仲元傳，貞祐四年十月，「潼關失守」。卷一一〇楊雲翼傳，貞祐「四年，大元及西夏兵入鄜延，潼關失守」。所記潼關失守事皆在貞祐四年。

〔二〕貞祐二年除河平軍節度使兼都水監　「貞祐」二字原脱，據局本補。按，至寧無二年。本書卷一四宣宗紀上，貞祐三年五月庚申，中都破，「知大興府事高霖皆及於難」，知此當是貞祐二年。

〔三〕大定二十一年進士　按，本書卷一〇〇宗端脩傳、卷一〇四郭俁傳、奥屯忠孝傳等多處皆記其人爲大定二十二年進士。又卷九〇賈少沖傳附子賈益傳、卷九七張大節傳附張巖叟傳等多處記其人爲大定十九年進士。金朝科舉爲三年一試，大定二十一年非科舉年。「二十一」當爲「二十二」之誤。

〔四〕改都轉運司度支判官　按，本書卷五七百官志三，都轉運司有「支度判官」，無「度支判官」。本卷下文「除中都路度支判官」同。

〔五〕遼東契丹判余里也嘗殺驛使大理司直　金史詳校卷八下，「『判』下當加『官』」。疑是。

〔六〕其一曰親民之寄　按，此句文義不完。金史詳校卷八下，「『其一曰』，此下當加『縣令佐』」。

〔七〕調鄧州録事潤色律令文字　此處當有脱文。按，遺山先生文集卷一八嘉議大夫陝西東路轉運使剛敏王公神道碑銘云：「明昌五年甲科，釋褐鄧州録事，朝廷更定律令，留公不遣。」是擴因需爲朝廷潤色律令，留朝未赴鄧州任。

〔八〕偕户部員外郎張好禮往商虢　「偕」字原脱，據文義補。

〔九〕轉運使福僧　按，「轉運使」上脱路名。

〔一〇〕鼎已籍者忠孝再括之　「忠孝」，原作「忠存」，據南監本、北監本、殿本、局本、永樂大典卷三五八七「奥屯忠孝」條及本卷上下文改。

〔一一〕隆安路合懶合兀主猛安人　按，本書卷二四地理志上，上京路隆州，「貞祐初，陞爲隆安府」。未見「隆安路」。

〔一二〕興定二年伐宋　按，本書卷一五宣宗紀中記其事在興定三年正月。「二年」，或爲「三年」之誤。

〔一三〕累調河東北路提刑司知事　按，本書卷二六地理志下，河東北路汾州，「後又置河東南北路提刑司」。大金國志卷三八提刑司九處，有「河東南北路」，無「河東北路」。疑此處脱「南」字。

〔一四〕調山陰尉　「山陰」，原作「陰山」，據局本乙正。按，本書卷二四地理志上，西京路應州有山陰縣，「本名河陰，大定七年以與鄭州屬縣同，故更焉。貞祐二年五月陞爲忠州」。

金史卷一百五

列傳第四十三

程寀　任熊祥　孔璠子拯**　范拱　張用直　劉樞　王翛**

楊伯雄族兄伯淵(一)**　蕭貢　温迪罕締達　張翰　任天寵**

程寀字公弼，燕之析津人。祖冀，仕遼廣德軍節度使。冀凡六男，父子皆擢科第，士族號其家爲「程一舉」。冀次子四穆，遼崇義軍節度使。

寀，四穆之季子也。自幼如成人。及冠，篤學，中進士甲科，累遷殿中丞。天輔七年，太祖入燕，授尚書都官員外郎、錦州安昌令，累加起居郎，爲史館修撰，以從軍有勞，加少府少監。

熙宗時，歷翰林待制，兼右諫議大夫。寀上疏言事，其略曰：「殿前點檢司，古殿巖環衛之任，所以肅禁籞、尊天子、備不虞也。臣幸得近清光，從天子觀時畋之禮。比見陛下校獵，凡羽衛從臣無貴賤皆得執弓矢馳逐，而聖駕崎嶇沙礫之地，加之林木叢鬱，易以迷失。是日自卯及申，百官始出沙漠，獨不知車駕何在。瞻望久之，始有騎來報，皇帝從數騎已至行在。竊惟古天子出入警蹕，清道而行。至於楚畋雲夢，漢獵長楊，皆大陳兵衛，以備非常。陛下膺祖宗付託之重，奈何獨與數騎出入林麓沙漠之中，前無斥候，後無羽衛，甚非肅禁籞之意也。臣願陛下熟計之。後若復獵，當預戒有司，圖上獵地，具其可否，然後下令清道而行。擇衛要稍平之地，爲駐蹕之所，簡忠義爪牙之士，統以親信腹心之臣，警衛左右。俟其麞鹿既來，然後馳射。仍先遣搜閱林藪，明立幖幟，爲出入之馳道。不然，後恐貽宗廟社稷之憂。」

又曰：「臣伏讀唐史，追尊高祖以下，謚號或加至十八字。前宋大中祥符間亦加至十六字，亡遼因之，近陛下亦受『崇天體道欽明文武聖德』十字。臣竊謂人臣以歸美報上爲忠，天子以追崇祖考爲孝。太祖武元皇帝受命開基，八年之間，奄有天下，功德茂盛，振古無前，止謚『武元』二字，理或未安，何以示將來？臣願詔有司定議謚號，庶幾上慰祖宗在天之靈，使耿光丕烈，傳于無窮。」

又曰：「古者天子皆有巡狩，無非事者。或省察風俗，或審理冤獄，或問民疾苦，以布宣德澤，皆巡狩之名也。國家肇興，誠恐郡國新民，逐末棄本，習舊染之汙，奢侈詐僞，或有不明之獄，僭濫之刑，或力役無時，四民失業。今鑾輅省方，將憲古行事，臣願天心洞照，委之長貳，釐正風俗，或置匭匣，以申冤枉，或遣使郡國，問民無告，皆古巡狩之事。昔漢昭帝問疾苦，光武求民瘼，如此則和氣通，天下丕平可坐而待也。」

又曰：「臣聞，善醫者不視他人之肥瘠，察其脉之病否而已。善計天下者不視天下之安危，察其紀綱理否而已。天下者人也，安危者肥瘠也，紀綱者脉也，脉不病雖瘠不害，脉病而肥者危矣。是故，四肢雖無故，不足恃也，脉而已矣。天下雖無事，不足矜也，綱紀而已矣。尚書省，天子喉舌之官，綱紀在焉。臣願詔尚書省，戒勵百官，各揚其職，以立綱紀。如吏部天官以進賢、退不肖爲任，誠使升黜有科，任得其人，則綱紀理而民受其賜，前代興替，未始不由此者。」

又曰：「虞舜不告而娶二妃〔二〕。帝嚳娶四妃，法天之四星。周文王一后、三夫人，嬪御有數。選求淑媛以充後宮，帝王之制也。然女無美惡，入宮見妬，陛下欲廣嗣續，不可不知而告戒之。」

又曰：「臣伏見本朝富有四海，禮樂制度，莫不一新。宮禁之制，尚未嚴密，胥吏健卒之輩，皆得出入，莫有呵止，至淆混而無別。雖有闌入之法，久尚未行，甚非嚴禁衞、明法令之意，陛下不可不知而必行。」疏奏，上嘉納之，於是始命有司議增上太祖尊謚〔三〕。皇統八年十二月，由翰林侍講學士爲橫海軍節度使，移彰德軍節度使。卒官，年六十二。寀剛直耿介，不諂奉權貴以希苟進，有古君子之風云。

任熊祥字子仁。八代祖圜，爲後唐宰相。圜孫睿，隨石晉北遷，遂爲燕人。熊祥登遼天慶八年進士第，爲樞密院令史。太祖平燕，以其地畀宋，熊祥至汴，授武當丞。宋法，新附官不釐務，熊祥言於郡守楊皙曰：「既不與事，請止給半俸以養親。」皙雖不許，而喜其廉。

金人取均、房州，熊祥歸朝，復爲樞密院令史。時西京留守高慶裔攝院事，無敢忤其意者，熊祥未嘗阿意事之。其後杜充、劉筈同知燕京行省〔四〕，法制未一，日有異論，熊祥爲折衷之。歷深、磁州刺史，開封少尹，行臺工部郎中，同知汴京留守事。天德初，爲山東路轉運使，改鎮西軍節度使。是時，詔徐文、張弘信討東海縣，弘信逗遛，稱疾不進，決杖二百。熊祥被詔爲會試主文，以「事不避難臣之職」爲賦題。及御試〔五〕，熊祥復以「賞罰之令信如四時」爲賦題，海陵大喜，以爲翰林侍讀學士。

大定初，起爲太子少師。時契丹賊窩斡竊號，北鄙用兵未息，上以爲憂，詔公卿百官議所以招伐之宜。衆皆異議，熊祥徐進曰：「陛下以勞民爲憂，用兵爲重，莫若以恩信招懷之。」上問：「孰可使者？」對曰：「臣雖老，憑國威靈，尚堪一行。」上曰：「卿老矣，無煩爲此。」七年，復致仕。熊祥事母以孝聞，母没時，熊祥年已七十，不食三日，人皆稱之。卒于家。

孔璠字文老，至聖文宣王四十九代孫，故宋朝奉郎襲封端友弟端操之子。齊阜昌三年補迪功郎，襲封衍聖公，主管祀事。天會十五年，齊國廢。熙宗即位，興制度禮樂，立孔子廟於上京。天眷三年，詔求孔子後，加璠承奉郎，襲封衍聖公，奉祀事。是時，熙宗頗讀論語、尚書、春秋左氏傳及諸史、通曆、唐律，乙夜乃罷。皇統元年三月戊午，上謁奠孔子廟，北面再拜，顧謂侍臣曰：「朕幼年游佚，不知志學，歲月逾邁，深以爲悔。大凡爲善，不可不勉，孔子雖無位，其道可尊，萬世高仰如此。」皇統三年，璠卒〔六〕。子拯襲封，加文林郎。

拯字元濟。天德二年，定襲封衍聖公俸格，有加于常品。是歲立國子監，久之，加拯承直郎。大定元年，卒。弟摠襲封，加文林郎。

摠字元會。大定二十年，召摠至京師，欲與之官。尚書省奏：「摠主先聖祀事，若加任使，守奉有闕。」上曰：「然。」乃授曲阜縣令。明昌元年，卒。子元措襲封，加文林郎。

元措字夢得。三年四月詔曰：「衍聖公視四品，階止八品，不稱。可超遷中議大夫，永著于令。」四年八月丁未，章宗行釋奠禮，北面再拜，親王、百官、六學生員陪位。承安二年正月，詔元措兼曲阜縣令，仍世襲。元措歷事宣宗、哀宗，後歸大元終焉。

四十八代端甫者，明昌初，學士党懷英薦其年德俱高，讀書樂道，該通古學。召至京師，特賜王澤榜及第，除將仕郎、小學教授，以主簿半奉致仕〔七〕。

范拱字清叔，濟南人。九歲能屬文，深於易學。宋末，登進士第，調廣濟軍曹，權邦彦辟爲書記，攝學事。劉豫鎮東平〔八〕，拱撰謁廟文，豫奇之，深加賞識。拱獻六箴。

齊國建，累擢中書舍人。上初政録十五篇：一曰得民，二曰命將，三曰簡禮，四曰納諫，五曰遠圖，六曰治亂，七曰舉賢，八曰守令，九曰延問，十曰畏慎，十一曰節祥瑞，十二曰戒雷同，十三曰用人，十四曰御將，十五曰御軍。豫納其説而不能盡用也。久之，權尚書右丞，進左丞，兼門下侍郎。

豫以什一税民，名爲古法，其實裒斂，而刑法嚴急，吏夤緣爲暴。民久罹兵革，益窮困，陷罪者衆，境内苦之。右丞相張孝純及拱兄侍郎巽，極言其弊，請仍因履畝之法，豫不從。巽坐貶官，自是無復敢言者。拱曰：「吾言之則爲黨兄，不言則百姓困弊。吾執政也，寧爲百姓言之。」乃上疏，其大略以爲「國家懲亡宋重斂弊，什一税民，本務優恤，官吏奉行太急，驅民犯禁，非長久計也」。豫雖未即從，而亦不加譴。拱令刑部條上諸路以税抵罪者凡千餘人，豫見其多，乃更爲五等税法，民猶以爲重也。

齊廢，梁王宗弼領行臺省事，拱爲官屬。宗弼訪求百姓利病，拱以減税爲請，宗弼從之，減舊三分之一，民始蘇息。拱慎許可，而推轂士〔九〕，李南、張輔、劉長言皆拱薦也。長言自汝州郟城酒監擢省郎，人不知其所以進，拱亦不自言也。以久病乞近郡，除淄州刺史。皇統四年，以疾求退，以通議大夫致仕。齋居讀書，罕對妻子。

世宗在濟南聞其名。大定初，拱上封事。七年，召赴闕，除太常卿。議郊祀。或有言前代都長安及汴、洛，以太、華等山列爲五岳，今既都燕，當別議五岳名。寺僚取崧高疏「周都酆鎬，以吴嶽爲西岳」〔一〇〕。拱以爲非是，議略曰：「軒轅居上谷，在恒山之西，舜居蒲坂，在華山之北。以此言之，未嘗據所都而改岳祀也。」後遂不改。拱嘗言：「禮官當守禮，法官當守法，若漢張釋之可謂能守法矣。」故其議論確然不可移奪。九年，復致仕，卒于家，年七十四。

張用直，臨潢人。少以學行稱。遼王宗幹聞之，延置門下，海陵與其兄充皆從之學。天眷二年，以教宗子賜進士及第，除禮部郎中。皇統四年，爲宣徽判官，歷橫海軍節度副使，改寧州刺史。海陵即位，召爲簽書徽政院事〔一一〕、太常卿、太子詹事。海陵嘗謂用直曰：「朕雖不能博通經史，亦粗有所聞，皆卿平昔輔導之力。太子方就學，宜善道之。朕父子並受卿學，亦儒者之榮也。」爲賀宋國正旦使，卒于汴。海陵深悼惜之，遣使迎護其喪，官給道途費。喪至，親臨奠，賜錢千萬。其養子始七歲，特受武義將軍。

劉樞字居中，通州三河人。少以良家子從軍，屯河間。同輩皆騎射，獨樞刻意經史。登天眷二年進士，調唐山主簿。改飛狐令，蔚州刺史特功貪汙無所顧忌，屬邑皆厭苦之，樞一無所應，乃摭以他事繫獄，將致之死。郡人有憐樞者，道樞脱走，訴於朝。會廉察使至，守倅而下皆抵罪廢，獨樞治狀入優等，躐遷奉直大夫。張浩營建燕京宮室，選樞分治工役。遷尚書刑部員外郎，鞫治太原尹徒單阿里出虎反狀〔三〕，旬日獄具。轉工部郎中，進本部侍郎。正隆末，從軍還自江上。大定初，與左司郎中王蔚、右司員外郎王全俱出補外，樞爲南京路轉運使事。

初，世宗欲復用樞等，御史臺奏："樞等在正隆時皆以巧進，敗法蠹政，人多怨嫉之。"上以樞等頗幹濟，猶用之，戒之曰："能悛心改過，必加升擢。不然，則斥汝等矣。"是時，阿勒根彦忠爲南京都轉運使，不閑吏事，故用樞以佐之。遷山東路轉運使，改中都路轉運使。大定四年，卒于官。

王翛字翛然，涿州人也。登皇統二年進士第，由尚書省令史除同知霸州事。累遷刑部員外郎，坐請囑故人姦罪，杖四十，降授泰定軍節度副使。四遷大興府治中，授户部侍郎。世宗謂宰臣曰：「王翛前爲外官，聞有剛直名。今聞專務出罪爲陰德，事多非理從輕。又巧佞偷安，若果剛直，則當忘身以爲國，履正以無偏，何必賣法以徼福耶？」尋命賑濟密雲等三十六縣、猛安人户，冒請粟三萬餘石，爲尚書省奏奪官一階，出爲同知北京留守事。上曰：「人多言王翛能官，以朕觀之，凡事不肯盡力，直一老姦耳。」二十四年，遷遼東路轉運使。歲餘，改顯德軍節度使。以前任轉運使拽辱倉使王祺致死，追兩官解職，勑杖七十，降授鄭州防禦使。

章宗即位，擢同知大興府事。審録官奏，翛前任顯德潔廉剛直，軍吏斂迹，無訟獄。遷禮部尚書，兼大理卿。使宋還，會改葬太師廣平郡王徒單貞。貞，章宗母孝懿皇后父也。帝欲用前代故事，班劍、鼓吹、羽葆等儀衛。宰臣以貞與弑熙宗誅死，意難之。於是，詔下禮官議。翛言：「晉葬丞相王導，給前後羽葆、鼓吹、武賁、班劍百人。唐以來，大駕鹵簿有班劍，其王公以下鹵簿並無班劍，兼羽葆非臣下所宜用，國朝葬大臣亦無之。」上先知唐葬大臣李靖等皆用班劍、羽葆，怒曰：「典故所無，固可從[一三]，然用之亦不過禮。」一日，詔翛及諫議大夫兼禮部侍郎張暐詣殿門，諭之曰：「朝廷之事，汝諫官、禮官即當辯析。且小民言可採，朕尚從之，況卿等乎？自今議事，毋但附合尚書省。」

明昌二年，改知大興府事。時僧徒多游貴戚門，翛惡之，乃禁僧午後不得出寺。嘗一僧犯禁，皇姑大長公主爲請，脩曰：「奉主命，即令出之。」立召僧，杖一百死，京師肅然。後坐故出人罪，復削官解職。明年，特授定海軍節度使。諭旨曰：「卿賦性太剛，率意行事，乃自陷於刑。若殿年降敍，念卿入仕久，頗有執持，故特起於罪謫之中，授以見職。且彼歲歉民飢，盜賊多，須用舊人鎮撫，庶得安治。勉盡乃心，以圖後效。」未幾，表乞致仕。上曰：「脩能幹者，得力爲多。」不許。復申請，從之。泰和七年，卒，年七十五。

脩性剛嚴，臨事果決，吏民憚其威，雖豪右不敢犯。承安間，知大興府事闕，詔諭宰臣曰：「可選極有風力如王脩輩者用之。」其爲上所知如此。

楊伯雄字希雲，真定藁城人。八世祖彥稠，後唐清泰中爲定州兵馬使。後隨晉主北遷〔一四〕，遂居臨潢。父丘行，太子左衛率府率。

伯雄登皇統二年進士，海陵留守中京，丘行在幕府，伯雄來省視，海陵見之，深加器重。久之，調韓州軍事判官。有二盜詐稱賈販，逆旅主人見欺，至州署陳訴，實欲劫取伯雄，伯雄心覺其詐，執而詰之，并獲其黨十餘人，一郡駭服。還應奉翰林文字。是時，海陵執政，自以舊知伯雄，屬之使時時至其第，伯雄諾之而不往。他日〔一五〕，海陵怪問之，對曰：「君子受知於人當以禮進，附麗奔走，非素志也。」由是愈厚待之。

海陵篡立，數月，遷右補闕，改修起居注。海陵銳於求治，講論每至夜分，嘗問曰：「人君治天下其道何貴？」對曰：「貴靜。」海陵默然。明日，復謂曰：「我遷諸部猛安分屯邊戍，前夕之對豈指是爲非靜邪？」對曰：「徙兵分屯，使南北相維，長策也。所謂靜者，乃不擾之耳。」乙夜，復問鬼神事。伯雄進曰：「漢文帝召見賈生，夜半前席，不問百姓而問鬼神，後世頗譏之。陛下不以臣愚陋，幸及天下大計，鬼神之事未之學也。」海陵曰：「但言之，以釋永夜倦思。」伯雄不得已，乃曰：「臣家有一卷書，記人死復生，或問冥官何以免罪，答曰，汝置一曆，白日所爲，暮夜書之，不可書者是不可爲也。」海陵爲之改容。夏日，海陵登瑞雲樓納涼，命伯雄賦詩，其卒章云：「六月不知蒸鬱到，清涼會與萬方同。」海陵忻然，以示左右曰：「伯雄出語不忘規戒，爲人臣當如是矣。」再遷兵部員外郎。丁父憂，起復翰林待制，兼修起居注。遷直學士，再遷右諫議大夫，兼著作郎，修起居注如故。

皇子慎思阿不薨，伯雄坐與同直者竊議被責，語在海陵諸子傳。海陵議征江南，伯雄奏：「晉武平吳皆命將帥，何勞親總戎律？」不聽。乃落起居注，不復召見。

大定初，除大興少尹〔一六〕，丁母憂。顯宗爲皇太子，選東宮官屬，張浩薦伯雄，起復少詹事，兄子蟠爲左贊善，言聽諫從，時論榮之。集古太子賢不肖爲書，號瑤山往鑒，進之。

及進羽獵、保成等箴，皆見嘉納。復爲左諫議大夫、翰林直學士。會太子詹事闕，宰相復舉伯雄。上曰：「伯雄不可去朕左右，而東宮亦須輔導。」遂以太子詹事兼諫議。

六年，上幸西京，欲因往涼陘避暑，伯雄率衆諫官入諫。上曰：「朕徐思之。」伯雄言之不已，同列皆引退，久之乃起。是年，至涼陘，徼巡果有疎虞。上思伯雄之言，及還，遷禮部尚書，謂近臣曰：「羣臣有幹局者衆矣，如伯雄忠實，皆莫及也。」上謂伯雄曰：「龍逄、比干皆以忠諫而死，使遇明君，豈有是哉！」伯雄對曰：「魏徵願爲良臣，正謂遇明君耳。」因顧謂宰相曰：「書曰『汝無面從，退有後言』。朕與卿等共治天下，事有可否〔一七〕，即當面陳。卿等致位卿相，正行道揚名之時，偷安自便，徼倖一時，如後世何？」羣臣皆稱萬歲。

十二年，改沁南軍節度使，召爲翰林學士承旨。丞相石琚致仕，上問：「誰可代卿者？」琚對曰：「伯雄可。」時論以琚舉得其人。復權詹事，伯雄知無不言，匡救弘多。後宮僚有詭隨者，人必稱楊詹事以愧之。除定武軍節度使，改平陽尹。先是，張浩治平陽，有惠政，及伯雄爲尹，百姓稱之，曰：「前有張，後有楊。」徙河中尹。卒，年六十五。謚莊獻。弟伯傑、伯仁，族兄伯淵。

伯淵字宗之。父丘文，遼中書舍人。伯淵早孤，事母以孝聞，疎財好施，喜收古書。天會初，以名家子補尚書省令史。十四年，賜進士第，歷吏、禮二部主事、御前承應文字，秩滿，除同知永定軍節度使事。召爲司計郎中。知平定軍，用廉，遷平州路轉運使。知泰安軍，有惠政，百姓刻石紀其事。四遷山東東路轉運使。正隆末，羣盜蠭起，州郡往往罹害，獨濟南賴伯淵保全。大定三年，致仕，卒于家。

蕭貢字真卿，京兆咸陽人。大定二十二年進士，調鎮戎州判官，涇陽令，涇州觀察判官。補尚書省令史。舊例，試補兩月，乃補用。貢至數日，執政以爲能，即用之。擢監察御史。提刑司奏涇州有美政，遷北京轉運副使。親老，歸養。

左丞董師中、右丞楊伯通薦其文學，除翰林修撰。上書論「比年之弊，人才不以器識、操履，巧于案牘，不涉吏議者爲工。用人不務因才授官，惟泥資敍。名器不務慎與，人多僥倖。守令不務才實，民罹其害。伏望擢真才以振澆俗，核功能以理職業，慎名器以抑僥倖，重守令以厚邦本。然後政化可行，百事可舉矣」。詔詞臣作唐用董重質誅郭誼得失論，貢爲第一，賜重幣四端。貢論時政五弊，言路四難，詞意切至，改治書侍御史。丁父憂，起復，改右司員外郎，尋轉郎中，遷國子祭酒，兼太常少卿，與陳大任刊修遼史。改刑部侍郎，歷同知大興府事、德州防禦使，三遷河東北路按察轉運使。

大安末，改彰德軍節度使。坐兵興不能守城，亡失百姓，降同知通遠軍節度事。未幾，改靜難軍節度使，歷河東北路、南京路轉運使、御史中丞、户部尚書。南京戒嚴，坐乏軍儲，詔釋不問。興定元年，致仕。元光二年，卒，謚文簡。貢好學，讀書至老不倦，有注史記一百卷。

温迪罕締達，該習經史，以女直字出身，累官國史院編修官。初，丞相希尹制女直字，設學校，使訛离剌等教之。其後學者漸盛，轉習經史，故納合椿年、紇石烈良弼皆由此致位宰相。締達最號精深。大定十二年，詔締達所教生員習作詩、策，若有文采，量才任使，其自願從學者聽。十三年，設女直進士科。是歲，徒單鎰等二十七人登第。十五年，締達遷著作佐郎，與編修官宗璧、尚書省譯史阿魯、吏部令史張克忠譯解經書〔一八〕。累遷祕書丞。

十九年，改左贊善，以母老求養。顯宗使内直丞六斤謂締達曰：「贊善，初未除此官，天子謂孤曰：『朕得一出倫之才，學問該貫，當令輔汝德義。』既數日，贊善除此官。自謂親炙德義，不勝其喜。未可去也，勿難于懷。」久之，轉翰林待制，卒。明昌五年，贈翰林學士承旨，謚文成。

子二十，章宗即位，以爲符寶典書，累官左諫議大夫。貞祐四年，上疏，略曰：「今邊備未撤，征調不休，州縣長吏不知愛養其民，督責徵科，鞭笞逼迫，急於星火，文移重複，不勝其弊，宜敕有司務從簡易。兵興以來，忠臣烈士，孝子順孫，義夫節婦，湮没無聞者甚衆，乞遣史官一員，廣爲采訪，以議褒嘉。」興定元年，遷武勝軍節度使〔一九〕，改吏部尚書，知開封府。坐縱軍人家屬出城，當杖，詔解職。四年，復知開封府，復坐以事囑警巡使完顔金僧奴，降爲鄭州防禦使。未幾，復爲知開封府事。

張翰字林卿，忻州秀容人。大定二十八年進士，調隰州軍事判官。有誣昆弟三人爲劫者，翰微行廉得其狀，白于州釋之。歷東勝、義豐、會川令，補尚書省令史，除户部主事，遷監察御史。丁母憂，服闋，調山東路鹽使。丁父憂，起復尚書省都事、户部員外郎。大安間，平章政事獨吉思忠、參知政事承裕行省戍邊〔二〇〕，翰充左右司郎中，論議不相叶。處置乖方，翰屢爭之不見省。承裕就逮，衞紹王知翰嘗有言，召見撫慰之。改知登聞鼓院，兼前職，遷侍御史。貞祐初，爲翰林直學士，充元帥府經歷官。中都戒嚴，調度方殷，改户部侍郎。

宣宗遷汴，翰規措扈從糧草至真定，上書言五事：「一曰强本，謂當裒兵徒、徙豪民，以實南京。二曰足用，謂當按蔡、汴舊渠以通漕運。三曰防亂，謂當就集義軍假之官印，使相統攝，以安反側。四曰省事，謂縣邑不能自立者宜稍併之，既以省官，且易於備盜。五曰推恩，謂當推恩以示天子所在稱幸之意。」上略施行之。

翰雅有治劇才，所至輒辦。遷河平軍節度使、都水監、提控軍馬使，俄改户部尚書。是時，初至南京，庶事草略，翰經度區處皆有條理。是歲卒，謚達義。

任天寵字清叔，曹州定陶人也。明昌二年進士，調考城主簿，再遷威戎縣令。縣故堡寨，無文廟學舍，天寵以廢署建。有兄弟訟田者，天寵諭以理義，委曲周至，皆感泣而去。調泰定軍節度判官。丁父憂，服闋，調崇義軍節度判官。補尚書省令史、右三部檢法司正，遷監察御史。改右司都事，遷員外郎。改左司諫，轉左司郎中，遷國子祭酒。

貞祐初，轉祕書監兼吏部侍郎，改中都路都轉運使。時京師戒嚴，糧運艱阻，天寵悉力營辦，曲盡勞瘁，出家貲以濟飢者，全活甚衆。監察御史高夔、劉元規舉天寵二十人公勤明敏，有材幹，可安集百姓。遷户部尚書。三年，中都不守，天寵繼走南京，中道遇兵，死之。謚純肅。

贊曰：程寀、任熊祥，遼之進士，孔璠、范拱事宋、事齊，太祖皆見禮遇〔三〕，而金之文治日以盛矣。張用直，海陵父子並列舊學〔三〕。劉樞之練達，王翛之彊敏於事，楊伯雄之善諷諫、工辭藻，蕭貢、温迪罕締達之文藝適時，之數人者迭用於正隆、大定、明昌之間。張翰、任天寵之經理調度，宣宗南遷，猶賴其用焉。金源氏百餘年所以培植人才而獲其效者，於斯可概見矣。

校勘記

〔一〕族兄伯淵　「族」字原脱，據正文補。

〔二〕又曰虞舜不告而娶二妃　「又曰」二字原脱，據上下文例補。按，金史詳校卷八下亦稱此處當加「又曰」。

〔三〕於是始命有司議增上太祖尊謚　「增」，原作「贈」。按，本書卷三二禮志五上尊謚，「皇統五年，增上太祖尊謚」。金史詳校卷八下，「『贈』當作『增』」。今據改。

〔四〕其後杜充劉筈同知燕京行省　按，本書卷四熙宗紀，天眷二年七月己丑，「杜充爲行臺右丞相」；「三年十一月」甲子，行臺尚書右丞相杜充薨」。本書卷七八劉筈傳載，筈「天眷二年，改左宣徽使」；熙宗紀載，皇統六年五月「辛卯，以左宣徽使劉筈爲行臺右丞相」。二人實未同時任職行省。又本書卷五五百官志一，天眷元年，「改燕京樞密爲行臺尚書省。天眷三年，復移置於汴京」。則杜充所任或在燕京，而劉筈所任應在汴京。並非均在燕京一地。

〔五〕及御試　「御試」，原作「御題」，據局本改。按，本書卷五一選舉志一，「海陵庶人天德二年，始增殿試之制」，又「自來御試賦題，皆士人嘗擬作者」，「經義進士，御試第二場」，「遂定御試同日各試本業」，屢見「御試」一詞。

〔六〕皇統三年璠卒　「三年」，局本作「二年」。按，本書卷四熙宗紀記孔璠薨在皇統二年正月壬子。

〔七〕以主簿半奉致仕　「半」字原脱。按，本書卷一〇章宗紀二，明昌四年三月「丙子，特賜有司孔端甫及第」，「命食主簿半俸致事」。今據補。

〔八〕劉豫鎮東平　「平」字原脱。按，本書卷七七劉豫傳，「撻懶攻濟南，（中略）豫遂殺關勝出降。遂爲京東東西、淮南安撫使，知東平府」。又同卷撻懶傳，「劉豫以濟南府降，詔以豫爲安撫使，治東平」。今據補。

〔九〕而推轂士　金史詳校卷八下，「『士』下當加『類』」。

〔一〇〕寺僚取崧高疏周都酆鎬以吴嶽爲西岳　「崧高」，原作「嵩高」。按，詩經大雅崧高唐孔穎達疏引雜問志云：「周都豐鎬，故以吴岳爲西岳。」今據改。

〔一一〕召爲簽書徽政院事　按，金無「徽政院」。本書卷五六百官志二，宣徽院，「同簽宣徽院事，正五品」。且本卷上文用直曾「爲宣徽判官」。疑「徽政院」爲「宣徽院」之誤。

〔一二〕鞫治太原尹徒單阿里出虎反狀　「阿里出虎」，原作「阿里虎出」。按，本書卷一三二逆臣徒單阿里出虎傳記此事云，「起復爲太原尹，（中略）王乞以謂當有天命，阿里出虎喜，以王乞語告鼎。鼎上變，阿里出虎伏誅」。今據乙正。

〔一三〕固可從　金史詳校卷八下，「『可』上當加『不』」。

〔一四〕後隨晉主北遷　「遷」，原作「還」。金史詳校卷八下，「『還』當作『遷』」。按，舊五代史，晉主北遷當指後晉少帝石重貴降契丹貶赴黄龍府、建州事。宋陶岳五代史補：「杜重威之徒降于契丹，少主遂北遷。」今據改。

〔一五〕伯雄諾之而不往他日　「他」，原作「也」，據南監本、北監本、殿本、局本改。

〔一六〕除大興少尹　「大興」，原作「大與」，據南監本、北監本、殿本、局本改。

〔一七〕事有可否　「事有」，原作「有事」。按，本書卷六世宗紀上，大定八年正月乙丑記此作「事有不可」。今據乙正。

〔一八〕吏部令史張克忠譯解經書　「張克忠」，本書卷九九徒單鎰傳記此事作「楊克忠」。

〔一九〕遷武勝軍節度使　「武勝軍」，原作「武勝州」。按，本書卷二五地理志中，「鄧州，武勝軍節度使」。今據改。

〔二〇〕大安間平章政事獨吉思忠參知政事承裕行省戍邊　「戍邊」二字原脱。按，本書卷九三承裕傳，大安「三年，拜參知政事，與平章政事獨吉思忠行省戍邊。烏沙堡之役不爲備，失利」。今據補。

〔二一〕程寀任熊祥遼之進士孔璠范拱事宋事齊太祖皆見禮遇　按，據本卷上文，程寀、任熊祥入金在太祖時，孔璠、范拱入金在熙宗時。此處文欠周密。「太祖皆見禮遇」，道光四年殿本作「至金皆禮遇之」，文義爲優。

〔二二〕張用直海陵父子並列舊學　「海陵」二字原脱，文義不明。按，本卷張用直傳，「海陵嘗謂用直曰：『（中略）太子方就學，宜善道之。朕父子並受卿學，亦儒者之榮也』」。今據補。

金史卷一百六

列傳第四十四

張暐　張行簡　賈益謙　劉炳　朮虎高琪　塔不也

張暐字明仲，莒州日照縣人。博學該通。登正隆五年進士。調陳留主簿、淄州酒稅副使，課增羨，遷昌樂令。改永清令，補尚書省令史，除太常博士，兼國子助教。丁父憂，服除，調山東東路轉運副使，入爲太常丞，兼左贊善大夫。章宗封原王，兼原王府文學。章宗册爲皇太孫，復爲左贊善，轉左諭德，兼太常丞，充宋國報諭使。至盱眙，宋人請赴宴，暐曰：「大行在殯，未可。」及受賜，不舞蹈，宋人服其知禮。使還，遷太常少卿，兼修起居注。改禮部郎中，修起居注如故。遷右諫議大夫，兼禮部侍郎。

明昌二年，太傅徒單克寧薨〔一〕，章宗欲親爲燒飯，是時，孝懿皇后梓宫在殯，暐奏：

「仰惟聖慈，追念勳臣，恩禮隆厚，孰不感勸。太祖時享，尚且權停，若爲大臣燒飯，禮有未安。今已降恩旨，聖意至厚，人皆知之，乞俯從典禮，則兩全矣。」章宗從之。

上封事者言提刑司可罷，暐上疏曰：「陛下即位，因民所利更法立制，無慮數十百條。提刑之設，政之大者，若爲浮議所摇，則内外無所取信。唐開元中，或請選擇守令，停採訪使，姚崇奏『十道採訪猶未盡得人，天下三百餘州，縣多數倍，安得守令皆稱其職』。然則，提刑之任，誠不可罷，擇其人而用之，生民之大利，國家之長策也。」因舉漢刺史六條以奏。上曰：「卿言與朕意合。」

拜禮部尚書。孫即康鞫治鎬王永中事，還奏，有詔覆訊〔二〕，羣臣舉暐及兵部侍郎烏古論慶裔〔三〕。上使參知政事馬琪諭暐曰：「百官舉閲實鎬王事，要勿屈抑其人，亦不可虧損國法。」上因謂宰臣曰：「鎬王視永蹈爲輕。」馬琪曰：「人臣無將。」由是永中之獄決矣。

霍王從彝母早死，温妃石抹氏養之，明昌六年温妃薨，上問從彝喪服。暐奏：「慈母服齊衰三年，桐杖布冠，禮也。從彝近親，至尊壓降與臣下不同，乞於未葬以前服白布衣絹巾，既葬止用素服終制，朝會從吉。」上從其奏。

承安元年八月壬子，上召暐至内殿，問曰：「南郊大祀，今用度不給，俟他年可乎？」

暐曰：「陛下即位于今八年，大禮未舉，宜亟行之。」上曰：「北方未寧，致齋之際有不測奏報何如？」對曰：「豈可逆度而妨大禮。今河平歲豐，正其時也。」上復問曰：「僧道三年一試，八十而取一，不亦少乎？」對曰：「此輩浮食，無益有損，不宜滋益也。」上曰：「周武帝、唐武宗、後周世宗皆賢君，其壽不永，雖曰偶然，似亦有因也。」對曰：「三君矯枉太過。今不毀除、不崇奉，是爲得中矣。」是歲，郊見上帝焉。

頃之，翰林修撰路鐸論胥持國不可再用，因及董師中趨走持國及丞相襄之門，上曰：「張暐父子必不如是也。」三年，爲御史大夫，懇辭，不許。明年，坐奏事不實，奪一官，解職。起爲安武軍節度使。致仕，例給半俸，久之，暐不復請，遂止。

暐自妻卒後不復娶，亦無姬侍，齋居與子行簡講論古今，諸孫課誦其側，至夜分乃罷，以爲常。歷太常、禮部二十餘年，最明古今禮學，家法爲士族儀表。子行簡、行信，行信自有傳。

行簡字敬甫。穎悟力學，淹貫經史。大定十九年進士第一，除應奉翰林文字。丁母憂，歸葬益都，杜門讀書，人莫見其面。服除，復任。章宗即位，轉修撰，進讀陳言文字，攝太常博士。夏國遣使陳慰，欲致祭大行靈殿。行簡曰：「彼陳慰非專祭，不可。」廷議遣使橫賜高麗，「比遣使報哀〔四〕，彼以細故邀阻，且出嫚言，俟移問還報，橫賜未晚」。徒單克寧韙其言，深器重之。轉翰林修撰〔五〕，與路伯達俱進讀陳言文字，累遷禮部郎中。

司天臺劉道用改進新曆，詔學士院更定曆名，行簡奏乞覆校測驗，俟將來月食無差，然後賜名。詔翰林侍講學士党懷英等覆校。懷英等校定道用新曆：明昌三年不置閏，即以閏月爲三月；二年十二月十四日，金木星俱在危十三度，道用曆在十三日，差一日；三年四月十六日夜月食，時刻不同。道用不曾考驗古今所記，比證事迹，輒以上進，不可用。道用當徒一年收贖，長行彭徽等四人各杖八十罷去。

羣臣屢請上尊號，章宗不從，將下詔以示四方，行簡奏曰：「往年飢民棄子，或匄以與人，其後詔書官爲收贖，或其父母衣食稍充，即識認，官亦斷與之。自此以後，饑歲流離道路，人不肯收養，肆爲捐瘠，餓死溝中。伏見近代禦災詔書，皆曰『以後不得復取』，今乞依此施行。」上是其言，詔書中行之〔六〕。久之，兼同修國史。改禮部侍郎、提點司天臺，直學士，同修史如故。

行簡言：「唐制，僕射、宰相上日，百官通班致賀，降階答拜。國朝皇太子元正、生日，三師、三公、宰執以下須羣官同班拜賀，皇太子立受再答拜。今尚書省宰執上日，分六品以下別爲一班揖賀，宰執坐答揖，左右司郎中五品官廷揖，亦坐答之。臣謂身坐舉手答揖，近於坐受也。宰執受賀，其禮乃重於皇太子，恐於義未安。別嫌明微，禮之大節，伏請宰執上日令三品以下官同班賀，宰執起立，依見二品官儀式通答揖。」上曰：「此事何不早辨正之，如都省擅行，卿論之是矣。」行簡對曰：「禮部蓋嘗參酌古今典禮，擬定儀式，省廷不從，輒改以奏。」下尚書省議，遂用之。宰執上日，三品以下羣官通班賀，起立答拜，自此始。

行簡轉對，因論典故之學，乞於太常博士之下置檢閱官二員，通禮學資淺者使爲之，積資乃遷博士。又曰：「今雖有國朝集禮，至於食貨、官職、兵刑沿革，未有成書，乞定會要，以示無窮。」承安五年，遷侍講學士，同修史、提點司天如故。

泰和二年，爲宋主生日副使。上召生日使完顏瑭戒之曰：「卿過界勿飲酒，每事聽於行簡。」謂行簡曰：「宋人行禮，好事末節，苟有非是，皆須正之，舊例所有不可不至。」上復曰：「頗聞前奉使者過淮，每至中流，即以分界爭渡船，此殊非禮。卿自戒舟人，且語宋使曰：『兩國和好久矣，不宜爭細故傷大體。』」丁寧諭之，使悉此意也。」四年，詔曰：「每奏事之際，須令張行簡常在左右。」

五年，羣臣復請上尊號，上不許，詔行簡作批答，因問行簡宋范祖禹作唐鑑論尊號事。行簡對曰：「司馬光亦嘗諫尊號事，不若祖禹之詞深至，以謂臣子生謚君父，頗似慘切。」

上曰：「卿用祖禹意答之，仍曰太祖雖有尊號，太宗未嘗受也。」行簡乞不拘對偶，引祖禹以微見其意。從之。其文深雅，甚得代言之體。

改順天軍節度使。上謂行簡曰：「卿未更治民，今至保州，民之情僞，卒難臆度，如何治之則可？」對曰：「臣奉行法令，不敢違失，獄訟之事，以情察之，鈐制公吏，禁抑豪猾，以鎮靜爲務，庶幾萬分之一。」上曰：「在任半歲或一年，所得利害上之。」行簡到保州，上書曰：「比者括官田給軍，既一定矣，有告欲別給者，輒從其告，至今未已。名曰官田，實取之民以與之，奪彼與此，徒啓爭端。臣所管已撥深澤縣地三百餘頃，復告水占沙鹹者三之二，若悉從之，何時可定。臣謂當限以月日，不許再告爲便。」下尚書省議，奏請：「如實有水占河塌不可耕種，本路及運司佐官按視，尚書省下按察司覆同，然後改撥。若沙鹹塉薄，當準已撥爲定。」制曰：「可。」

六年，召爲禮部尚書，兼侍講、同修國史。祕書監進太一新曆，詔行簡校之。七年，上遣中使馮賢童以實封御扎賜行簡曰：「朕念鎬、鄭二王誤干天常，自貽伊戚。藁葬郊野，多歷年所，朕甚悼焉。欲追復前爵，備禮改葬，卿可詳閱唐貞觀追贈隱、巢，并前代故事，密封以聞。」又曰：「欲使石古乃於威州擇地營葬，歲時祭奠，兼命衞王諸子中立一人爲鄭王後，謹其祭祀。此事既行，理須降詔，卿草詔文大意，一就封進。」行簡乃具漢淮南厲王長、楚王英、唐隱太子建成、巢剌王元吉、譙王重福故事爲奏，并進詔草，遂施行焉。累遷太子太保、翰林學士承旨，尚書、修史如故。

貞祐初，轉太子太傅，上書論議和事，其略曰：「東海郡侯嘗遣約和，較計細故，遷延不決。今都城危急，豈可拒絶。臣願更留聖慮，包荒含垢，以救生靈。或如遼、宋相爲敵國，歲奉幣帛，或二三年以繼。選忠實辨捷之人，往與議之，庶幾有成，可以紓患。」是時，百官議者，雖有異同，大概以和親爲主焉。莊獻太子葬後，不置宫師官，升承旨爲二品，以寵行簡，兼職如故。

三年七月，朝廷備防秋兵械，令内外職官不以丁憂致仕，皆納弓箭。行簡上書曰：「弓箭非通有之物，其清貧之家及中下監當，丁憂致仕，安有所謂如法軍器。今繩以軍期，補弊修壞，以求應命而已，與倉猝製造何以異哉。若於隨州郡及猛安謀克人户拘括，擇其佳者買之，不足則令職輸所買之價，庶不擾而事可辦。」左丞相僕散端、平章政事高琪、盡忠、右丞賈益謙皆曰：「丁憂致仕者可以免此。」權參政烏古論德升曰：「職官久享爵禄，軍興以來，曾無寸補，況事已行而復改，天下何所取信。」是議也，丁憂致仕官竟得免。是歲，卒，贈銀青榮禄大夫，謚文正。

行簡端慤慎密，爲人主所知。自初入翰林，至太常、禮部，典貢舉終身，縉紳以爲榮。

與弟行信同居數十年，人無間言。所著文章十五卷，禮例纂一百二十卷，會同、朝獻、禘祫、喪葬，皆有記録，及清臺、皇華、戒嚴、爲善、自公等記，藏于家。

贊曰：張暐、行簡世爲禮官，世習禮學。其爲禮也，行於家庭，講於朝廷，施用於鄰國，無不中度。古者官有世掌，學有專門，金諸儒臣，唯張氏父子庶幾無愧於古乎。

賈益謙字彦亨，沃州人也，本名守謙，避哀宗諱改焉。大定十年詞賦進士，歷仕州郡，以能稱。明昌間，入爲尚書省令史，累遷左司郎中。章宗諭之曰：「汝自知除至居是職，左司事不爲不練，凡百官行止、資歷固宜照勘，勿使差繆。若武庫署直長移剌郝自平定州軍事判官召爲典輿副轄，在職才五月，降授門山縣簿尉。朕比閲貼黄，行止乃俱書作一十三月，行止尚如此失實，其如選法何？蓋是汝不用心致然爾。今姑杖知除掾，汝勿復犯之。」

五年，爲右諫議大夫，上言：「提刑司官不須遣監察體訪，宜據其任内行事，考其能否而升黜之。」上曰：「卿之言其有所見乎？」守謙對曰：「提刑官若不稱職，衆所共知，且其職與監察等，臣是故言之。」上嘉納焉。是年夏，上將幸景明宫清暑，守謙連上疏，極諫之。上御後閣，召守謙入對，稱旨。進兼尚書吏部侍郎。時鎬王以疑忌下獄，上怒甚，朝臣無敢言者。守謙上章論其不可，言極懇切。上諭之曰：「汝言諸王皆有覬心，而游其門者不無横議。此何等語，固當罪汝。以汝前言事亦有當處，故免。」既而以議鎬王事有違上意〔七〕，解職，削官二階。承安元年七月，降爲寧化州刺史。五年八月，改爲山東路按察使，轉河北西路轉運使。泰和三年四月，召爲御史中丞。四年三月，出爲定武軍節度使。

八年六月，復爲御史中丞。八月，改吏部尚書。九月，詔守謙等一十三員分詣諸路，與本路按察司官一員同推排民户物力。上召見於香閣，諭之曰：「朕選卿等隨路推排，除推收外，其新强、銷乏户，雖集衆推唱，然銷乏者勿銷不盡，如一户元物力三百貫，今蠲减二百五十貫，猶有不能當。新强者勿添盡，量存氣力，如一户添三百貫而止添二百貫之類。卿等宜各用心。百姓應當賦役，十年之間，利害非細。苟不稱所委，治罪當不輕也。」尋出知濟南府，移鎮河中。大安末，拜參知政事。貞祐二年二月，改河東南路安撫使，俄知彰德府。

三年，召爲尚書省右丞。會宣宗始遷汴梁，益謙乃建言：「汴之形勢，惟恃大河。今河朔受兵，羣盜並起，宜嚴河禁以備不虞，凡自北來而無公憑者勿聽渡。」是時，河北民遷避河南者甚衆。侍御史劉元規上言：「僑户宜與土民均應差役。」上留中，而自以其意問宰臣。丞相端、平章盡忠以爲便。益謙曰：「僑户應役，甚非計也。蓋河北人户本避兵而來，兵稍息即歸矣。今旅寓倉皇之際，無以爲生，若又與地著者並應供億，必騷動不能安居矣。豈主上矜恤流亡之意乎。」上甚嘉賞，曰：「此非朕意也。」因出元規章示之。三年八月，進拜尚書左丞。四年正月，致仕，居鄭州。

興定五年正月，尚書省奏：「章宗實録已進呈，衛王事迹亦宜依海陵庶人實録，纂集成書，以示後世。」制可。初，胡沙虎弑衛王，立宣宗，一時朝臣皆謂衛王失道，天命絶之，虎實無罪，且有推戴之功，獨張行信抗章言之，不報，舉朝遂以爲諱。及是，史官謂益謙嘗事衛王，宜知其事，乃遣編修一人就鄭訪之。益謙知其旨，謂之曰：「知衛王莫如我。然我聞海陵被弑而世宗立，大定三十年〔八〕，禁近能暴海陵蟄惡者，輒得美仕，故當時史官脩實録多所附會。衛王爲人勤儉，慎惜名器，較其行事，中材不及者多矣。吾知此而已，設欲飾吾言以實其罪，吾亦何惜餘年。」朝議偉之。正大三年，年八十，薨。三子：賢卿、頤卿、翔卿，皆以門資入仕。

贊曰：賈益謙於衛紹王，可謂盡事君之義矣。海陵之事，君子不無憾焉。夫正隆之爲惡，暴其大者斯亦足矣。中冓之醜史不絶書，誠如益謙所言，則史亦可爲取富貴之道乎？嘻，其甚矣。傳曰：「不有廢者，其何以興。」

劉炳，葛城人。每讀書，見前古忠臣烈士爲國家畫策慮萬世安，輒歎息景慕。貞祐三年，中進士第，即日上書條便宜十事：

其一曰，任諸王以鎮社稷。臣觀往歲，王師屢戰屢衄〔九〕，率皆自敗。承平日久，人不知兵，將帥非才，既無靖難之謀，又無效死之節，外託持重之名，而内爲自安之計，擇驍果以自隨，委疲懦以臨陣，陣勢稍動，望塵先奔，士卒從而大潰。朝廷不加詰問，輒爲益兵。是以法度日紊，倉庾日虚，閭井日凋，土地日蹙。自大駕南巡，遠近相望，益無固志。吏任河北者以爲不幸，逡巡退避，莫之敢前。昔唐天寶之末，洛陽、潼關相次失守，皇輿夜出，向非太子迴趨靈武，率先諸將，則西行之士當終老於劍南矣。臣願陛下擇諸王之英明者，總監天下之兵，北駐重鎮，移檄遠近，戒以軍政。則四方聞風者皆將自奮，前死不避。折衝厭難，無大於此。夫人情可以氣激不可以力使，一卒先登，則萬夫齊奮，此古人所以先身教而後威令也。

二曰，結人心以固基本。天子惠人，不在施予，在于除其同患，因所利而利之。

今艱危之後，易於爲惠，因其欲安而慰撫之，則忠誠親上之心，當益加於前日。臣願寬其賦役，信其號令，凡事不便者一切停罷。時遣重臣按行郡縣，延見耆老，問其疾苦，選廉正，黜貪殘，拯貧窮，卹孤獨，勞來還定，則效忠徇義，無有二志矣。故曰安民可與行義，危民易與爲亂，惟陛下留神。

三曰，廣收人材以備國用。備歲寒者必求貂狐，適長塗者必畜騏驥。河南、陝西，車駕臨幸，當有以大慰士民之心。其有操行爲民望者，稍擢用之，平居可以勵風俗，緩急可以備驅策。昭示新恩，易民觀聽，陰係天下之心也。

四曰，選守令以安百姓。郡守、縣令，天子所恃以爲治，百姓所依以爲命者也。今衆庶已弊，官吏庸暗，無安利之才，貪暴昏亂，與姦爲市，公有斗粟之賦，私有萬錢之求，遠近囂囂，無所控告。自今非才器過人，政迹卓異者，不可使在此職。親勳故舊，雖望隆資高，不可使爲長吏。則賢者喜於殊用，益盡其能，不肖者愧慕而思自勵矣。

五曰，褒忠義以勵臣節。忠義之士，奮身効命，力盡城破而不少屈。事定之後，有司略不加省，棄職者顧以恩貸，死事者反不見録，天下何所慕憚，而不爲自安之計邪？使爲臣者皆知殺身之無益，臨難可以苟免，甚非國家之利也。

六曰，務農力本以廣蓄積。此最强兵富民之要術，當今之急務也。

七曰，崇節儉以省財用。今海内虚耗，田疇荒蕪，廢奢從儉以紓生民之急，無先於此者。

八曰，去冗食以助軍費。兵革之後，人物凋喪者十四五，郡縣官吏署置如故，甚非審權救弊之道。

九曰，修軍政以習守戰。自古名將料敵制勝，訓練士卒，故可使赴湯蹈火，百戰不殆。孔子曰：「以不教民戰，是謂棄之。」兵法曰：「器械不利，以其卒與敵也。卒不服習，以其將與敵也。將不知兵，以其主與敵也。主不擇將，以其國與敵也。」可不慎哉。

十曰，修城池以備守禦。保障國家，惟都城與附近數郡耳。北地不守，是無河朔矣，黄河豈足恃哉。

書奏，宣宗異焉。復試之曰：「河北城邑，何術可保？兵民雜居，何道可和？鈔法如何而通？物價如何而平？」炳對大略以審擇守將則城邑固，兵不侵民則兵民和，斂散相權則鈔法通，勸農薄賦則物價平。宣宗雖異其言，而不能用，但補御史臺令史而已。

論曰：劉炳可謂能言之士矣。宣宗召試既不失對，而以一臺令史賞之，足以倡士氣乎？

术虎高琪或作高乞，西北路猛安人。大定二十七年充護衛，轉十人長，出職河間都總管判官，召爲武衛軍鈐轄，遷宿直將軍，除建州刺史，改同知臨洮府事。

泰和六年，伐宋，與彰化軍節度副使把回海備鞏州諸鎮，宋兵萬餘自鞏州鞭轤嶺入，高琪奮擊破之，賜銀百兩、重綵十端。青宜可内附，詔知府事石抹仲温與高琪俱出界，與青宜可合兵進取。詔高琪曰：「汝年尚少，近聞與宋人力戰奮勇，朕甚嘉之。今與仲温同行出界，如其成功，高爵厚禄，朕不吝也。」

詔封吴曦爲蜀國王，高琪爲封册使。詔戒諭曰：「卿讀書解事，蜀人亦識威名，勿以財賄動心，失大國體。如或隨去奉職有違禮生事，卿與喬宇體察以聞。」使還，加都統，號平南虎威將軍。

宋安丙遣李孝義率步騎三萬攻秦州〔一〇〕，先以萬人圍皂角堡，高琪赴之。宋兵列陣山谷，以武車爲左右翼，伏弩其下來逆戰。既合，宋兵陽却。高琪軍見宋兵伏不得前，退整陣，宋兵復來。凡五戰，宋兵益堅，不可以得志。高琪分騎爲二，出者戰則止者俟，止者出則戰者還，還者復出以更。久之，遣蒲察桃思剌潛兵上山，自山馳下合擊，大破宋兵，斬首四千級，生擒數百人，李孝義乃解圍去。宋兵三千致馬連寨以窺湫池，遣夾谷福壽擊走之，斬七百餘級。

大安三年，累官泰州刺史，以乣軍三千屯通玄門外。未幾，升縉山縣爲鎮州，以高琪爲防禦使，權元帥右都監，所部乣軍賞賚有差。至寧元年八月，尚書左丞完顏綱將兵十萬行省於縉山，敗績。貞祐初，遷元帥右監軍。閏月，詔高琪曰：「聞軍事皆中覆，得無失機會乎？自今當即行之，朕但責成功耳。」

是月，被詔自鎮州移軍守禦中都迤南，次良鄉不得前，乃還中都。每出戰輒敗，紇石烈執中戒之曰：「汝連敗矣，若再不勝，當以軍法從事。」及出果敗，高琪懼誅。十月辛亥，高琪自軍中入，遂以兵圍執中第，殺執中，持其首詣闕待罪。宣宗赦之，以爲左副元帥，一行將士遷賞有差。丙寅，詔曰：「胡沙虎畜無君之心，形迹露見，不可盡言。武衛副使提點近侍局慶山奴、近侍局使斜烈、直長撒合輦累曾陳奏，方慎圖之。斜烈漏此意於按察判官胡魯，胡魯以告翰林待制訛出，訛出達於高琪，今月十五日將胡沙虎戮訖。惟茲臣庶將恐有疑，肆降札書，不匿厥旨。」論者謂高琪專殺，故降此詔。頃之，拜平章政事。

宣宗論馬政，顧高琪曰：「往歲市馬西夏，今肯市否？」對曰：「木波畜馬甚多，市之可得，括緣邊部落馬，亦不少矣。」宣宗曰：「盡括邊馬，緩急如之何？」閱三日，復奏曰：「河南鎮防二十餘軍，計可得精騎二萬，緩急亦足用。」宣宗曰：「馬雖多，養之有法，習之有時，詳諭所司令加意也。」貞祐二年十一月，宣宗問高琪曰：「所造軍器往往不可用，此誰之罪也？」對曰：「軍器美惡在兵部，材物則户部，工匠則工部。」宣宗曰：「治之！且將敗事。」宣宗問楊安兒事，高琪對曰：「賊方據險，臣令主將以石墻圍之，勢不得出，擒在旦夕矣。」宣宗曰：「可以急攻，或力戰突圍，我師必有傷者。」

應奉翰林文字完顏素蘭自中都議軍事還，上書求見，乞屏左右。故事，有奏密事輒屏左右。先是，太府監丞游茂以高琪威權太重，中外畏之，常以爲憂，因入見，屏人密奏，請裁抑之。宣宗曰：「既委任之，權安得不重？」茂退不自安，復欲結高琪，詣其第上書曰：「宰相自有體，豈可以此生人主之疑，招天下之議。」恐高琪不相信，復曰：「茂嘗間見主上，實惡相公權重。相公若能用茂，當使上不疑，而下無所議。」高琪聞茂嘗請間屏人奏事，疑之，乃具以聞。游茂論死，詔免死，杖一百，除名。自是凡屏人奏事，必令近臣一人侍立。及素蘭請密，召至近侍局，給筆札，使書所欲言。少頃，宣宗御便殿見之，惟留近侍局直長趙和和侍立。素蘭奏曰：「日者，元帥府議削伯德文哥兵權，朝廷乃詔領義軍。改除之命拒而不受，元帥府方欲討捕，朝廷復赦之，且不令隸元帥府。不知誰爲陛下畫此計者，臣自外風聞皆出平章高琪。」宣宗曰：「汝何以知此事出於高琪？」素蘭曰：「臣見文哥與永清副提控劉温牒云，差人張希韓至自南京，道副樞平章處分，已奏令文哥隸大名行省，毋遵中都帥府約束。温即具言於帥府。然則，文哥與高琪計結，明矣。」上頷之。素蘭復奏曰：「高琪本無勳望，嚮以畏死擅殺胡沙虎，計出於無聊耳。妬賢能，樹黨與，竊弄威權，自作威福。去歲，都下書生樊知一詣高琪，言乣軍不可信，恐生亂。高琪以刀杖決殺之，自是無復敢言軍國利害者。使其黨移剌塔不也爲武寧軍節度使，招乣軍，已而無功，復以爲武衞軍使。以臣觀之，此賊滅亂紀綱，戕害忠良，實有不欲國家平治之意。惟陛下斷然行之，社稷之福也。」宣宗曰：「朕徐思之。」素蘭出，復戒曰：「慎無泄也。」

四年十月，大元大兵取潼關，次嵩、汝間，待闕臺院令史高嶷上書曰：「向者河朔敗績，朝廷不時出應，此失機會一也。及深入吾境，都城精兵無慮數十萬，若効命一戰，必無今日之憂，此失機會二也。既退之後，不議追襲，此失機會三也。今已度關，不亟進禦，患益深矣。乞命平章政事高琪爲帥，以厭衆心。」不報。御史臺言：「兵踰潼關、崤、澠〔一一〕，深入重地，近抵西郊。彼知京師屯宿重兵，不復叩城索戰，但以遊騎遮絶道路，而别兵攻擊州縣，是亦困京師之漸也。若專以城守爲事，中都之危又將見於今日，況公私蓄積視中都百不及一，此臣等所爲寒心也。不攻京城而縱其别攻州縣，是猶火在腹心，撥置于手足之上，均一身也，願陛下察之。請以陝西兵扼拒潼關，與右副元帥蒲察阿里不孫爲掎角之勢，選在京勇敢之將十數人，各付精兵數千，隨宜伺察，且戰且守，復諭河北，亦以此待之。」詔付尚書省，高琪奏曰：「臺官素不習兵，備禦方略，非所知也。」遂寢。高琪止欲以重兵屯駐南京以自固，州郡殘破不復恤也。宣宗惑之，計行言聽，終以自斃。

未幾，進拜尚書右丞相，奏曰：「凡監察有失糾彈者從本法。若人使入國，私通言語，説知本國事情，宿衛、近侍官、承應人出入親王、公主、宰執之家，災傷闕食，體究不實，致傷人命，轉運軍儲，而有私載，及考試舉人關防不嚴者，並的杖。在京犯至兩次者，臺官減監察一等，論贖，餘止坐，專差者任滿日議定升降。若任内有漏察之事應的決者，依格雖爲稱職，止從平常，平常者從降罰。」制可。高琪請修南京裏城，宣宗曰：「此役一興，民滋病矣。城雖完固，能獨安乎？」

初，陳言人王世安獻攻取盱眙、楚州策，樞密院奏乞以世安爲招撫使，選謀勇二三人同往淮南，招紅襖賊及淮南宋官。宣宗可其奏，詔泗州元帥府遣人同往。興定元年正月癸未，宋賀正旦使朝辭，宣宗曰：「聞息州透漏宋人，此乃彼界饑民沿淮爲亂，宋人何敢犯我？」高琪請伐之以廣疆土。上曰：「朕但能守祖宗所付足矣，安事外討。」高琪謝曰：「今雨雪應期，皆聖德所致。而能包容小國，天下幸甚，臣言過矣。」四月，遣元帥左都監烏古論慶壽、簽樞密院事完顏賽不經略南邊，尋復下詔罷兵，然自是與宋絶矣。

興定元年十月，右司諫許古勸宣宗與宋議和，宣宗命古草牒，以示宰臣，高琪曰：「辭有哀祈之意，自示微弱不足取。」遂寢。集賢院諮議官呂鑑言：「南邊屯兵數十萬，自唐、鄧至壽、泗沿邊居民逃亡殆盡，兵士亦多亡者，亦以人煙絶少故也。臣嘗比監息州榷場，每場所獲布帛數千匹、銀數百兩，大計布帛數萬匹、銀數千兩，兵興以來俱失之矣。夫軍民有逃亡之病，而國家失日獲之利，非計也。今隆冬冱寒，吾騎得騁，當重兵屯境上，馳書諭之，誠爲大便。若俟春和，則利在於彼，難與議矣。昔燕人獲趙王，趙遣辯士説之，不許，一牧豎請行，趙王乃還。孔子失馬，馭卒得之。人無貴賤，苟中事機，皆可以成功。臣雖不肖，願効牧豎馭卒之智，伏望宸斷。」詔問尚書省。高琪曰：「鑑狂妄無稽，但其氣岸可尚，宜付陝西行省備任使。」制可。十二月，胥鼎諫伐宋，語在鼎傳。高琪曰：「大軍已進，無復可議。」遂寢。

二年，胥鼎上書諫曰：「錢穀之冗，非九重所能兼，天子總大綱，責成功而已。」高琪曰：「陛下法上天行健之義，憂勤庶務，夙夜不遑，乃太平之階也。鼎言非是。」宣宗以南北用兵，深以爲憂，右司諫呂造上章：「乞詔内外百官各上封事，直言無諱。或時召見，親爲訪問。陛下博采兼聽，以盡羣下之情，天下幸甚。」宣宗嘉納，詔集百官議河北、陝西守禦之策。高琪心忌之，不用一言。是時，築汴京城裏城，宣宗問高琪曰：「人言此役恐不能就，如何？」高琪曰：「終當告成，但其濠未及浚耳。」宣宗曰：「無濠可乎？」高琪曰：「苟防城有法，正使兵來，臣等愈得效力。」宣宗曰：「與其臨城，曷若不令至此爲善。」高琪無以對。

高琪自爲宰相，專固權寵，擅作威福，與高汝礪相唱和。高琪主機務，高汝礪掌利權，附己者用，不附己者斥。凡言事忤意，及負材力或與己頡頏者，對宣宗陽稱其才，使幹當於河北，陰置之死地。自不兼樞密、元帥之後，常欲得兵權，遂力勸宣宗伐宋。置河北不復爲意，凡精兵皆置河南，苟且歲月，不肯輒出一卒，以應方面之急。

平章政事英王守純欲發其罪，密召右司員外郎王阿里、知案蒲鮮石魯剌、令史蒲察胡魯謀之。石魯剌、胡魯以告尚書省都事僕散奴失不，僕散奴失不以告高琪。英王懼高琪黨與，遂不敢發。頃之，高琪使奴賽不殺其妻，乃歸罪於賽不，送開封府殺之以滅口。開封府畏高琪，不敢發其實，賽不論死。事覺，宣宗久聞高琪姦惡，遂因此事誅之，時興定三年十二月也。尚書省都事僕散奴失不以英王謀告高琪，論死。蒲鮮石魯剌、蒲察胡魯各杖七十，勒停。

初，宣宗將遷南，欲置糺軍于平州，高琪難之。及遷汴，戒彖多厚撫此軍，彖多輒殺糺軍數人，以至于敗。宣宗末年嘗曰：「壞天下者，高琪、彖多也。」終身以爲恨云。

移剌塔不也，東北路猛安人。明昌元年，累官西上閤門使。二年，襲父謀克。泰和伐宋，有功，遥授同知慶州事，權迪列乣詳穩。丁父憂，起復西北路招討判官，改尚輦局使、曹王傅。貞祐二年，遷武寧軍節度使，招徠中都乣軍，無功，平章高琪芘之，召爲武衞軍都指揮使。應奉翰林文字完顔素蘭嘗面奏高琪黨比，語在高琪傳。尋知河南府事，兼副統軍，徙彰化軍節度使。上言：「盡籍山東、河間、大名猛安人爲兵，老弱城守，壯者捍禦。」又言：「河東地險人勇，步兵爲天下冠，可盡調以戍諸隘。」從之。自是河東郡縣屯兵少，不可守矣。改知臨洮府事，兼陝西副統軍。

貞祐三年十一月，破夏兵于熟羊寨。平章高琪率宰臣入賀曰：「塔不也以少敗衆，蓋陛下威德所致。」宣宗曰：「自古興國皆賴忠賢，今茲立功，皆將率諸賢之力也。」乃以塔不也爲勸農使，兼知平涼府事，進階銀青榮禄大夫。四年，伐西夏，攻威、靈、安、會等州。興定元年，知慶陽府事。三年，遷元帥左都監，卒。

論曰：高琪擅殺執中，宣宗不能正其罪，又曲爲之說，以詔臣下。就其事論之，人君欲誅大臣，而與近侍密謀于宮中，已非其道。謀之不密，又爲外臣所知，以告敗軍之將，因殺之以爲說，此可欺後世邪。金至南渡，譬之尪羸病人，元氣無幾。琪喜吏而惡儒，好兵而猒靜，沮遷紇之議，破和宋之謀，正猶繆醫，投以烏喙、附子，祗速其亡耳。使宣宗於擅殺之日，即能伸大義而誅之，何至誤國如是邪。

校勘記

〔一〕明昌二年太傅徒單克寧薨　「二年」，原作「元年」。按，本書卷九章宗紀一，明昌二年正月「庚午，太師、尚書令淄王徒單克寧薨」。今據改。

〔二〕拜禮部尚書孫即康鞫治鎬王永中事還奏有詔覆訊　「拜」字原脱；「覆」，原作「復」。按，本書卷九九孫即康傳，「永中府傅尉奏永中第四子阿离合懣語涉不軌，詔同簽大睦親府事暈與即康鞫之」，「暈、即康還奏，詔禮部尚書張暐覆訊」。今據補改。

〔三〕羣臣舉暐及兵部侍郎烏古論慶裔　「烏古論慶裔」，原作「烏古論慶壽」。按，據本書卷一〇一烏古論慶壽傳，其年世較晚，歷官亦不合。卷八五世宗諸子永中傳，「詔遣官覆按狀同。再遣禮部尚書張暐、兵部侍郎烏古論慶裔覆之」。今據改。

〔四〕比遣使報哀　「比」，據文義此上當脱「行簡曰」等字。

〔五〕轉翰林修撰　按，本卷上文有「章宗即位，轉修撰」，此處不應複出。下文有「改禮部侍郎、提點司天臺，直學士，同修史如故」，其「直學士」一官「如故」上無所承。疑「翰林修撰」當作「直學士」。

〔六〕詔書中行之　「書中」，南監本、北監本、殿本、局本並作「中書」。按，本書卷五五百官志一，「正隆元年罷中書、門下省，止置尚書省」。則章宗時已無「中書」之稱。疑此或爲「尚書省」之誤。

〔七〕既而以議鎬王事有違上意　「鎬王」，原作「衞王」，據局本改。按，本書卷一〇章宗紀二，明昌六年「六月丙辰，右諫議大夫賈守謙、右拾遺僕散訛可坐鎬王永中事奏對不實，削官一階，罷之」。

〔八〕大定三十年　「三十年」，原作「三十餘年」。按，大定只二十九年。中州集卷九賈益謙小傳中記此語作「知衞王莫如我，然我聞海陵被弑而世宗皇帝立，大定三十年禁近能暴海陵蟄惡者得美仕」。今據删「餘」字。

〔九〕王師屢戰屢衄　「衄」，原作「劫」，據殿本、局本改。

〔一〇〕宋安丙遣李孝義率步騎三萬攻秦州　「李孝義」，宋史卷四〇二李好義傳、安丙傳作「李好義」。

〔二〕兵蹁潼關崤澠 「澠」，原作「沔」，今改。參見本書卷二五校勘記〔一六〕。

金史卷一百七

列傳第四十五

高汝礪　張行信

高汝礪字巖夫，應州金城人。登大定十九年進士第，蒞官有能聲。明昌五年九月，章宗詔宰執，舉奏中外可爲刺史者，上親閱闕點注，蓋取兩員同舉者升用之。於是，汝礪自同知絳陽軍節度事起爲石州刺史。承安元年七月，入爲左司郎中。一日奏事紫宸殿，時侍臣皆迴避，上所御涼扇忽墮案下，汝礪以非職不敢取以進。奏事畢，上謂宰臣曰：「高汝礪不進扇，可謂知體矣。」

未幾，擢爲左諫議大夫。以賦調軍須，郡縣有司或不得人，追胥走卒利其事急，規取貨賂，深爲民害，建言「自今若因兵調發，有犯者乞權依『推排受財法』治之，庶使小人有所畏懼」。二年六月，定制，因軍前差發受財者，一貫以下徒二年，以上徒三年，十貫處死，從汝礪之言也。

時遇奏事，臺臣亦令迴避，汝礪乃上言：「國家置諫臣以備侍從，蓋欲周知時政以參得失，非徒使排行就列而已。故唐制，凡中書、門下及三品以上入閤，必遣諫官隨之，俾預聞政事，冀其有所開說。今省臺以下，遇朝奏事則一切迴避，與諸侍衛之臣旅進旅退。殿廷論事初莫得聞，及其已行，又不詳其始末，遂事而諫，斯亦難矣。顧諫職爲何如哉？若曰非材，擇人可也，豈可置之言責而疎遠若此。乞自今以往，有司奏事諫官得以預聞，庶望少補。且修注之職，掌記言動，俱當一體。」上從之。

又言：「年前十月嘗舉行推排之法，尋以踰時而止，誠知聖上愛民之深也。切聞周制，以歲時定民之衆寡，辨物之多少，入其數于小司徒，以施政教，以行徵令，三年則天下大比，按爲定法。伏自大定四年通檢前後，迄今三十餘年，其間雖兩經推排，其浮財物力，惟憑一時小民之語以爲增減，有司惟務速定，不復推究其實。由是豪强有力者符同而幸免，貧弱寡援者抑屈而無訴。況近年以來，邊方屢有調發，貧户益多。如止循例推排，緣去歲條理已行，人所通知，恐新强之家預爲請囑狡猾之人，冀望至時同辭推唱。或虛作貧乏，故以産業低價質典，及將財物徙置他所，權止營運。如此姦弊百端，欲望物力均一，難矣。欲革斯弊，莫若據實通檢，預令有司照勘大定四年條理，嚴立罪賞，截日立限，關防禁約。其間有可以輕重者斟酌行之，去煩碎而就簡易，戒搔擾而事鎮靜，使富者不得以苟避，困者有望於少息，則賦稅易辦，人免不均之患矣。」詔尚書省詳邊事息行之。

是歲十月，上喻尚書省，遣官詣各路通檢民力，命户部尚書賈執剛與汝礪先推排在都兩警巡院，令諸路所差官視以爲法焉。尋爲同知大興府事。四年十二月，爲陝西東路轉運使。泰和元年七月，改西京路轉運使。二年正月，爲北京臨潢府路按察使。四年二月，遷河北西路轉運使。十一月，進中都路都轉運使。

六年六月，拜户部尚書。時鈔法不能流轉，汝礪隨事上言，多所更定，民甚便之，語在食貨志。上嘉其議，勑尚書省曰：「内外百官所司不同，比應詔言事者不啻千數，俱不達各司利害，汗漫陳説，莫能詳盡。近惟户部尚書高汝礪，論本部數事，並切事情，皆已行之。其喻内外百司各究利害舉明，若可舉而不即申聞，以致上司舉行者，量制其罰。」

貞祐二年六月，宣宗南遷，次邯鄲，拜汝礪爲參知政事。次湯陰，上聞汴京穀價騰踴，慮扈從人至則愈貴，問宰臣何以處之。皆請命留守司約束，汝礪獨曰：「物價低昂，朝夕或異，然糴多糶少則貴。蓋諸路之人輻湊河南，糴者既多，安得不貴。若禁止之，有物之家皆將閉而不出，商旅轉販亦不復入城，則糴者益急而貴益甚矣。事有難易，不可不知，今少而難得者穀也，多而易致者鈔也，自當先其所難，後其所易，多方開誘，務使出粟更鈔，則穀價自平矣〔一〕。」上從之。

三年五月，朝廷議徙河北軍户家屬於河南，留其軍守衛郡縣，汝礪言：「此事果行，但便於豪强家耳，貧户豈能徙。且安土重遷，人之情也。今使盡赴河南，彼一旦去其田園，扶携老幼，驅馳道路，流離失所，豈不可憐。且所過百姓見軍户盡遷，必將驚疑，謂國家分别彼此，其心安得不摇。况軍人已去其家，而令護衛他人，以情度之，其不肯盡心必矣。民至愚而神者也，雖告以衛護之意，亦將不信，徒令交亂，俱不得安，此其利害所繫至重。乞先令諸道元帥府、宣撫司、總管府熟論可否，如無可疑，然後施行。」不報。

軍户既遷，將括地分授之，未有定論，上勑尚書省曰：「北兵將及河南，由是盡起諸路軍户，共圖保守。今既至矣，糧食所當必與，然未有以處之。可分遣官聚耆老問之，其將益賦，或與之田，二者孰便。」又以諭汝礪。既而所遣官言：「農民並稱，比年以來租賦已重，若更益之，力實不足，不敢復佃官田，願以給軍。」於是汝礪奏：「還徙軍户，一時之事也。民佃官田，久遠之計也。河南民地、官田，計數相半。又多全佃官田之家，墳塋、莊井俱在其中。率皆貧民，一旦奪之，何以自活。夫小民易動難安，一時避賦，遂有此言。及其與人，即前日之主今還爲客，能勿悔乎，悔則忿心生矣。如山東撥地時，腴田沃壤盡入勢家，瘠惡者乃付貧户。無益於軍，而民則有損，至於互相憎疾，今猶未已，前事不遠，足爲明戒。惟當倍益官租，以給軍糧之半，復以係官荒田、牧馬草地量數付之，令其自耕，則百姓免失業之艱，而官司不必爲厲民之事矣。且河南之田最宜麥，今雨澤霑足，正播種之時，誠恐民疑以誤歲計，宜早決之。」上從其請。

尋遷尚書右丞。時上以軍户地當撥付，使得及時耕墾，而汝礪復上奏曰：「在官荒田及牧馬地，民多私耕者。今正藝麥之時，彼知將以與人，必皆棄去，軍户雖得，亦已逾時，徒成曠廢。若候畢功而後撥，量收所得，以補軍儲，則公私俱便。乞盡九月然後遣官。」十月，汝礪言：「今河北軍户徙河南者幾百萬口，人日給米一升，歲率三百六十萬石，半給其直猶支粟三百萬石。河南租地計二十四萬頃，歲徵粟纔一百五十六萬有奇，更乞於經費之外倍徵以給，仍以係官閑田及牧馬地可耕者畀之。」奏可。乃遣右司諫馮開等分詣諸郡就給之，人三十畝，以汝礪總之。既而，括地官還，皆曰：「頃畝之數甚少，且瘠惡不可耕。計其可耕者均以與之，人得無幾，又僻遠處不免徙就之，軍人皆以爲不便。」汝礪遂言於上，詔有司罷之，但給軍糧之半，而半折以實直焉。

四年正月，拜尚書左丞，連上表乞致仕，皆優詔不許。會朝廷議發兵河北，護民芟麥，而民間流言謂官將盡取之。上聞，以問宰職曰：「爲之奈何？」高琪等奏：「若令樞密院遣兵居其衝要，鎮遏土寇，仍許收逃户之田，則軍民兩便。或有警急，軍士亦必盡心。」汝礪曰：「甚非計也。蓋河朔之民所恃以食者惟此麥耳。今已有流言，而復以兵往，是益使之疑懼也。不若聽其自便，令宣撫司禁戢無賴，不致侵擾足矣。逃户田令有司收之，以充軍儲可也。」乃詔遣户部員外郎裴滿蒲剌都閱視田數，及訪民願發兵以否，還奏：「臣西由懷、孟，東抵曹、單，麥苗苦亦無多，訊諸農民，往往自爲義軍。臣即宣布朝廷欲發兵之意，皆感戴而不願也。」於是罷之。

汝礪以數乞致仕不從，乃上言曰：「立非常之功，必待非常之人。今大兵既退，正完葺關隘、簡練兵士之時，須得通敏經綸之才預爲籌畫，俾濟中興。伏見尚書左丞兼行樞密副使胥鼎，才擅衆長，身兼數器，乞召還朝省。」不從。時高琪欲從言事者歲閱民田徵租，朝廷將從之。汝礪言：「臣聞治大國者若烹小鮮，最爲政之善喻也。國朝自大定通檢後，十年一推物力，惟其貴簡靜而重勞民耳。今言者請如河北歲括實種之田，計數徵斂，即是常時通檢，無乃駭人視聽，使之不安乎。且河南、河北事體不同，河北累經劫掠，户口亡匿，田疇荒廢，差調難依元額，故爲此權宜之法，蓋軍儲不加多，且地少而易見也。河南自車駕巡幸以來，百姓湊集，凡有閑田及逃户所棄，耕墾殆徧，各承元户輸租，其所徵斂皆準通推之額，雖軍馬益多，未嘗闕誤，詎宜一概動擾。若恐豪右蔽匿而逋征賦，則有司檢括亦豈盡實。但嚴立賞罰，許其自首，及聽人告捕，犯者以盜軍儲坐之，地付告者，自足使人知懼，而賦悉入官，何必爲是紛紛也。抑又有大不可者三，如每歲檢括，則夏田春量，秋田夏量，中間雜種亦且隨時量之，一歲中略無休息，民將厭避，耕種失時，或止耕膏腴而棄其餘，則所收仍舊而所輸益少，一不可也。檢括之時，縣官不能家至户到，里胥得以暗通貨賂，上下其手，虚爲文具，轉失其真，二不可也。民田與軍田犬牙相錯，彼或陰結軍人以相冒亂，而朝廷止憑有司之籍，儻使臨時少於元額，則資儲闕誤必矣，三不可也。夫朝廷舉事，務在必行，既行而復中止焉，是豈善計哉。」議遂寢。

興定元年十月，上疏曰：「言者請姑與宋人議和以息邊民，切以爲非計。宋人多詐無實，雖與文移往來，而邊備未敢遽撤。備既不撤，則議和與否蓋無以異。或復蔓以浮辭，禮例之外別有求索，言涉不遜，將若之何？或曰『大定間亦嘗先遣使，今何不可』。切謂時殊事異，難以例言。昔海陵師出無名，曲在於我，是以世宗即位，首遣高忠建等報諭宋主，罷淮甸所侵以修舊好。彼隨遣使來，書辭慢易，不復奉表稱臣，願還故疆爲兄弟國。雖其樞密院與我帥府時通書問，而侵軼未嘗已也。既而，征西元帥合喜敗宋將吴璘、姚良輔於德順、原州，右丞相僕散忠義、右副元帥紇石烈志寧敗李世輔于宿州〔二〕，斬首五萬，兵威大振。世宗謂宰臣曰：『昔宋人言遣使請和，乘吾無備遂攻宿州，今爲我軍大敗，殺戮過當，故不敢復通問。朕哀南北生靈久困于兵，本欲息民，何較細故，其令帥府移書宋人以議和好。』宋果遣使告和，以當時堂堂之勢，又無邊患，竟免其奉表稱臣之禮。今宋棄信背盟，侵我邊鄙，是曲在彼也。彼若請和，於理爲順，豈當先發此議而自示弱耶？恐非徒無益，反招謗侮而已。」

十一月，汝礪言：「臣聞國以民爲基，民以財爲本，是以王者必先愛養基本。國家調發，河南爲重，所徵稅租率常三倍于舊。今省部計歲收通寶不敷所支，乃于民間科斂桑皮故紙錢七千萬貫以補之。近以通寶稍滯，又加兩倍。河南人户，農民居三之二，今稅租猶多未足，而此令復出，彼不糶所當輸租，則必減其食以應之。夫事有難易，勢有緩急。今急用而難得者芻糧也，出於民力，其來有限，可緩圖。而易爲者鈔法也，行于國家，其變無窮。向者大鈔滯更爲小鈔，小鈔弊改爲寶券，寶券不行易爲通寶，從權制變皆由于上，尚何以煩民爲哉。彼悉力以奉軍儲已患不足，而又添徵通寶，苟不能給，則有逃亡。民逃亡則農事廢，兵食何自而得。有司不究遠圖而貪近効，不固本原而較末節，誠恐軍儲、鈔法兩有所妨。臣非於鈔法不爲意也，非與省部故相違也，但以鈔法稍滯物價稍增之害輕，民生不安軍儲不給之害重耳。惟陛下外度事勢，俯察臣言，特命有司減免，則羣心和悅，而未足之租有所望矣。」

時朝廷以賈仝、苗道潤等相攻不和〔三〕，將分畀州縣、别署名號以處之。汝礪上書曰：「甚非計也。蓋河北諸帥多本土義軍，一時權爲隊長，亦有先嘗叛亡者，非若素宦於朝，知禮義、識名分之人也。貪暴不法，蓋無足怪。朝廷以時方多故，姑牢籠用之，庶使遺民少得安息。彼互相攻劫則勢寖弱，勢力既弱則朝廷易制。今若分地而與之，州縣官吏得輒署置，民户税賦得擅徵收，則地廣者日益强，狹者日益弱。久之，弱者皆併於强，强者之地不可復奪，是朝廷愈難制也。昔唐分河朔地授諸叛將，史臣謂其護養孽萌以成其禍，此可爲今日大戒也。不若姑令行省羈縻和輯，多方牽制使之不得逞。異時邊事稍息，氣力漸完，若輩又何足患哉。」議遂寢。

上嘗謂汝礪曰：「朕每見卿侍朝，恐不任其勞，許坐殿下，而卿終不從何哉？夫君臣相遇貴在誠實，小謹區區朕固不較也。」汝礪以君臣之分甚嚴，不敢奉命。

三年，河南頗豐稔，民間多積粟，汝礪乃奏曰：「國家之務莫重於食，今所在屯兵益衆，而修築新城其費亦廣，若不及此豐年多方營辦，防秋之際或乏軍興。乞於河南州府驗其物價低昂，權宜立式，凡内外四品以下雜正班散官及承廕人，免當儤使監官功酬，或僧道官師德號度牒、寺觀院額等，並聽買之。司縣官有能勸誘輸粟至三千石者，將來注授升本牓首，五千石以上遷官一階，萬石以上升職一等，並注見闕。庶幾人知勸慕，多所收獲。」上從之。

同提舉榷貨司王三錫建議榷油，高琪以用度方急，勸上行之。汝礪上言曰：「古無榷法，自漢以來始置鹽鐵酒榷均輸官，以佐經費。末流至有筭舟車、税間架，其征利之術固已盡矣，然亦未聞榷油也。蓋油者世所共用，利歸於公則害及於民，故古今皆置不論，亦厭苛細而重煩擾也。國家自軍興，河南一路歲入税租不啻加倍，又有額徵諸錢、横泛雜役，無非出於民者，而更議榷油，歲收銀數十萬兩。夫國以民爲本，當此之際民可以重困乎。若從三錫議，是以舉世通行之貨爲榷貨，私家常用之物爲禁物，自古不行之法爲良法，切爲聖朝不取也。若果行之，其害有五，臣請言之。河南州縣當立務九百餘所，設官千八百餘員，而胥隸工作之徒不與焉。費既不貲，而又創構屋宇，奪買作具，公私俱擾，殆不勝言。至於提點官司有升降決罰之法，其課一虧必生抑配之弊，小民受病益不能堪，其害一也。夫油之貴賤所在不齊，惟其商旅轉販有無相易，所以其價常平，人易得之。今既設官各有分地，輒相侵犯者有罪，是使貴處常貴而賤處常賤，其害二也。民家日用不能躬自沽之，而轉鬻者增取利息，則價不得不貴，而用不得不難，其害三也。鹽、鐵、酒、醋，公私所造不同，易於分别，惟油不然，莫可辨記。今私造者有刑，捕告者有賞，則無賴輩因之得以誣搆良民枉陷於罪，其害四也。油户所置屋宇、作具，用錢已多，有司按業推定物力，以給差賦。今奪其具、廢其業而差賦如前，何以自活，其害五也。惟罷之便。」上是之，然重違高琪意，乃詔集百官議于尚書省。户部尚書高夔、工部侍郎粘割荆山、知開封府事温迪罕二十等二十六人議同高琪，禮部尚書楊雲翼、翰林侍讀學士趙秉文、南京路轉運使趙瑄、吏部侍郎趙伯成、刑部郎中姬世英、右司諫郭著、提舉倉場使時戩皆以爲不可。上曰：「古所不行者而今行之，是又生一事也，其罷之。」

十月，賜金鼎一、重幣三。四年三月，拜平章政事，俄而進拜尚書右丞相，監修國史，封壽國公。五年二月，上表乞致政，不許。九月，上諭汝礪曰：「昨日視朝，至午方罷。卿老矣，不任久立，奏事畢，用寶之際，可先退坐，恐以勞致疾，反妨議政也。」是月，復乞致仕，上諭之曰：「丞相之禮盡矣，然今廷臣誰如丞相者，而必欲求去乎，姑留輔朕可也。」十月，躐遷榮禄大夫，仍諭曰：「丞相數求去，朕以社稷事重，故堅留之。丞相老矣，而官猶未至二品，故特陞兩階。」十二月，上復諭曰：「向朕以卿年老，視朝之日侍立爲勞，令用寶時退坐廊下，而卿違之，復侍立終朝，豈有司不爲設榻耶，卿其勉從朕意。」元光元年四月，汝礪跪奏事，上命起曰：「卿大臣也，所言皆社稷計。朕之責卿惟在盡誠，何事小謹，自今勿復爾也。」

七月，上謂宰臣曰：「昔有言世宗太儉者，或曰不爾則安得廣畜積。章宗時用度甚多，而得不闕乏者，蓋先朝有以遺之也。」汝礪因進言曰：「儉乃帝王大德，陛下言及此，天下福也。」九月，上又謂宰臣曰：「有功者雖有微過亦當貸之，無功者豈可貸耶。然有功者人喜謗議。凡有以功過言於朕者，朕必深求其實，雖近侍爲言不敢輕信，亦未嘗徇一己之愛憎也。」汝礪因對曰：「公生明，偏生暗。凡人多徇愛憎，不合公議。陛下聖明，故能如是耳。」

二年正月，復乞致政，上面諭曰：「今若從卿，始終之道俱盡，於卿甚安，在朕亦爲美事。但時方多故，而朕復不德，正賴舊人輔佐，故未能遂卿高志耳。」汝礪固辭，竟不許，因謂曰：「朕每聞人有所毀譽，必求其實。」汝礪對曰：「昔齊威王封即墨大夫，烹阿大夫及左右之嘗毀譽者，由是羣臣恐懼，莫敢飾非，齊國大治。陛下言及此，治安可期也。」二月，上以汝礪年高，免朝拜，侍立久則憩于殿下，仍勑有司設榻焉。三月，又乞致仕，復優詔不許。上謂羣臣曰：「人有才堪任事，而處心不正者，終不足貴。」汝礪對曰：「其心不正而濟之以才，所謂虎而翼者也，雖古聖人亦未易知。」上以爲然，他日復謂宰臣曰：「凡人處心善良而行事忠實，斯爲難得。若言巧心僞，亦復何用。然善良者，人又多目爲平常。」汝礪對曰：「人材少全，亦隨其所長取之耳。」上然之。五月，上問宰執以修完京城樓櫓事，汝礪奏：「所用皆大木，顧今難得，方令計置。」上曰：「朕宮中别殿有可用者即用之。」汝礪對以不宜毀，上曰：「所居之外，毀亦何害，不愈於勞民遠致乎。」

哀宗初即位，諫官言汝礪欺君固位，天下所共嫉，宜黜之以厲百官。哀宗曰：「昔惠帝言，我不如高帝，當守先帝法耳。汝礪乃先帝立以爲相者，又可黜歟。」又有投匿名書云：「高某不退當殺之。」汝礪因是告老，優詔不許。正大元年三月，薨，年七十一，配享宣宗廟。

爲人慎密廉潔，能結人主知，然規守格法，循嘿避事，故爲相十餘年未嘗有譴訶。貪戀不去，當時士論頗以爲譏云。

張行信字信甫，先名行忠〔四〕，避莊獻太子諱，改焉。行簡弟也。登大定二十八年進士第，累官銅山令。明昌元年，以廉擢授監察御史。泰和三年，同知山東西路轉運使，俄簽河東路按察司事。四年四月，召見于泰和殿，行信因言二事，一依舊移轉吏目以除民害，一徐、邳地下宜麥，稅粟許納麥以便民。上是其言，令尚書省議行之。

崇慶二年，爲左諫議大夫。時胡沙虎已除名爲民，賂遺權貴，將復進用。舉朝無敢言者，行信乃上章曰：「胡沙虎殘忍凶悖，跋扈强梁，媚結近習，以圖稱譽。自其廢黜，士庶莫不忻悦。今若復用，惟恐爲害更甚前日，況利害之機更有大於此者。」書再上，不報。及胡沙虎弑逆，人甚危之，行信坦然不顧也。

是歲九月，宣宗即位，改元貞祐。行信以皇嗣未立，無以係天下之望，上疏曰：「自古人君即位，必立太子以爲儲副，必下詔以告中外。竊見皇長子每遇趨朝，用東宮儀衛，及至丹墀，還列諸王班。況已除侍臣，而今未定其禮，可謂名不正言不順矣。昔漢文帝元年，首立子啓爲太子者，所以尊祖廟、重社稷也。願與大臣詳議，酌前代故事，蚤下明詔，以定其位，慎選宮僚，輔成德器，則天下幸甚。」上嘉納之。

胡沙虎誅，上封事言正刑賞，辭載胡沙虎傳。又言：「自兵興以來，將帥甚難其人，願陛下令重臣各舉所知，才果可用，即賜召見，褒顯奬諭，令其自效，必有奮命報國者。昔李牧爲趙將，軍功爵賞皆得自專，出攻入守不從中覆，遂能北破大敵，西抑强秦。今命將若不以文法拘繩、中旨牽制，委任責成，使得盡其智能，則克復之功可望矣。」上善其言。時方擢任王守信、賈耐兒者爲將，皆鄙俗不材、不曉兵律，行信懼其誤國，上疏曰：「易稱『開國承家，小人勿用』。聖人所以垂戒後世者，其嚴如此。今大兵縱横，人情恟懼，應敵興理非賢智莫能。狂子庸流，猥蒙拔擢，參預機務，甚無謂也。」於是，上皆罷之。

權元帥右都監内族訛可率兵五千護糧通州，遇兵輒潰，行信上章曰：「御兵之道，無過賞罰，使其臨敵有所慕而樂於進，有所畏而不敢退，然後將士用命而功可成。若訛可敗衄，宜明正其罪，朝廷寬容，一切不問，臣恐御兵之道未盡也。」詔報曰：「卿意具悉，訛可等已下獄矣。」

時中都受兵，方遣使請和，握兵者畏縮不敢戰，曰「恐壞和事」。行信上言：「和與戰二事本不相干，奉使者自專議和，將兵者惟當主戰，豈得以和事爲辭。自崇慶來，皆以和誤，若我軍時肯進戰，稍挫其鋒，則和事成也久矣。頃北使既來，然猶破東京，略河東。今我使方行，將帥輒按兵不動，於和議卒無益也。事勢益急，芻糧益艱，和之成否蓋未可知，豈當閉門坐守以待弊哉。宜及士馬尚壯，擇猛將鋭兵，防衛轉輸，往來拒戰，使之少沮，則附近蓄積皆可入京師，和議亦不日可成矣。」上心知其善而不能行。

二年三月，以朝廷括糧恐失民心，上書言：「近日朝廷令知大興府胥鼎便宜計畫軍食，鼎因奏許人納粟買官。既又遣參知政事奥屯忠孝括官民糧，户存兩月，餘悉令輸官，酬以爵級銀鈔。時有粟者或先具數于鼎，未及入官。忠孝復欲多得以明己功，凡鼎所籍者不除其數，民甚苦之。今米價踴貴，無所從糴，民糧止兩月又奪之，將不獨歸咎有司，亦怨朝廷不察也。大兵在邇，人方危懼，若復無聊，或生他變，則所得不償所損矣。」上深善其言，即命與近臣往審處焉。仍諭忠孝曰：「極知卿盡心于公，然國家本欲得糧，今既得矣，姑從人便可也。」四月，遷山東東路按察使，兼轉運使，仍權本路宣撫副使。將行，求入見，上御便殿見之。奏曰：「臣伏見奥屯忠孝飾詐不忠，臨事慘刻，與胡沙虎爲黨。」歷數其罪，且曰：「無事時猶不容一相非才，況今多故，可使斯人與政乎？願即罷之。」上曰：「朕始即位，進退大臣自當以禮，卿語其親知，諷令求去可也。」行信以告右司郎中把胡魯白忠孝，忠孝不恤也。

三年二月，改安武軍節度使，兼冀州管内觀察使。始至，即上書言四事，其一曰：「楊安兒賊黨旦暮成擒，蓋不足慮。今日之急，惟在收人心而已。向者官軍討賊，不分善惡，一概誅夷，劫其資產，掠其婦女，重使居民疑畏，逃聚山林。今宜明勑有司，嚴爲約束，毋令劫掠平民。如此則百姓無不安之心，姦人誑脅之計不行，其勢漸消矣。」其二曰：「自兵亂之後，郡縣官豪，多能糾集義徒，摧擊土寇，朝廷雖授以本處職任，未幾遣人代之。夫舊者人所素服，新者未必皆才，緩急之間，啓釁敗事。自今郡縣闕員，乞令尚書省選人擬注。其舊官，民便安者宜就加任使，如資級未及，令攝其職，待有功則正授。庶幾人盡其才，事易以立。」其三曰：「掌軍官敢進戰者十無一二，其或有之，即當責以立功，不宜更授他職。」其四曰：「山東軍儲皆鬻爵所獲，及或持勑牒求仕，選曹以等級有不當鬻者往往駁退。夫鬻所不當，有司罪也，彼何責焉。況海岱重地，羣寇未平，田野無所收，倉廩無所積，一旦軍餉不給，復欲鬻爵，其誰信之。」朝廷多用其議。八月，召爲吏部尚書。九月，改户部尚書。十二月，轉禮部尚書，兼同修國史。

四年二月，爲太子少保，兼前職。時尚書省奏：「遼東宣撫副使完顏海奴言，參議官王澮嘗言，本朝紹高辛，黄帝之後也。昔漢祖陶唐，唐祖老子，皆爲立廟。我朝迄今百年，不爲黄帝立廟，無乃愧於漢、唐乎。」又云：「本朝初興，旗幟尚赤，其爲火德明矣。主德之祀，闕而不講，亦非禮經重祭祀之意。臣聞於澮者如此，乞朝廷議其事。」詔問有司，行信奏曰：「按始祖實録止稱自高麗而來，未聞出於高辛。今所據欲立黄帝廟，黄帝高辛之祖，借曰紹之，當爲木德，今乃言火德，亦何謂也。況國初太祖有訓，因完顏部多尚白，又取金之不變，乃以大金爲國號，未嘗議及德運。近章宗朝始集百僚議之，而以繼亡宋火行之絶，定爲土德，以告宗廟而詔天下焉。顧澮所言特狂妄者耳。」上是之。

八月，上將袝享太廟，詔依世宗十六拜之禮。行信與禮官參定儀注，上言宜從四十四拜之禮，上嘉納焉，語在禮志。祭畢，賜行信寶券二萬貫、重幣十端，諭之曰：「太廟拜禮，朕初欲依世宗所行，卿進奏章，備述隨室讀祝，殊爲中理。向非卿言，朕幾失之，故特以是旌賞，自今每事更宜盡心。」是年十二月，行信以父暐卒，去官。

興定元年三月，起復舊職，權參知政事。六月，真拜參知政事。時高琪爲相，專權用事，惡不附己者，衣冠之士動遭窘辱，惟行信屢引舊制力抵其非。會宋兵侵境，朝廷議遣使詳問，高琪等以爲失體，行信獨上疏曰：「今以遣使爲不當，臣切惑之。議者不過曰：

『遣使則爲先示弱，其或不報，報而不遜，則愈失國體。』臣獨以爲不然。彼幸吾釁隙，數肆侵掠，邊臣以兵却之復來，我大國不責以辭而敵以兵，茲非示弱乎。至於問而不報，報而不遜，曲自在彼，何損於我。昔大定之初，彼嘗犯順，世宗雖遣丞相烏者行省于汴，實令元帥撒合輦先爲辭詰之，彼遂伏罪。其後宋主奪取國書，朝廷復欲加兵，丞相婁室獨以爲不可，及刑部尚書梁肅銜命以往，尋亦屈焉。在章宗時，猖狂最甚，猶先理問而後用兵。然則遣使詳問正國家故事，何失體之有。且國步多艱，戍兵滋久，不思所以休息之，如民力何。臣書生無甚高論，然事當機會，不敢不罄其愚，惟陛下察之。」上復令尚書省議，高琪等奏：「行信所言固遵舊制，然今日之事與昔不同。」詔姑待之。已而，高汝礪亦上言先遣使不便，議遂寢，語在汝礪傳。

時監察御史多被的決，行信乃上言曰：「大定間，監察坐罪大抵收贖，或至奪俸，重則外降而已，間有的決者皆有爲而然。當時執政程輝已嘗面論其非是，又有勑旨，監察職主彈劾，而或看循者，非謂凡失察皆然也。近日無問事之大小、情之輕重，一概的決，以爲大定故實、先朝明訓，過矣。」於是詔尚書省更定監察罪名制。

史館修章宗實録，尚書省奏：「舊制，凡修史，宰相執政皆預焉。然女直、漢人各一員。崇慶中，既以參知政事梁瑾兼之，復命翰林承旨張行簡同事，蓋行簡家學相傳，多所考據。今修章宗實録，左丞汝礪已充兼修，宜令參知政事行信同修如行簡例。」制可。

二年二月，出爲彰化軍節度使，兼涇州管内觀察使，諭之曰：「初，朕以朝臣多稱卿才，乃令參決機務。而廷議之際，每不據正，妄爲異同，甚非爲相之道。復聞邇來殊不以幹當爲意，豈欲求散地故耶。今授此職，卿宜悉之。」初，内族合周避敵不擊，且詭言密奉朝旨，下獄當誅。諸皇族多抗表乞從末減，高琪以爲自古犯法無告免者，行信獨曰：「事無古今，但合周平昔忠孝，或可以免。」又以行信族弟行貞居山東，受紅襖賊僞命，樞密院得宋人書，有干涉行信事，故出之。其子莒，時爲尚書省令史，亦命别加注授焉。

初，行信言：「今法，職官論罪，多從的決。伏見大定間世宗勑旨，職官犯故違聖旨，徒年、杖數並的決。然其後三十餘年，有司論罪，未嘗引用，蓋非經久爲例之事也。乞詳定之。」行信既出，上以其章付尚書省。至是，宰臣奏：「自今違奏條之所指揮及諸條格，當坐違制旨者，其徒年、杖數論贖可也。特奉詔旨違者，依大定例。」制可。行信去未久，上嘗諭宰臣曰：「自張行信降黜，卿等遂緘默，此殊非是。行信事，卿等具知，豈以言之故耶。自今宜各盡言，毋復畏忌。」

行信始至涇，即上書曰：「馬者甲兵之本，方軍旅未息，馬政不可緩也。臣自到涇，聞陝右豪民多市於河州，轉入内地，利蓋百倍。及見省差買馬官平涼府判官烏古論桓端市于洮州，以銀百鋌幾得馬千疋，云生羌木波諸部蕃族人户蓄牧甚廣。蓋前所遣官或抑其直，或以勢陵奪，遂失其和，且常患銀少，所以不能多得也。又聞蕃地今秋薄收，鬻馬得銀輒以易粟。冬春之交必艱食，馬價甚低。乞令所司輦銀粟于洮、河等州，選委知蕃情、達時變如桓端者貿易之。若捐銀萬兩，可得良馬千疋，機會不可失，惟朝廷亟圖之。」

又曰：「比者沿邊戰士有功，朝廷遣使宣諭，賜以官賞，莫不感戴聖恩，願出死力，此誠得激勸之方也。然贈遺使者或馬或金，習以爲常，臣所未諭也。大定間，嘗立送宣禮，自五品以上各有定數，後竟停罷。況今時務與昔不同，而六品以下及止遷散官者，亦不免饋獻，或莫能辦，則斂所部以應之，至有因而獲罪者。彼軍士効死立功，僅蒙恩賞，而反以饋獻爲苦，是豈朝廷之意哉。乞令有司依大定例，參以時務，明立等夷，使取予有限，無傷大體，則上下兩得矣。」

又曰：「近聞保舉縣令，特增其俸，此朝廷爲民之善意也。然自關以西，尚未有到任者，遠方之民不能無望，豈舉者猶寡，而有所不敷耶。乞詔内外職事官，益廣選舉，以補其闕，使天下均受其賜。且丞、簿、尉亦皆親民，而獨不增俸，彼既不足以自給，安能禁其侵牟乎。或謂國用方闕，不宜虛費，是大不然。夫重吏禄者，固使之不擾民也，民安則國定，豈爲虛費。誠能裁減冗食，不養無用之人，亦何患乎不足。今一軍充役，舉家廪給，軍既物故，給其子弟，感悦士心，爲國盡力耳。至於無男丁而其妻女猶給之，此何謂耶？自大駕南巡，存贍者已數年，張頤待哺，以困農民。國家糧儲常患不及，顧乃久養此老幼數千萬口，冗食虚費，正在是耳。如即罷之，恐其失所，宜限以歲月，使自爲計，至期而罷，復將何辭。」上多採納焉。

元光元年正月，還保大軍節度使，兼鄜州管内觀察使。二月，改靜難軍節度使，兼邠州管内觀察使。未幾，致仕。哀宗即位，徵用舊人，起爲尚書左丞，言事稍不及前，人望頗減。尋復致仕家居，惟以抄書教子孫爲事，葺園池汴城東，築亭號「靜隱」，時時與侯摯輩游詠其間。正大八年二月乙丑，薨于嵩山崇福宫，年六十有九。初遊嵩山，嘗曰：「吾意欲主此山」，果終于此。

爲人純正真率，不事修飾，雖兩登相位，殆若無官然。遇事輒發，無所畏避，每奏事上前，旁人爲動色，行信處之坦如也。及薨之日，雖平昔甚媢忌者，亦曰正人亡矣。初至汴，父暐以御史大夫致仕猶康健，兄行簡爲翰林學士承旨，行信爲禮部尚書，諸子姪多中第居官，當世未之有也。

贊曰：高汝礪褆身清慎，練達事宜，久居相位，雖爲大夫士所鄙，而人主寵遇不衰。

張行信礪志謇諤，言無避忌，然一篕政塗，便多坎壈，及其再用，論事稍不及前，豈以汝礪爲真可法耶。宣宗伐宋本非萬全之策，行信諫，汝礪不諫，又沮和議。胡沙虎之惡未著，行信兩疏擊之。汝礪與高琪共事，人疑其黨附。優劣可概見於斯矣。

校勘記

〔一〕則穀價自平矣　「則」，原作「例」，據文義改。

〔二〕右副元帥紇石烈志寧敗李世輔于宿州　「右副元帥」，疑當作「左副元帥」。按，本書卷六世宗紀上，大定二年十月「己丑，詔左副元帥紇石烈志寧經略南邊」；大定三年五月癸丑，「左副元帥紇石烈志寧復取宿州」。又本書卷八七紇石烈志寧傳載，志寧於世宗朝平窩斡逆黨，「入朝爲左副元帥」，繼而「經略宋事」，敗李世輔於宿州。

〔三〕時朝廷以賈仝苗道潤等相攻不和　「賈仝」，原作「賈全」。按，本書卷一一八苗道潤傳，「既而，道潤與賈仝、賈瑀互相攻擊，詔道潤、賈仝、王福、武仙、賈瑀分畫各路元帥府控制之」。又同卷郭文振傳，「興定元年，詔文振接應苗道潤，恢復中都，會道潤與賈仝相攻而止」。皆作「賈仝」。今據改。

〔四〕先名行忠　「行忠」，歸潛志卷六張行信傳同，大金國志卷二九文學翰苑下張行中傳、中州集卷九張行中小傳作「行中」。

金史卷一百八

列傳第四十六

胥鼎　侯摯　把胡魯　師安石

胥鼎字和之，尚書右丞持國之子也。大定二十八年擢進士第，入官以能稱，累遷大理丞。承安二年，持國卒，去官。四年，尚書省起復爲著作郎。上曰：「鼎故家子，其才如何？」宰臣奏曰：「爲人甚幹濟。」上曰：「著作職閑，緣今無他闕，姑授之。」未幾，遷右司郎中，轉工部侍郎。泰和六年，鼎言急遞鋪轉送文檄之制，上從之，時以爲便。至寧初，中都受兵，由户部尚書拜參知政事。

貞祐元年十一月，出爲泰定軍節度使，兼兗州管内觀察使，未赴，改知大興府事，兼中都路兵馬都總管。二年正月，鼎以在京貧民闕食者衆，宜立法振救，乃奏曰：「京師官民有能贍給貧人者，宜計所贍遷官升職，以勸獎之。」遂定權宜鬻恩例格，如進官升職、丁憂人許應舉求仕、官監户從良之類，入粟草各有數，全活甚衆。四月，拜尚書右丞，仍兼知府事。五月，宣宗將南渡，留爲汾陽軍節度使，兼汾州管内觀察使。十一月，改知平陽府事，兼河東南路兵馬都總管，權宣撫使。

三年四月，建言利害十三事，若積軍儲、備黄河、選官讞獄、簡將練卒、鈔法、版籍之類，上頗採用焉。又言：「平陽歲再被兵，人户散亡，樓櫓修繕未完，衣甲器械極少，廪無兩月食。夏田已爲兵蹂，復不雨，秋種未下。雖有復業殘民，皆老幼，莫能耕種，豈足徵求。比聞北方劉伯林聚兵野狐嶺，將深入平陽、絳、解、河中，遂抵河南。戰禦有期，儲積未備，不速錯置，實關社稷生靈大計。乞降空名宣勑一千、紫衣師德號度牒三千，以補軍儲。」上曰：「鼎言是也，有司其如數亟給之。」

七月，就拜本路宣撫使，兼前職。朝廷欲起代州戍兵五千，鼎上言：「嶺外軍已皆南徙，代爲邊要，正宜益兵保守，今更損其力，一朝兵至，何以待之。平陽以代爲藩籬，豈可撤去。」尚書省奏宜如所請，詔從之。又言：「近聞朝廷令臣清野，切謂臣所部乃河東南路，太原則北路也，大兵若來，必始於北，故清野當先北而後南。況北路禾稼早熟，其野既清，兵無所掠，則勢當自止。不然，南路雖清，而穀草委積於北，是資兵而召之南也。臣已移文北路宣撫司矣，乞更詔諭之。」既而大兵果出境，賜詔獎諭曰：「卿以文武之才，膺兵民之寄，往鎮方面，式固邊防，坐釋朕憂，孰如卿力。益懋忠勤之節，以收綏靜之功，仰副予心，嗣有後寵。」尋以能設方略退兵，進官一階。

十月，鼎上言：「臣所將義軍，皆從來背本趨末、勇猛兇悍、盜竊亡命之徒，苟無訓練統攝官以制之，則朋聚黨植，無所不至。乞許臣便宜置總領義軍使、副及彈壓，仍每五千人設訓練一員，不惟預爲防閑，使有畏忌，且令武藝精熟，人各爲用。」上從之。

四年正月，大兵略霍、吉、隰三州，已而步騎六萬圍平陽，急攻者十餘日，鼎遣兵屢却之，且上言：「臣以便宜立官賞，預張文牓，招還脅從人七千有奇，續至者又六千餘，俱令復業。竊謂凡被俘未歸者，更宜多方招誘，已歸者所居從便，優加存恤，無致失所。」制可。二月，拜樞密副使，權尚書左丞，行省于平陽。時鼎方抗表求退，上不許，因進拜焉，且遣近侍諭曰：「卿父子皆朕所知，向卿執政時，因有人言，遂以河東事相委，果能勉力以保無虞。方國家多難，非卿孰可倚者。卿退易耳，能勿慮社稷之計乎。今特授卿是任，咫尺防秋，更宜悉意。」

時河南粟麥不令興販渡河，鼎上言曰：「河東多山險，平時地利不遺，夏秋荐熟，猶常藉陝西、河南通販物斛。況今累值兵戎，農民寖少，且無雨雪，闕食爲甚。又解州屯兵數多，糧儲僅及一月。伏見陝州大陽渡、河中大慶渡皆邀阻粟麥，不令過河，臣恐軍民不安，或生内患。伏望朝廷聽其輸販，以紓解州之急。」從之。

又言：「河東兵革之餘，疲民稍復，然丁牛既少，莫能耕稼，重以亢旱蝗螟，而餽餉所須，徵科頗急，貧無依者俱已乏食，富户宿藏亦爲盜發，蓋絶無而僅有焉，其憔悴亦已甚矣。有司宜奉朝廷德意，以謀安集，而潞州帥府遣官於遼、沁諸郡搜括餘粟，懸重賞誘人告訐，州縣憚帥府，鞭箠械繫，所在騷然，甚可憐憫。今大兵既去，惟宜汰冗兵，省浮費，招集流亡，勸督農事。彼不是務，而使瘡痍之民重罹茲苦，是兵未來而先自弊也。願朝廷亟止之，如經費果闕，以恩例勸民入粟，不猶愈於强括乎。」又言：「霍州回牛、鳳棲嶺諸阨，戍卒幾四千。今兵既去而農事方興，臣乞量留偵候，餘悉遣歸，有警復徵。既休民力，且省縣官，萬一兵來，亦足禦遏。舉一事而獲二利，臣敢以爲請。」詔趣行之。

又言：「河東兩路農民寖少，而兵戍益多，是以每歲糧儲常苦不繼。臣切見潞州元帥府雖設鬻爵恩例，然條目至少，未盡勸誘之術，故進獻者無幾。宜增益其條，如中都時，仍許各路宣撫司俱得發賣，庶幾多獲貯儲，以濟不給。」於是尚書省更定制奏行焉。

又言：「交鈔貴於通流，今諸路所造不敷所出，苟不以術收之，不無闕誤。宜從行省行部量民力徵斂，以裨軍用。河中宣撫司亦以寶券所支已多，民不貴，乞驗民貧富徵之。

雖然，陝西若一體徵收，則彼中所有日湊于河東，其與不斂何異。又河北寶券以不許行于河南，由是愈滯，將誤軍儲而啓釁端。」時以河北寶券商旅齎販南渡，致物價翔貴，權限路分行用，因鼎有言，罷之。

又言：「比者朝廷命擇義軍爲三等，臣即檄所司，而潞帥必蘭阿魯帶言：『自去歲初置帥府時已按閱本軍，去其冗者。部分既定，上下既親，故能所向成功。此皆血戰之餘，屢試可者。且又父子兄弟自相赴援，各顧其家，心一而力齊，勢不可離。今必析之，將互易而不相諳矣。國家糧儲常恐不繼，豈容僥冒，但本府兵不至是耳。況潞州北即爲異境，日常備戰，事務方殷，而分別如此，彼居中下者皆將氣挫心懈而不可用，慮恐因得測吾虛實。且義軍率皆農民，已各散歸田畝，趨時力作。若徵集之，動經旬日，農事廢而歲計失矣。乞從本府所定，無輕變易。』臣切是其言。」時阿魯帶奏亦至，詔遂許之。

又言：「近偵知北兵駐同、耀，竊慮梗吾東西往來之路，遂委河中經略使陀滿胡土門領軍赴援。今兵勢將叩關矣，前此臣嘗奏聞，北兵非止欲攻河東、陝西，必將進取河南。雖已移文陝州行院及陝西鄰境，俱令設備，恐未即遵行。乞詔河南行院統軍司，議所以禦備之策。」上以示尚書省，宰臣奏：「兵已踰關，惟宜嚴責所遣帥臣趨迎擊之，及命鼎益兵渡河以掣其肘。」制可。既而鼎聞大兵已越關，乃急上章曰：「臣叨蒙國恩擢列樞府，凡有戎事，皆當任之。今入河南〔一〕，將及畿甸，豈可安據一方，坐視朝廷之急，而不思自奮以少寬陛下之憂乎。去歲頒降聖訓，以向者都城被圍四方無援爲恨，明勑將帥，若京師有警，即各提兵奔赴，其或不至自有常刑。臣已奉詔，先遣潞州元帥左監軍必蘭阿魯帶領軍一萬，孟州經略使徒單百家領兵五千，由便道濟河以趨關、陝，臣將親率平陽精兵直抵京師，與王師相合。」又奏曰：「京師去平陽千五百餘里，儻俟朝廷之命方圖入援，須三旬而後能至，得無失其機耶。臣以身先士卒倍道兼行矣。」上嘉其意，詔樞府督軍應之。

初，鼎以將率兵赴援京師，奏乞委知平陽府事王質權元帥左監軍，同知府事完顏僧家奴權右監軍，以鎮守河東，從之。至是，鼎拜尚書左丞，兼樞密副使。是時，大兵已過陝州，自關以西皆列營栅，連亘數十里。鼎慮近薄京畿，遂以河東南路懷、孟諸兵合萬五千，由河中入援，又遣遥授河中府判官僕散掃吾出領軍趨陝西，併力禦之。且慮北兵扼河，移檄絳、解、吉、隰、孟州經略司，相與會兵以爲夾攻之勢。已而北兵果由三門、集津北渡而去。

鼎復上言：「自兵興以來，河北潰散軍兵、流亡人户，及山西、河東老幼，俱徙河南。在處僑居，各無本業，易至動摇。竊慮有司妄分彼此，或加迫遣，以致不安。今兵日益盛，將及畿甸，儻復誘此失職之衆使爲鄉導，或驅之攻城，豈不益資其力。乞朝廷遣官撫慰，及令所司嚴爲防閑，庶幾不至生釁。」上從其計，遣監察御史陳規等充安撫捕盜官，巡行郡邑。大兵還至平陽，鼎遣兵拒戰，不利乃去。

興定元年正月，上命鼎選兵三萬五千，付陀滿胡土門統之西征。至是，鼎馳奏以爲非便，略曰：「自北兵經過之後，民食不給，兵力未完。若又出師，非獨饋運爲勞，而民將流亡，愈至失所。或宋人乘隙而動，復何以制之，此繫國家社稷大計。方今事勢，止當禦備南邊，西征未可議也。」遂止。是月，進拜平章政事，封莘國公。又上奏曰：「臣近遣太原、汾、嵐官軍以備西征，而太原路元帥左監軍烏古論德升以狀白臣，甚言其失計。臣愚以爲德升所言可取，敢具以聞。」詔付尚書省議之，語在德升傳〔二〕。三月，鼎以祖父名章，乞避職，詔不從。

朝廷詔鼎舉兵伐宋，且令勿復有言以沮成筭。鼎已分兵由秦、鞏、鳳翔三路並進，乃上書曰：「竊懷愚悃，不敢自默，謹條利害以聞。昔泰和間，蓋嘗南伐，時太平日久，百姓富庶，馬蕃軍鋭，所謂萬全之舉也，然猶亟和，以偃兵爲務。大安之後，北兵大舉，天下騷然者累年，然軍馬氣勢視舊纔十一耳。至于器械之屬亦多損弊，民間差役重繁，寖以疲乏，而日勤師旅，遠近動摇，是未獲一敵而自害者衆，其不可一也。今歲西北二兵無入境之報，此非有所憚而不敢也，意者以去年北還，姑自息養，不然則別部相攻，未暇及我。如聞王師南征，乘隙併至，雖有潼關、大河之險，殆不足恃，則三面受敵者首尾莫救，得無貽後悔乎？其不可二也。凡兵雄于天下者，必其士馬精强，器械犀利，且出其不備而後能取勝也。宋自泰和再修舊好，練兵峙糧，繕修營壘，十年于兹矣。又車駕至汴益近宋境，彼必朝夕憂懼，委曲爲防。況聞王師已出唐、鄧，必徙民渡江，所在清野，止留空城，使我軍無所得，徒自勞費，果何益哉？其不可三也。宋我世讎，比年非無恢復舊疆、洗雪前恥之志，特畏吾威力，不能窺其虚實，故未敢輕舉。今我軍皆山西、河北無依之人，或招還逃軍，脅從歸國，大抵烏合之衆，素非練習，而遽使從戎，豈能保其決勝哉。雖得其城，内無儲蓄，亦何以守。以不練烏合之軍，深入敵境，進不得食，退無所掠，將復遁逃嘯聚爲腹心患，其不可四也。發兵進討，欲因敵糧，此事不可必者。隨軍轉輸，則又非民力所及。沿邊人户雖有恒産，而賦役繁重，不勝困憊。又凡失業寓河南者，類皆衣食不給。貧窮之迫，盗所由生，如宋人陰爲招募，誘以厚利，使爲鄉導，伺我不虞突而入寇，則内有叛民，外有勍敵，未易圖之，其不可五也。今春事將興，若進兵不還，必違農時，以誤防秋之用，此社稷大計，豈特疆埸利害而已哉，其不可六也。臣愚以爲止當遴選材武將士，分布近邊州郡，敵至則追擊，去則力田，以廣儲蓄。至于士氣益强，民心益固，國用豐饒，自可恢廓先業，成中興之功，一區區之宋何足平乎。」詔付尚書省，宰臣以爲諸軍既進，無復可議，遂寢。

既而元帥承裔等取宋大散關，上諭鼎曰：「所得大散關，可保則保，不可則焚毁而還。」於是鼎奏：「臣近遣官問諸帥臣，皆曰散關至藁關諸隘，其地遠甚，中間堡壘相望，如欲分屯非萬人不可。而又有恒州、虢縣所直數關，宋兵皆固守如舊，緩急有事當復分散關之兵。餘衆數少必不能支，而鳳翔、恒、隴亦無應援，恐兩失之。且比年以來，民力困於調度，今方春農事已急，恐妨耕墾，不若焚毁此關，但屯邊隘以張其勢，彼或來侵，互相應援易爲力也。」制可。

二年四月，鼎乞致仕，上遣近侍諭曰：「卿年既耄，朕非不知，然天下事方有次第，卿舊人也，姑宜勉力以終之。」鼎以宣宗多親細務，非帝王體，乃上奏曰：「天下之大，萬機之衆，錢穀之冗，非九重所能兼，則必付之有司，天子操大綱、責成功而已，況今多故，豈可躬親細務哉？惟陛下委任大臣，坐收成筭，則恢復之期不遠矣。」上覽其奏不悦，謂宰臣曰：「朕惟恐有怠，而鼎言如此何耶？」高琪奏曰：「聖主以宗廟社稷爲心，法上天行健之義，憂勤庶政，夙夜不遑，乃太平之階也。鼎言非是。」上喜之。

三年正月，上言：「沿邊州府官既有減定資歷月日之格，至于掌兵及守禦邊隘者，征行暴露，備歷艱險，宜一體減免，以示激勸。」從之。二月，上言：「近制，軍前立功犯罪之人，行省、行院、帥府不得輒行誅賞。夫賞由中出則恩有所歸，茲固至當。至于部分犯罪，主將不得施行，則下無所畏而令莫得行矣。」宰臣難之，上以問樞密院官，對如鼎言，乃下詔，自今四品以下皆得裁決。

時元帥内族承裔、移剌粘何伐宋，所下城邑多所焚掠，於是鼎上言：「承裔等奉詔宣揚國威，所謂『弔民伐罪』者也。今大軍已克武休，將至興元。興元乃漢中、西蜀喉衿之地，乞諭帥臣，所得城邑姑無焚掠，務慰撫之。誠使一郡帖然，秋毫不犯，則其餘三十軍，將不攻自下矣。若拒王師，乃宜有戮。」上甚是其言，遂詔諭承裔。鼎以年老屢上表求致仕，上謂宰臣曰：「胥鼎以老求退，朕觀其精力未衰，已遣人往慰諭之。鼎嘗薦把胡魯，以爲過己遠甚，欲以自代。胡魯固佳，至于駕馭人材，處決機務，不及鼎多矣。」俄以伐宋有功，遷官一階。

八月，上言：「臣奉詔兼節制河東，近晉安帥府令百里内止留桑棗果木，餘皆伐之。方今秋收，乃爲此舉以奪其事，既不能禦敵而又害民，非計也。且一朝警急，其所伐木豈能盡去，使不資敵乎。他木雖伐，桑棗舍屋獨非木乎，此殆徒勞。臣已下帥府止之，而左都監完顔閭山乃言嘗奉旨清野，臣不知其可。」詔從鼎便宜規畫。是時，大元兵大舉入陝西，鼎多料敵之策，朝臣或中沮之，上諭樞密院官曰：「胥鼎規畫必無謬誤，自今卿等不須指授也。」尋又遣喻曰：「卿專制方面，凡事得以從宜規畫，又何必一一中覆，徒爲逗遛也。」

四年，進封溫國公，致仕，詔諭曰：「卿屢求退，朕初不許者，俟其安好，復爲朕用爾。今從卿請，仍可來居京師，或有大事得就諮決也。」五年三月，上遣近侍諭鼎及左丞賈益謙曰：「自去冬至今，雨雪殊少，民心不安，軍用或闕，爲害甚重。卿等皆名臣故老，今當何以處之。欲召赴尚書省會議，恐與時相不合，難於面折，故令就第延問，其悉意以陳，毋有所隱。」元光元年五月，上勑宰相曰：「前平章胥鼎、左丞賈益謙、工部尚書札里吉、翰林學士孛迭，皆致政老臣，經練國事，當邀赴省與議利害。」仍遣侍官分詣四人者諭意焉〔三〕。

六月，晉陽公郭文振奏：「河朔受兵有年矣，向皆秋來春去，今已盛暑不迴，且不嗜戕殺，恣民耕稼，此殆不可測也。樞府每檄臣會合府兵進戰，蓋公府雖號分封，力實單弱，且不相統攝，方自保不暇，朝廷不即遣兵爲援，臣恐人心以謂舉棄河北，甚非計也。伏見前平章政事胥鼎，才兼將相，威望甚隆，向行省河東，人樂爲用。今雖致政，精力未衰，乞付重兵，使總制公府，同力戰禦，庶幾人皆響應，易爲恢復，惟陛下圖之。」

明年，宣宗崩，哀宗即位。正大二年，起復，拜平章政事，進封英國公，行尚書省于衛州。鼎以衰病辭，上諭曰：「卿向在河東，朝廷倚重。今河朔州郡多歸附，須卿圖畫。卿先朝大臣，必濟吾事，大河以北，卿皆節制。」鼎乃力疾赴鎮，來歸者益衆。鼎病不能自持，復申前請，優詔不許。三年，復上章請老，且舉朝賢練軍政者自代。詔答曰：「卿往在河東，殘破孤危，殆不易保，卿一至而定。迄卿移鎮，敵不復侵。何乃過爲嫌避？且君臣均爲一體，朕待下亦豈自殊，自外之語殆爲過計。況餘人才力孰可副卿者。卿年高久勞於外，朕豈不知，但國家百年積累之基，河朔億萬生靈之命，卿當勉出壯圖，同濟大事。」鼎奉詔惶懼不敢退。是年七月，薨。

鼎通達吏事，有度量，爲政鎮靜，所在無賢不肖皆得其懽心。南渡以來，書生鎮方面者，惟鼎一人而已。

侯摯初名師尹，避諱改今名，字莘卿，東阿人。明昌二年進士，入官慷慨有爲。承安間，積遷山東路鹽使司判官。泰和元年，以課增四分，特命遷官二階。八年七月，追官一階，降授長武縣令。初，摯爲户部主事，與王謙規措西北路軍儲以代張煒〔四〕，摯上章論本路財用不實，至是降除焉。貞祐初，大兵圍燕都，時摯爲中都麴使，請出募軍，已而嬰城有功，擢爲右補闕。二年正月，詔摯與少府監丞李迥秀分詣西山招撫。宣宗南渡，轉勸農副使，提控紫荊等關。俄遷行六部侍郎。三年四月，同簽樞密院阿勒根訛論等以謂「今車駕駐南京，河南兵不可易動，且兵不在多，以將爲本。侯摯有過人之才，儻假以便宜之權，使募兵轉糧，事無不克，可升爲尚書，以總制永錫、慶壽兩軍」。於是以摯爲太常卿，行尚書六部事，往來應給之。

摯遂上章言九事，其一曰：「省部所以總天下之紀綱，今隨路宣差便宜、從宜，往往不遵條格，輒劄付六部及三品以下官，其於紀綱豈不紊亂，宜革其弊。」其二曰：「近置四帥府，所統兵校不爲不衆，然而弗克取勝者，蓋一處受敵，餘徒傍觀，未嘗發一卒以爲援，稍見小却，則棄戈遁去，此師老將怯故也。將將之道，惟陛下察之。」其三曰：「率兵禦寇，督民運糧，各有所職，本不可以兼行，而帥府每令雜進，累遇寇至，軍未戰而丁夫已遁，行伍錯亂，敗之由也。夫前陣雖勝，而後必更者，恐爲敵所料耳，況不勝哉。用兵尚變，本無定形，今乃因循不改覆轍，臣雖素不知兵，妄謂率由此失。」其四曰：「雄、保、安肅諸郡據白溝、易水、西山之固，今多闕員，又所任者皆柔懦不武，宜亟選勇猛才幹者分典之。」其五曰：「漳水自衞至海，宜沿流設備，以固山東，使力穡之民安服田畝。」其六曰：「近都州縣官吏往往逋逃，蓋以往來敵中失身者多，兼轉輸頻併，民力困弊，應給不前復遭責罰，秩滿乃與他處一體計資考，實負其人。乞詔有司優定等級，以別異之。」其七曰：「兵威不振，罪在將帥輕敵妄舉，如近日李英爲帥，臨陣之際酒猶未醒，是以取敗。臣謂英既無功，其濫注官爵並宜削奪。」其八曰：「大河之北，民失稼穡，官無俸給，上下不安，皆欲逃竄。加以潰散軍卒還相剽掠，以致平民愈不聊生。宜優加矜恤，亟招撫之。」其九曰：「從來掌兵者多用世襲之官，此屬自幼驕惰不任勞苦，且心膽懦怯何足倚辦。宜選驍勇過人、衆所推服者，不考其素用之。」上略施行焉。

時元帥蒲察七斤以通州叛，累遣諜者間摯，摯恐爲所陷，上章自辯。詔諭之曰：「卿朕素知，豈容間耶。其一意於職，無以猜嫌自沮也。」八月，權參知政事。俄拜參知政事，行尚書省于河北。先是，摯言：「河北東、西兩路最爲要地，而真定守帥胡論出輒棄城南奔，州縣危懼。今防秋在邇，甚爲可憂，臣願募兵與舊部西山忠義軍往安撫之。」制可，故有是命。十一月，入見。壬申，遣祭河神于宜村。十二月，復行省于河北。

四年正月，進拜尚書右丞。嘗上言，宜開沁水以便饋運，至是，詔有司開之。是時，河北大飢，摯上言曰：「今河朔饑甚，人至相食，觀、滄等州斗米銀十餘兩，殍殣相屬。伏見沿河上下許販粟北渡，然每石官糴其八，彼商人非有濟物之心也，所以涉河往來者特利其厚息而已，利既無有，誰復爲之。是雖有濟物之名，而實無所渡之物，其與不渡何異。昔春秋列國各列疆界，然晉饑則秦輸之粟，及秦饑，晉閉之糴，千古譏之。況今天下一家，河朔之民皆陛下赤子，而遭罹兵革，尤爲可哀，其忍坐視其死而不救歟。人心惟危，臣恐弄兵之徒，得以藉口而起也。願止其糴，縱民輸販爲便。」詔尚書省行之。

時紅襖賊數萬人入臨沂、費縣之境，官軍敗之，生擒僞宣徽使李壽甫。訊之，則云其衆皆楊安兒、劉二祖散亡之餘，今復聚及六萬，賊首郝定者兗州泗水人，署置百官，僭稱大漢皇帝，已攻泰安、滕、兗、單諸州，及萊蕪、新泰等十餘縣，又破邳州硇子堝，得船數百艘，近遣人北構南連皆成約，行將跨河爲亂。摯以其言聞于上，且曰：「今邳、滕之路不通，恐實有此謀。」遂詔摯行省事于東平，權本路兵馬都總管，以招誘之，若不從即率兵捕討。興定元年四月，濟南、泰安、滕、兗等州土賊並起，肆行剽掠，摯遣提控遥授棣州防禦使完顏霆率兵討之，前後斬首千餘，招降僞元帥石花五、夏全餘黨壯士二萬人，老幼五萬口。

是年冬，陞資德大夫，兼三司使。二年二月，摯上言：「山東、河北數罹兵亂，遺民嗷嗷，實可哀卹，近朝廷遣官分往撫輯，其惠大矣。然臣忝預執政，敢請繼行，以宣布國家德信，使疲瘵者得以少蘇，是亦圖報之一也。」宰臣難之，無何，詔遣摯行省于河北，兼行三司安撫事。既行，又上言曰：「臣近歷黄陵岡南岸，多有貧乏老幼自陳本河北農民，因敵驚擾故南遷以避，今欲復歸本土及春耕種，而河禁邀阻。臣謂河禁本以防閑自北來者耳，此乃由南而往，安所容姦，乞令有司驗實放渡。」詔付尚書省，宰臣奏「宜令樞府講究」，上曰：「民饑且死，而尚爲次第何耶。其令速放之。」

四月，招撫副使黄摑阿魯荅破李全於密州。初，賊首李全據密州及膠西、高密諸縣，摯督兵討之。會高密賊陳全等四人默白招撫副使黄摑阿魯荅，願爲内應，阿魯荅乃遣提控朱琛率兵五百赴之。時李全暨其黨于忙兒者皆在城中，聞官軍且西來，全潛逸去，忙兒不知所爲。阿魯荅馳抵城下，鼓譟逼之，賊守陴者八百人皆下乞降，餘賊四千出走，進軍邀擊之，斬首千級，俘百餘人，所獲軍實甚衆，遂復其城。是夜，琛又用陳全計，拔高密焉。六月，上遣諭摯曰：「卿勤勞王家，不避患難，身居相職而往來山堌水寨之間，保庇農民收穫二麥，忠恪之意朕所具知。雖然，大臣也，防秋之際亦須擇安地而處，不可墮其計中。」摯對曰：「臣蒙大恩，死莫能報，然承聖訓敢不奉行。擬駐兵于長清縣之靈巖寺，有屋三百餘間，且連接泰安之天勝寨，介於東平、益都之間，萬一兵來，足相應援。」上恐分其兵糧，乃詔權移邳州行省。

九月，摯上言：「東平以東累經殘毁，至于邳、海尤甚，海之民户曾不滿百而屯軍五千，邳户僅及八百，軍以萬計。夫古之取兵以八家爲率，一家充軍七家給之，猶有傷生廢業、疲於道路之歎。今兵多而民不足，使蕭何、劉晏復生亦無所施其術，況於臣者何能爲哉。伏見邳、海之間，貧民失業者甚衆，日食野菜，無所依倚，恐因而嘯聚以益敵勢。乞募選爲兵，自十月給糧，使充戍役，至二月罷之，人授地三十畝，貸之種粒而驗所收穫，量數取之，逮秋復隸兵伍。且戰且耕，公私俱利，亦望被俘之民易于招集也。」詔施行之。

是時，樞密院以海州軍食不足，艱于轉輸，奏乞遷于内地。詔問摯，摯奏曰：「海州連山阻海，與沂、莒、邳、密皆邊隅衝要之地，比年以來爲賊淵藪者，宋人資給之故。若棄而他徙，則直抵東平無非敵境，地大氣增，後難圖矣，臣未見其可。且朝廷所以欲遷者，止慮糧儲不給耳。臣請盡力規畫，勸喻農民趨時耕種，且令煮鹽易糧，或置場宿遷，以通商旅，可不勞民力而辦。仍擇沭陽之地可以爲營屯者，分兵護邏，雖不遷無患也。」上是其言，乃止。

十月，先是，邳州副提控王汝霖以州廩將乏，扇其軍爲□〔五〕。山東東路轉運副使兼同知沂州防禦使程戩懼禍及己，遂與同謀，因結宋兵以爲外應。摯聞，即遣兵捕之，訊竟具伏，汝霖及戩并其黨彈壓崔榮、副統韓松、萬户戚誼等皆就誅，至是以聞。三年七月，設汴京東、西、南三路行三司，詔摯居中總其事焉。十月，以裏城畢工，遷官一階。四年七月，遷榮禄大夫，致仕。

天興元年正月，起復爲大司農。四月，歸大司農印，復致仕。八月，復起爲平章政事，封蕭國公，行京東路尚書省事。以軍三千護送就舟張家渡，行至封丘，敵兵覺，不能進。諸將卒謀倒戈南奔，留數騎衛摯。摯知其謀，遂下馬，坐語諸將曰：「敵兵環視，進退在我。汝曹不思持重，吾寧死於汝曹之手，不忍爲亂兵所蹂，以辱君父之命。」諸將諾而止，得全師以還，聞者壯之。十一月，復致仕。居汴中，有園亭蔡水濱，日與耆舊讌飲，及崔立以汴城降，爲大兵所殺。

摯爲人威嚴，御兵人莫敢犯。在朝遇事敢言，又喜薦士，如張文舉、雷淵、麻九疇輩皆由摯進用。南渡後宰執中，人望最重。

把胡魯，不詳其初起。貞祐二年五月，宣宗南遷，由左諫議大夫擢爲御前經歷官，上面諭之曰：「此行，軍馬朕自總之，事有利害可因近侍局以聞。」三年十一月，出爲彰化軍節度使，兼涇州管內觀察使。四年五月，改知京兆府事，兼本路兵馬都總管，充行省參議官。

興定元年三月，授陝西路統軍使，兼前職。二年正月，召爲御史中丞。三月，上言：「國家取人，惟進士之選爲重，不求備數，務在得賢。竊見今場會試，考官取人泛濫，非求賢之道也。宜革其弊，依大定舊制。」詔付尚書省集文資官雜議，卒依泰和例行之。是月，拜參知政事。六月，詔權左副元帥，與平章胥鼎同事防秋。三年六月，平涼等處地震，胡魯因上言：「皇天不言，以象告人，災害之生必有其故，乞明諭有司，敬畏天戒。」上嘉納之，遣右司諫郭著往閲其迹，撫諭軍民焉。

四年四月，權尚書右丞、左副元帥，行尚書省、元帥府于京兆。時陝西歲運糧以助關東，民力寖困，胡魯上言：「若以舟楫自渭入河，順流而下，庶可少紓民力。」從之。時以爲便。

五年正月，朝議欲復取會州，胡魯上言：「臣竊計之，月當費米三萬石、草九萬稱，轉運丁夫不下十餘萬人。使此城一月可拔，其費已如此，況未必耶。臨洮路新遭劫掠，瘡痍未復，所須芻糧決不可辦，雖復取之慶陽、平涼、鳳翔及邠、涇、寧、原、恒、隴等州，亦恐未能無闕。今農事將興，沿邊常費已不暇給，豈可更調十餘萬人以餉此軍。果欲行之，則數郡春種盡廢矣。政使此城必得，不免留兵戍守，是飛輓之役無時而已也。止宜令承裔軍于定西、鞏州之地，護民耕稼，俟敵意怠，然後取之。」詔付省院曰：「其言甚當，從之可也。」

三月，上言：「禦敵在乎强兵，强兵在乎足食，此當今急務也。竊見自陝以西，州郡置帥府者九，其部衆率不過三四千，而長校猥多，虚糜廩給，甚無謂也。臣謂延安、鳳翔、鞏州邊隅重地固當仍舊，德順、平涼等處宜皆罷去。河南行院、帥府存沿邊並河者，餘亦宜罷之。」制可。

是年十月〔六〕，西北兵三萬攻延安，胡魯遣元帥完顏合達、元帥納合買住禦之，遂保延安。先是，胡魯以西北兵勢甚大，屢請兵於朝，上由是惡之。元光元年正月，遂罷參知政事，以知河中府事權安撫使〔七〕。於是陝西西路轉運使夾谷德新上言曰：「臣伏見知河中府把胡魯廉直忠孝，公家之利知無不爲，寔朝廷之良臣也。去歲，兵入延安，胡魯遣將調兵，城賴以完，不爲無功。今合達、買住各授世封，而胡魯改知河中府。切謂方今用人之時，使謀略之臣不獲展力，緩急或失事機。誠宜復行省之任，使與承裔共守京兆，令合達、買住捍禦延安，以藩衛河南，則內外安矣。」不報。

六月，召爲大司農，既至汴，遂上言曰：「邇來羣盜擾攘，侵及內地，陳、潁去京不及四百里，民居稀闊，農事半廢，蔡、息之間十去八九。甫經大赦，賊起益多，動計數百，驅牛焚舍，恣行剽掠，田穀雖熟莫敢穫者。所在屯兵率無騎士，比報至而賊已遁，叢薄深惡復難追襲，則徒形跡而已。今向秋成，奈何不爲處置也。」八月，復拜參知政事，上謂之曰：「卿頃爲大司農，巡行郡縣，盜賊如何可息？」對曰：「盜賊之多，以賦役多也。賦役省則盜賊息。」上曰：「朕固省之矣。」胡魯曰：「如行院、帥府擾之何。」上曰：「司農官既兼採訪，自今其令禁止之。」

初，胡魯拜命日，巡護衛紹王宅都將把九斤來賀，御史粘割阿里言：「九斤不當遊執政門，胡魯亦不當受其賀，請併案之。」於是詔諭曰：「卿昔行省陝西，擅出繫囚，此自人主當行，非臣下可專，人苟有言，其罪豈特除名。朕爲卿地，因而肆赦，以弭衆口，卿知之乎。今九斤有職守，且握兵柄，而縱至門下，法當責降，朕重卿素有直氣，故復曲留。公家事但當履正而行，要取人情何必爾也，卿其戒之。」是年十二月，進拜尚書右丞。

元光二年正月，上諭宰臣曰：「陝右之兵將退，當審後圖，不然今秋又至矣。右丞胡魯深悉彼中利害，其與共議之。」尋遣胡魯往陝西，與行省賽不、合達從宜規畫焉。哀宗即位，以有册立功，進拜平章政事。正大元年四月，薨〔八〕。詔加贈右丞相、東平郡王。胡魯爲人忠實，憂國奉公。及亡，朝廷公宰，下逮吏民，皆嗟惜之。

師安石字子安，清州人，本姓尹氏，避國諱更焉。承安五年詞賦進士。爲人輕財尚義。初補尚書省令史，適宣宗南遷，留平章完顔承暉守燕都，承暉將就死，以遺表託安石使赴行在，安石間道走汴以聞。上嘉之，擢爲樞密院經歷官。時哀宗在春宮，領密院事，遂見知遇。

元光二年，累遷御史中丞。其七月，上章言備禦二事，其一曰：「自古所以安國家、息禍亂，不過戰、守、避、和四者而已。爲今之計，守、和爲上。所謂守者，必求智謀之士，使內足以得戍卒之心，外足以挫敵人之銳，不惟彼不能攻，又可以伺其隙而敗之。其所謂和，則漢、唐之君固嘗用此策矣，豈獨今日不可用乎。乞令有司詳議而行。」其二曰：「今敵中來歸者頗多，宜豐其糧餉，厚其接遇，度彼果肯爲我用，則擇有心力者數十人，潛往以誘致其餘。來者既衆，彼必轉相猜貳，然後徐起而圖之，則中興之功不遠矣。」上嘉納之。

九月，坐劾英王守純附奏不實，決杖追官。及哀宗即位，正大元年擢爲同簽樞密院事。二年，復御史中丞。三年，工部尚書、權左參政。四年，進尚書右丞。五年，臺諫劾近侍張文壽、張仁壽、李麟之，安石亦論列三人不已，上怒甚，有旨謂安石曰：「汝便承取賢相，朕爲昏主，止矣。」如是數百言。安石驟蒙任用，遽遭摧折，疽發腦而死，上甚悼惜之。

贊曰：宣宗南遷，天命去矣，當是時雖有忠良之佐、謀勇之將，亦難爲也。然而汝礪、行信拯救于內，胥鼎、侯摯守禦于外，訖使宣宗得免亡國，而哀宗復有十年之久，人才有益于人國也若是哉。胡魯養兵惜穀之論，善矣。安石不負承暉之託，遂見知遇，以論列近侍觸怒而死，悲夫。

校勘記

〔一〕今入河南　金史詳校卷八下，「『入』上當加『北兵』」，疑是。

〔二〕語在德升傳　按，本書卷一二二忠義傳二烏古論德升傳並無西征失計事。

〔三〕仍遣侍官分詣四人者諭意焉　「侍官」，疑當作「近侍官」。按，本書卷五六百官志二，近侍局，「掌侍從，承勅令，轉進奏帖」。

〔四〕與王謙規措西北路軍儲以代張煒　「王謙」，原作「王説」，據南監本改。按，本書卷一〇〇張煒傳，「上問：『誰可代卿規措者？』煒舉中都轉運户籍判官王謙。謙至西北路，盡發煒前後散失錢物以鉅萬計，對獄者積年」。又卷一〇四王擴傳，「張煒職辦西北路糧草者數年，失亡多，尚書省奏擴考按，會煒亦舉王謙自代，王謙發其姦蠹，擴按之無所假借」。

〔五〕扇其軍爲□　「爲」字下原有脱文，今以「□」代之。局本作「亂」。金史詳校卷八下以爲「『爲』下當加『變』」。

〔六〕是年十月　「十月」，疑當作「十一月」。按，本書卷一六宣宗紀下，興定五年十一月壬寅，「大元兵攻延安」。卷一一二完顔合達傳，興定五年十一月，「與元帥買住又戰延安，皆被重創。十二月，以保延安功賜金帶一」。

〔七〕以知河中府事權安撫使　「知」字原脱，據局本及下文「知河中府把胡魯」句補。

〔八〕正大元年四月薨　本書卷一七哀宗紀上繫其事於五月。

金史卷一百九

列傳第四十七

完顏素蘭　陳規　許古

完顏素蘭一名翼，字伯揚，至寧元年策論進士也。貞祐初，累遷應奉翰林文字，權監察御史。二年，宣宗遷汴，留皇太子於燕都，既而召之，素蘭以爲不可，平章高琪曰：「主上居此，太子宜從。且汝能保都城必完否？」素蘭曰：「完固不敢必，但太子在彼則聲勢俱重，邊隘有守則都城可無虞。昔唐明皇幸蜀，太子實在靈武，蓋將以繫天下之心也。」不從，竟召太子從。

七月，車駕至汴，素蘭上書言事，略曰：「昔東海在位，信用讒諂，疎斥忠直，以致小人日進，君子日退，紀綱紊亂，法度益隳。風折城門之關，火焚市里之舍，蓋上天垂象以儆懼之也。言者勸其親君子、遠小人，恐懼修省以答天變，東海不從，遂至亡滅。夫善救亂者必迹其亂之所由生，善革弊者必究其弊之所自起，誠能大明黜陟以革東海之政，則治安之效可指日而待也。陛下龍興，不思出此，輒議南遷，詔下之日士民相率上章請留，啓行之日風雨不時，橋梁數壞，人心天意亦可見矣。此事既往，豈容復追，但自今尤宜戒慎，覆車之轍不可引轅而復蹈也。」

又曰：「國家不可一日無兵，兵不可一日無食。陛下爲社稷之計，宫中用度皆從貶損，而有司復多置軍官，不恤妄費，甚無謂也。或謂軍官之衆所以張大威聲，臣竊以爲不然。不加精選而徒務其多，緩急臨敵其可用乎？且中都惟其糧乏，故使車駕至此。稍獲安地，遂忘其危而不之備，萬一再如前日，未知有司復請陛下何之也。」

三年正月，素蘭自中都計議軍事迴，上書求見，乞屏左右。上遣人諭之曰：「屏人奏事，朕固常爾。近以游茂因緣生疑間之語，故凡有所引見，必令一近臣立侍，汝有封章亦無患不密也。」尋召至近侍局，給紙劄令書所欲言，書未及半，上出御便殿見之，悉去左右，惟近侍局直長趙和和在焉。素蘭奏曰：「臣聞興衰治亂有國之常，在所用之人如何耳。用得其人，雖衰亂尚可扶持，一或非才，則治安亦亂矣。向者糺軍之變，中都帥府自足勦滅，朝廷乃令移剌塔不也等招誘之，使帥府不敢盡其力，既不能招，愈不可制矣。至於伯德文哥之叛，帥府方議削其權，而朝廷傳旨俾領義軍，文哥由是益肆，改除之令輒拒不受，不臣之狀亦顯矣。帥府方且收捕，而朝廷復赦之，且不令隸帥府。國家付方面於重臣，乃不信任，顧養叛賊之姦，不知誰爲陛下畫此計者。臣自外風聞，皆平章高琪之意，惟陛下裁察。」上曰：「汝言皆是。文哥之事，朕所未悉，誠如所言，朕肯赦之乎？且汝何以知此事出於高琪。」素蘭曰：「臣見文哥牒永清副提控劉温云『所差人張希韓至自南京，道副樞平章處分，已奏令文哥隸大名行省，勿復遵中都帥府約束』。温即具言於帥府。然則，罪人與高琪計結明矣。」上頷之。素蘭續奏曰：「高琪本無勳勞，亦無公望，向以畏死故擅誅胡沙虎，蓋出無聊耳。一旦得志，妬賢能，樹姦黨，竊弄國權，自作威福。去歲，都下書生樊知一者詣高琪言，『乣軍不可信，恐終作亂』，遂以刀杖決殺之，自是無復敢言軍國利害者。宸聰之不通，下情之不達，皆此人罪也。及乣軍爲變，以黨人塔不也爲武寧軍節度使往招之，已而無成，則復以爲武衛軍使。塔不也何人，且有何功，而重用如此。以臣觀之，此賊變亂紀綱，戕害忠良，實有不欲國家平治之意。昔東海時，胡沙虎跋扈無上，天下知之，而不敢言，獨臺官烏古論德升、張行信彈劾其惡，東海不察，卒被其禍。今高琪之姦過於胡沙虎遠矣。臺諫職當言責，迫於兇威，噤不敢忤。然内外臣庶見其恣横，莫不扼腕切齒，欲一剸刃，陛下何惜而不去之耶。臣非不知言出而患至，顧臣父子迭仕聖朝，久食厚祿，不敢偷安。惟陛下斷然行之，社稷之福也。」上曰：「此乃大事，汝敢及之，甚善。」素蘭復奏：「丞相福興，國之勳舊，乞召還京，以鎮雅俗，付左丞象多以留後事，足矣。」上曰：「如卿所言，二人得無相惡耶。」素蘭曰：「福興、象多同心同德，無不協者。」上曰：「都下事殷，恐丞相不可輟。」素蘭曰：「臣聞朝廷正則天下正，不若令福興還，以正根本。」上曰：「朕徐思之。」素蘭出，上復戒曰：「今日與朕對者止汝二人，慎無泄也。」厥後，上以素蘭屢進直言，命再任監察御史。

四年三月，言：「臣近被命體問外路官，廉幹者擬不差遣，若懦弱不公者罷之，具申朝廷，別議擬注。臣伏念彼懦弱不公之人雖令罷去，不過止以待闕者代之，其能否又未可知，或反不及前官，蓋徒有選人之虛名，而無得人之實跡。古語曰『縣令非其人，百姓受其殃』。今若後官更劣，則爲患滋甚，豈朝廷恤民之意哉。夫守令，治之本也。乞令隨朝七品、外路六品以上官，各舉堪充司縣長官者，仍明著舉官姓名，他日察其能否，同定賞罰，庶幾其可。議者或以閡選法、紊資品爲言，是不知方今之事與平昔不同，豈可拘一定之法，坐視斯民之病而不權宜更定乎。」詔有司議行之。

時哀宗爲皇太子，春宮所設師保贊諭之官多非其人，於是素蘭上章言：「臣聞太子者天下之本也，欲治天下先正其本，正本之要無他，在選人輔翼之耳。夫生于齊者能齊言而不能楚語，未習之故也。人之性亦在夫習之而已。昔成王在襁褓中，即命周、召以爲師保，戒其逸豫之心，告以持守之道，終之功光文、武，垂休無窮。欽惟陛下順天人之心，預建春宮。皇太子仁孝聰明出于天資，總制樞務固已綽然有餘，儻更選賢如周、召之儔者使之夾輔，則成周之治不足侔矣。」上稱善。未幾，擢爲内侍局直長〔一〕，尋遷諫議大夫，進侍御史。

興定二年四月，以蒲鮮萬奴叛，遣素蘭與近侍局副使内族訛可同赴遼東，詔諭之曰：「萬奴事竟不知果何如，卿等到彼當得其詳，然宜止居鐵山，若復遠去，則朕難得其耗也。」又曰：「朕以訛可性頗率易，故特命卿偕行，每事當詳議之。」素蘭將行，上言曰：「臣近請宣諭高麗復開互市事，聞以詔書付行省必蘭出。若令行省就遣諭之，不過鄰境領受，恐中間有所不通，使聖恩不達於高麗，高麗亦無由知朝廷本意也。況彼世爲藩輔，未嘗闕臣子禮，如遣信使明持恩詔諭之，貸糧、開市二者必有一濟。苟俱不從，則其曲在彼，然後別議圖之可也。」上是其言，於是遣典客署書表劉丙從行。及還，授翰林待制。

正大元年正月，詔集羣臣議修復河中府，素蘭與陳規等奏其未可，語在規傳。是月，轉刑部郎中。時南陽人布陳謀反，坐繫者數百人，司直白華言於素蘭曰：「此獄詿誤者多，新天子方務寬大，他日必再詔推問，比得昭雪，死於榜笞之下者多矣。」素蘭命華及檢法邊澤分別當死、當免者，素蘭以聞，止坐首惡及擬僞將相者數人，餘悉釋之。八月，權戶部侍郎。二年三月，授京西司農卿，俄改司農大卿，轉御史中丞。七年七月，權元帥右都監、參知政事，行省於京兆。未幾，遷金安軍節度使，兼同、華安撫使。既而，召還朝，行至陝被圍，久之，亡奔行在，道中遇害。

素蘭莅官以修謹得名，然苛細不能任大事，較之輩流頗可稱。自擢爲近侍局直長，每進言多有補益。其居父喪，不飲酒，廬墓三年，時論以爲難。

陳規字正叔，絳州稷山人。明昌五年詞賦進士，南渡爲監察御史。貞祐三年十一月，上章言：「參政侯摯初以都西立功，獲不次之用，遂自請鎮撫河北。陛下遽授以執政，蓋欲責其報效也。既而盤桓西山，不能進退，及召還闕，自當辭避，乃恬然安居，至於按閱倉庫，規畫榷酤，豈大臣所宜親。方今疆土日蹙，將帥乏人，士不選練，冗食猥多，守令貪殘，百姓流亡，盜賊滋起，災變不息，則當日夜講求其故，啓告陛下者也，而摯未嘗及之。伏願陛下特賜省察，量其才分別加任使，無令負天下之謗。」不報。又言：「警巡使馮祥進由刀筆，無他才能，第以慘刻督責爲事。由是升職，恐長殘虐之風，乞黜退以勵餘者。」詔即罷祥職，且諭規曰：「卿知臣子之分，敢言如此，朕甚嘉之。」

四年正月，上言：「伏見沿河悉禁物斛北渡，遂使河北艱食，人心不安。昔秦、晉爲讎，一遇年饑則互輸之粟。况軍民效死禦敵，使復乏食，生亦何聊，人心一摇，爲害不細。今聖主在上，一視同仁，豈可以一家之民自限南北，坐視困餒而不救哉。臣謂宜於大陽、孟津等渡委官閱視，過河之物每石官收不過其半，則富有之家利其厚息，輻湊而往，庶幾公私俱足。」宰執以河南軍儲爲重，詔兩渡委官取其八，二以與民，至春澤足，大兵北還，乃依規請。制可。

三月，上言：「臣因巡按至徐州。去歲河北紅襖盜起，州遣節度副使紇石烈鶴壽將兵討之，而乃大掠良民家屬爲驅，甚不可也。乞明勅有司，凡鶴壽所虜俱放免之，餘路軍人有掠本國人爲驅者，亦乞一體施行，庶幾河朔有所係望，上恩無有極已。」事下尚書省，命徐州、歸德行院拘括放之，有隱匿者坐掠人爲奴婢法，仍許諸人告捕，依令給賞，被虜人自訴者亦賞之。

四月，上言：「河北瀕河州縣，率距一舍爲一寨，籍居民爲兵。數寨置總領官一人，並以宣差從宜爲名。其人大抵皆閑官，義軍之長、偏裨之屬尤多無賴輩，徵逐宴飲取給于下，日以爲常。及敵至則伏匿不出，敵去騷擾如初。此輩小人假以重柄，朝廷號令威權無乃太輕乎。臣謂宜皆罷之，第委宣撫司從宜措畫足矣。」制可。

七月，上章言：

陛下以上聖寬仁之姿，當天地否極之運，廣開言路以求至論，雖狂妄失實者亦不坐罪。臣忝耳目之官，居可言之地，苟爲緘默，何以仰酬洪造。謹條陳八事，願不以人微而廢之，即無可採，乞放歸山林以懲尸禄之罪。

一曰：責大臣以身任安危。今北兵起自邊陲，深入吾境，大小之戰無不勝捷，以致神都覆没，翠華南狩，中原之民肝腦塗地，大河以北莽爲盜區，臣每念及此，驚怛不已。況宰相大臣皆社稷生靈所繫以安危者，豈得不爲陛下憂慮哉。每朝奏議不過目前數條，特以碎末，互生異同，俱非救時之急者。況近詔軍旅之務，專委樞府，尚書省坐視利害，泛然不問，以爲責不在己，其於避嫌周身之計則得矣，社稷生靈將何所賴。古語云：「疑則勿任，任則勿疑。」又曰：「謀之欲衆，斷之欲獨。」陛下既以宰相任之，豈可使親其細而不圖其大者乎。伏願特出睿斷，若軍伍器械、常程文牘即聽樞府專行，至于戰守大計、征討密謀皆須省院同議可否，則爲大臣者知有所責，而天下可爲矣。

二曰：任臺諫以廣耳目。人主有政事之臣，有議論之臣。政事之臣者宰相執政，和陰陽，遂萬物，鎮撫四夷，親附百姓，與天子經綸於廟堂之上者也。議論之臣者諫官御史，與天子辨曲直、正是非者也。二者豈可偏廢哉。昔唐文皇制中書門下入閤議事皆令諫官隨之，有失輒諫。國朝雖設諫官，徒備員耳，每遇奏事皆令迴避。或兼他職，或爲省部所差，有終任不覿天顏、不出一言而去者。雖有御史，不過責以糾察官吏、照刷案牘、巡視倉庫而已，其事關利害或政令更革，則皆以爲機密而不聞。萬一政事之臣專任胸臆、威福自由，或掌兵者以私見敗事機，陛下安得而知之。伏願遴選學術該博〔二〕、通曉世務、骨鯁敢言者以爲臺諫，凡事關利害皆令預議，其或不當，悉聽論列，不許兼職及充省部委差，苟畏徇不言則從而黜之。

三曰：崇節儉以荅天意。昔衞文公乘狄人滅國之餘，徒居楚丘，纔革車三十兩，乃躬行儉約，冠大帛之冠，衣大布之衣，季年致騋牝三千，遂爲富庶。漢文帝承秦、項戰爭之後，四海困窮，天子不能具鈞駟，乃示以敦朴，身衣弋綈，足履革舄，未幾天下富安，四夷咸服。國家自兵興以來，州縣殘毀，存者復爲土寇所擾，獨河南稍完，然大駕所在，其費不貲，舉天下所奉責之一路，顧不難哉。賴陛下慈仁，上天眷佑，蝗災之餘而去歲秋禾、今年夏麥稍得支持。夫應天者要在以實，行儉者天必降福，切見宮中及東宮奉養與平時無異，隨朝官吏、諸局承應人亦未嘗有所裁省。至於貴臣、豪族、掌兵官莫不以奢侈相尚，服食車馬惟事紛華。今京師鬻明金衣服及珠玉犀象者日增於舊，俱非克己消厄之道。願陛下以衞文公、漢文帝爲法，凡所奉之物痛自撙節，罷冗員，減浮費，戒豪侈，禁戢明金服飾，庶皇天悔禍，太平可致。

四曰：選守令以結民心。方今舉天下官吏軍兵之費、轉輸營造之勞，皆仰給河南、陝西。加之連年蝗旱，百姓荐饑，行賑濟則倉廩懸乏，免征調則用度不足，欲其實惠及民，惟得賢守令而已。當賦役繁殷、期會促迫之際，若措畫有方則百姓力省而易辨，一或乖謬有不勝其害者。況縣令之弊無甚于今，由軍衞監當進納勞效而得者十居八九，其桀黠者乘時貪縱，庸懦者權歸猾吏。近雖遣官廉察，治其姦濫，易其疲軟，然代者亦非選擇，所謂除狼得虎也。伏乞明勑尚書省，公選廉潔無私、才堪牧民者，以補州府官。仍清縣令之選，及責隨朝七品、外任六品以上官各保堪任縣令者一員，如他日犯贓並從坐。其資歷已係正七品，及見任縣令者，皆聽寄理，俟秩滿升遷。復令監察以時巡按，有不法及不任職者究治之，則實惠及民而民心固矣。

五曰：博謀羣臣以定大計。比者徙河北軍户百萬餘口于河南，雖革去冗濫而所存猶四十二萬有奇，歲支粟三百八十餘萬斛，致竭一路終歲之斂，不能贍此不耕不戰之人。雖無邊事，亦將坐困，況兵事方興，未見息期耶。近欲分布沿河，使自種殖，然游惰之人不知耕稼，羣飲賭博習以成風，是徒煩有司徵索課租而已。舉數百萬衆坐縻廩給，緩之則用闕，急之則民疲，朝廷惟此一事已不知所處，又何以待敵哉。是蓋不審於初，不計其後，致此誤也。使初遷時去留從其所願〔三〕，則欲來者是足以自贍之家，何假官廩，其留者必有避難之所，不必强遣，當不至今日措畫之難。古昔人君將舉大事，則謀及乃心，謀及卿士、庶人、卜筮，乞自今凡有大事必令省院臺諫及隨朝五品以上官同議爲便。

六曰：重官賞以勸有功。陛下即位以來，屢沛覃恩以均大慶，不吝官爵以激人心，至有未滿一任而併進十級，承應未出職而已帶驃騎榮禄者，冗濫之極至于如此，復開鬻爵進獻之門，然則被堅執鋭效死行陣者何所勸哉。官本虛名，特出於人主之口，而天下之人極意趨慕者，以朝廷愛重耳。若不計勳勞，朝授一官，暮升一職，人亦將輕之而不慕矣。已然之事既不可咎，伏願陛下重惜將來，無使公器爲尋常之具，功賞爲僥倖所乘。又今之散官動至三品，有司艱於遷授，宜於減罷八資内量增階數，易以美名，庶幾歷官者不至于太驟，而國家恩權不失之太輕矣。

七曰：選將帥以明軍法。夫將者國之司命，天下所賴以安危者也。舉萬衆之命付之一人，呼吸之間以決生死，其任顧不重歟？自北兵入境，野戰則全軍俱殃，城守則闔郡被屠，豈皆士卒單弱、守備不嚴哉，特以庸將不知用兵之道而已。古語云：「三辰不軌，取士爲相。四夷交侵，拔卒爲將。」今之將帥大抵先論出身官品，或門閥膏粱之子，或親故假託之流，平居則意氣自高，遇敵則首尾退縮，將帥既自畏怯，士卒夫誰肯前。又居常裒刻，納其饋獻，士卒因之以擾良民而莫可制。及率之應敵，在途則前後亂行，頓次則排門擇屋〔四〕，恐逼小民，恣其求索，以此責其畏法死事，豈不難哉。況今軍官數多，自千户而上有萬户、有副統、有都統、有副提控，十羊九牧，號令不一，動相牽制。切聞國初取天下，元帥而下惟有萬户，所統軍士不下數萬人，專制一路豈在多哉，多則難擇，少則易精。今之軍法，每二十五人爲一謀克，四謀克爲一千户，謀克之下有蒲輦一人、旗鼓司火頭五人，其任戰者纔十有八人而已。又爲頭目選其壯健以給使令，則是一千户所統不及百人，不足成其隊伍矣。古之良將常與士卒同甘苦，今軍官既有俸廩，又有券糧，一日之給兼數十人之用。將帥則豐飽有餘，士卒則飢寒不足，曷若裁省冗食而加之軍士哉。伏乞明勑大臣，精選通曉軍政者，分詣諸路，編列隊伍，要必五十人爲一謀克，四謀克爲一千户，五千户爲一萬户，謂之散將。萬人設一都統，謂之大將，總之帥府。數不足者皆併之，其副統、副提控及無軍虛設都統、萬户者悉罷省。仍勑省院大臣及内外五品以上，各舉方略優長、武勇出衆、材堪將帥者一二人，不限官品，以充萬户以上都統、元帥之職。千户以下，選軍中有謀略武藝爲衆所服者充。申明軍法，居常教閲，必使將帥明於奇正虚實之數，士卒熟于坐作進退之節。至于弓矢鎧仗須令自負，習於勞苦。若有所犯，必刑無赦。則將帥得人，士氣日振，可以待敵矣。

八曰：練士卒以振兵威。昔周世宗常曰：「兵貴精而不貴多，百農夫不能養一戰士，奈何朘民脂膏養此無用之卒。苟健懦不分，衆何以勸。」因大蒐軍卒，遂下淮南，取三關，兵不血刃，選練之力也。唐魏徵曰：「兵在以道御之而已。御壯健足以無敵于天下，何取細弱以增虚數。」比者凡戰多敗，非由兵少，正以其多而不分健懦，故爲敵所乘，懦者先奔，健者不能獨戰而遂潰，此所以取敗也。今莫若選差習兵公正之官，將已籍軍人隨其所長而類試之。其武藝出衆者别作一軍，量增口糧，時加訓練，視等第而賞之。如此，則人人激厲，爭効所長，而衰懦者亦有可用之漸矣。昔唐文皇出征，常分其軍爲上中下，凡臨敵則觀其强弱，使下當其上，而上當其中，中當其下。敵乘下軍不過奔逐數步，而上軍中軍已勝其二軍，用是常勝。蓋古之將帥亦有以懦兵委敵者，要在預爲分别，不使混淆耳。

上覽書不悦，詔付尚書省詰之。宰執惡其紛更諸事，謂所言多不當。於是，規惶懼待罪，詔諭曰：「朕始以規有放歸山林之語，故令詰之，乃辭以不識忌諱，意謂朕惡其言而怒也。朕初無意加罪，其令御史臺諭之。」尋出爲徐州帥府經歷官。

正大元年，召爲右司諫，數上章言事，尋權吏部郎中。時詔羣臣議修復河中府，規與楊雲翼等言：「河中今爲無人之境，陝西民力疲乏，修之亦不能守，不若以見屯軍士量力補治，待其可守即修之未晚也。」從之。未幾，坐事解職。初，吏部尚書趙伯成坐銓選吏員出身王京與進士王著填開封警巡判官見闕，爲京所訟免官，規亦坐之。是年十一月，改充補闕。十二月，言將相非材，且薦數人可用者。

二年正月，規及臺諫同奏五事：一，乞尚書省提控樞密院，如大定、明昌故事。二，簡留親衞軍。三，沙汰冗軍，減行樞密院、帥府。四，選大臣爲宣撫使，招集流亡以實邊防。五，選官置所，議一切省減。略施行之。

四月，以大旱詔規審理冤滯，臨發上奏：「今河南一路便宜、行院、帥府、從宜凡二十處，陝西行尚書省二、帥府五，皆得以便宜殺人，冤獄在此不在州縣。」又曰：「雨水不時則責審理，然則職燮理者當何如。」上善其言而不能有爲也。

十一月，上召完顏素蘭及規入見，面諭曰：「宋人輕犯邊界，我以輕騎襲之，冀其懲創告和，以息吾民耳。宋果行成，尚欲用兵乎。卿等當識此意。」規進曰：「帝王之兵貴於萬全〔五〕，昔光武中興，所征必克，猶言『每一出兵，頭須爲白』。兵不妄動如此。」上善之。四年三月〔六〕，上召羣臣喻以陝西事曰：「方春北方馬瘦羸瘠，秋高大勢併來，何以支持。朕已喻合達盡力決一戰矣，卿等以爲如何。」又言和事無益，撒合輦力破和議，賽不言：「今已遣和使，可中輟乎。」餘皆無言，規獨進曰：「兵難遥度，百聞不如一見。臣嘗任陝西官，近年又屢到陝西，兵將冗懦，恐不可用，未如聖料。」言未終，烏古論四和曰：「陳規之言非是，臣近至陝西，軍士勇鋭，皆思一戰。」監察御史完顏習顯從而和之，上首肯，又泛言和事。規對曰：「和事固非上策，又不可必成，然方今事勢不得不然。使彼難從，猶可以激厲將士，以待其變。」上不以爲然。明日，又令集議省中，欲罷和事，羣臣多以和爲便，乃詔行省斟酌發遣，而事竟不行。

十月，規與右拾遺李大節上章，劾同判大睦親事撒合輦諂佞，招權納賄及不公事。由是撒合輦竟出爲中京留守，朝廷快之。五年二月，又與大節言三事：一，將帥出兵每爲近臣牽制，不得專輒。二，近侍送宣傳旨，公受賂遺，失朝廷體，可一切禁絶。三，罪同罰異，何以使人。上嘉納焉。

初，宣宗嘗召文繡署令王壽孫作大紅半身繡衣，且戒以勿令陳規知。及成，進，召壽孫問曰：「曾令陳規輩知否？」壽孫頓首言：「臣侍禁庭，凡宫省大小事不敢爲外人言，況親被聖訓乎。」上因嘆曰：「陳規若知，必以華飾諫我，我實畏其言。」蓋規言事不假借，朝望甚重，凡宮中舉事，上必曰：「恐陳規有言。」一時近臣切議，惟畏陳正叔耳，挺然一時直士也。後出爲中京副留守，未赴，卒，士論惜之。

規博學能文，詩亦有律度。爲人剛毅質實，有古人風，篤於學問，至老不廢。渾源劉從益見其所上八事，歎曰：「宰相材也。」每與人論及時事輒憤惋，蓋傷其言之不行也。南渡後，諫官稱許古、陳規，而規不以訐直自名，尤見重云。死之日，家無一金，知友爲葬之。子良臣。

許古字道真，汾陽軍節度使致仕安仁子也。登明昌五年詞賦進士第。貞祐初，自左拾遺拜監察御史。時宣宗遷汴，信任丞相高琪，無恢復之謀，古上章曰：

自中都失守，廟社、陵寢、宮室、府庫，至于圖籍、重器，百年積累，一朝棄之。惟聖主痛悼之心至爲深切，夙夜思懼所以建中興之功者，未嘗少置也。爲臣子者食禄受責，其能無愧乎。且閭閻細民猶顒望朝廷整訓師徒，爲恢復計。而今纔聞拒河自保，又盡徙諸路軍户河南，彼既棄其恒産無以自生，土居之民復被其擾，臣不知誰爲此謀者。然業已如是，但當議所以處之，使軍無妄費，民不至困窮則善矣。

臣聞安危所繫在於一相，孔子稱「危而不持，顛而不扶，則將焉用？」事勢至此，不知執政者每對天顏，何以仰答清問也。今之所急，莫若得人，如前御史大夫裴滿德仁、工部尚書孫德淵，忠諒明敏，可以大用，近皆許告老，願復起而任之，必能有所建立以利國家。太子太師致仕孫鐸，雖頗衰疾，如有大議猶可賜召，或就問之。人才自古所難，凡知治體者皆當重惜，況此耆舊，豈宜輕棄哉。若乃臨事不盡其心，雖盡心而不明於理，得無益、失無損者，縱其尚壯，亦安所用。方時多難，固不容碌碌之徒備員尸素，以塞賢路也。惟陛下宸衷剛斷，黜陟一新，以幸天下。臣前爲拾遺時，已嘗備論擇相之道，乞取臣前奏并今所言，加審思焉。

臣又聞將者民之司命，國家安危所繫，故古之人君必重其選，爲將者亦必以天下爲己任。夫將者貴謀而賤戰，必也賞罰使人信之而不疑，權謀使人由之而不知，三軍奔走號令以取勝，然後中心誠服而樂爲之用。邇來城守不堅，臨戰輒北，皆以將之不才故也。私於所暱，賞罰不公，至於衆怨，而懼其生變則撫摩慰籍，一切爲姑息之事。由是兵輕其將，將畏其兵，尚能使之出死力以禦敵乎？願令腹心之臣及閑於兵事者，各舉所知，果得真才，優加寵任，則戰功可期矣。如河東宣撫使胥鼎、山東宣撫使完顏弼、涿州刺史内族從坦、昭義節度使必蘭阿魯帶，或忠勤勇幹，或重厚有謀，皆可任之以扞方面。

又曰：

河北諸路以都城既失，軍户盡遷，將謂國家舉而棄之，州縣官往往逃奔河南。乞令所在根括，立期遣還，違者勿復録用。未嘗離任者議加恩賚，如願自效河北者亦聽陳請，仍先賞之，減其日月。州縣長貳官並令兼領軍職，許擇軍中有才略膽勇者爲頭目，或加爵命以收其心，能取一府者即授以府長官，州縣亦如之，使人懷復土之心。別遣忠實幹濟者，以文檄官賞招諸脅從人，彼既苦於敵役，來者必多，敵勢當自削。有司不知出此，而但爲清野計，事無緩急惟期速辦，今晚禾十損七八，遠近危懼，所謀可謂大戾矣。

又曰：

京師諸夏根本，況今常宿重兵，緩急征討必由于此，平時尚宜優於外路，使百姓有所蓄積，雖在私室猶公家也。今有司搜括餘糧，致轉販者無復敢入，宜即止之。

臣頃看讀陳言，見其盡心竭誠以吐正論者率皆草澤疎賤之人，況在百僚，豈無爲國深憂進章疏者乎？誠宜明勑中外，使得盡言不諱，則太平之長策出矣。

詔付尚書省，略施行焉。

尋遷尚書左司員外郎，兼起居注，無何，轉右司諫。時丞相高琪立法，職官有犯皆的決，古及左司諫抹撚胡魯剌上言曰：「禮義廉恥以治君子，刑罰威獄以治小人，此萬世不易論也。近者朝廷急於求治，有司奏請從權立法，職官有犯應贖者亦多的決。夫爵禄所以馭貴也，貴不免辱，則卑賤者又何加焉。車駕所駐非同征行，而凡科徵小過皆以軍期罪之，不已甚乎。陛下仁恕，決非本心，殆有司不思寬靜可以措安，而專事督責故耳。且百官皆朝廷遴選，多由文行、武功、閥閲而進，乃與凡庶等，則享爵禄者亦不足爲榮矣。抑又有大可慮者，爲上者將曰官猶不免，民復何辭，則苛暴之政日行。爲下者將曰彼既亦然，吾復何恥〔七〕，則陵犯之心益肆。其弊豈勝言哉。伏願依元年赦恩『刑不上大夫』之文，削此一切之法，幸甚。」上初欲行之，而高琪固執以爲不可，遂寢。

四年，以右司諫兼侍御史。時大兵越潼關而東，詔尚書省集百官議，古上言曰：「兵踰關而朝廷甫知，此蓋諸將欺蔽罪也。雖然，大兵駐閿鄉境數日不動，意者恐吾河南之軍逆諸前，陝西之衆議其後，或欲先令覘者伺趨向之便，或以深入人境非其地利而自危，所以觀望未遽進也。此時正宜選募鋭卒併力擊之，且開其歸路，彼既疑惑，遇敵必走，我衆從而襲之，其破必矣。」上以示尚書省，高琪沮其議，遂不行。是月，始置招賢所，令古等領其事。

興定元年七月，上聞宋兵連陷贛榆、漣水諸縣，且獲僞檄，辭多詆斥，因諭宰臣曰：「宋人構禍久矣，朕姑含容者，衆慮開兵端以勞吾民耳。今數見侵，將何以處，卿等其與百官議。」於是集衆議于都堂，古曰：「宋人孱弱，畏我素深，且知北兵方强，將恃我爲屏蔽，雖時跳梁，計必不敢深入，其侮嫚之語，特市井屠沽兒所爲，烏足較之。止當命有司移文，諭以本朝累有大造，及聖主兼愛生靈意。彼若有知，復尋舊好，則又何求。其或怙惡不悛，舉衆討之，顧亦未晚也。」時預議者十餘人，雖或小異而大略則一，既而丞相高琪等奏：「百官之議，咸請嚴兵設備以逸待勞，此上策也。」上然之。

時朝廷以諸路把軍官時有不和不聽，更相訴訟，古上言曰：「臣以爲善者有勸，惡者有懲，國之大法也。苟善惡不聞，則上下相蒙，懲勸無所施矣。」上嘉納之。

古以朝廷欲舉兵伐宋，上疏諫曰：「昔大定初，宋人犯宿州，已而屢敗，世宗料其不敢遽乞和，乃勑元帥府遣人議之，自是太平幾三十年。泰和中，韓侂胄妄開邊釁，章宗遣駙馬僕散揆討之。揆慮兵興費重不能久支，陰遣侂胄族人賫乃祖琦畫像及家牒，僞爲歸附，以見丘崇，因之繼好，振旅而還。夫以世宗、章宗之隆，府庫充實，天下富庶，猶先俯屈以即成功，告之祖廟，書之史册，爲萬世美談，今其可不務乎？今大兵少息，若復南邊無事，則太平不遠矣。或謂專用威武可使宋人屈服，此殆虚言，不究實用。借令時獲小捷，亦不足多賀。彼見吾勢大，必堅守不出，我軍倉猝無得，須還以就糧，彼復乘而襲之，使我欲戰不得、欲退不能，則休兵之期殆未見也。況彼有江南蓄積之餘，我止河南一路征斂之弊，可爲寒心。願陛下隱忍包容，速行此策，果通和，則大兵聞之亦將斂跡，以吾無掣肘故也。河南既得息肩，然後經略朔方，則陛下享中興之福，天下賴涵養之慶矣。惟陛下略近功、慮後患，不勝幸甚。」上是其言，即命古草議和牒文，既成以示宰臣，宰臣言其有哀祈之意，自示微弱，遂不用。

監察御史粘割梭失劾榷貨司同提舉毛端卿貪污不法，古以詞理繁雜輒爲删定，頗有脱漏，梭失以聞，削官一階，解職，特免殿年。三年正月，尚書省奏諫官闕員，因以古爲請，上曰：「朕昨暮方思古，而卿等及之，正合朕意，其趣召之。」復拜左補闕。八月，削官四階，解職。初，朝廷遣近侍局直長温敦百家奴暨刑部侍郎奥屯胡撒合徙吉州之民於丹以避兵鋒，州民重遷，遮道控訴，百家奴諭以天子恐傷百姓之意，且令召晉安兵將護老幼以行。衆意兵至則必見强也，廼譟入州署，索百家奴殺之。胡撒合畏禍，矯徇衆情，與之會飲歌樂盡日，衆肩捭導擁、讙呼拜謝而去。既還，詔古與監察御史紇石烈鐵論鞫之，諭旨曰：「百家奴之死皆胡撒合所賣也，其閲實以聞。」奥屯胡撒合既下獄，上怒甚，亟欲得其情以正典刑，而古等頗寬縱之，胡撒合自縊死，有司以故出論罪，遂有是罰。

哀宗初即位，召爲補闕，俄遷左司諫，言事稍不及昔時。未幾，致仕，居伊陽，郡守爲起伊川亭。古性嗜酒，老而未衰，每乘舟出村落間，留飲或十數日不歸，及泝流而上，老稚爭爲挽舟，數十里不絕，其爲時人愛慕如此。正大七年卒，年七十四。古平生好爲詩及書，然不爲士大夫所重，時論但稱其直云。

天興間，有右司諫陳岢者，遇事輒言無少隱，上嘗面奬。及汴京被兵，屢上封事言得失，請戰一書尤爲剴切，其略云：「今日之事，皆出陛下不斷，將相怯懦，若因循不決，一旦無如之何，恐君臣相對涕泣而已。」可謂切中時病，而時相赤盞合喜等沮之，策爲不行，識者惜焉。岢字和之，滄州人，大安元年進士。

贊曰：宣宗即位，孜孜焉以繼述世宗爲志，而其所爲一切反之。大定講和，南北稱治，貞祐用兵，生民塗炭。石琚爲相，君臣之間務行寬厚。高琪秉政，惡儒喜吏，上下苛察。完顔素蘭首攻琪惡，謂琪必亂紀綱。陳規力言刀筆吏殘虐，恐壞風俗。許古請與宋和，辭極忠愛。三人所言皆切中時病，有古諍臣之風焉。宣宗知其爲直，而不用其言，如是而欲比隆世宗，難矣。

校勘記

〔一〕擢爲內侍局直長 「內侍局」，當爲「近侍局」之誤。按，本卷下文稱素蘭「自擢爲近侍局直長，每進言多有補益」。歸潛志卷六亦稱完顏素蘭「爲宣宗所知，擢任近侍局」。本書卷五六百官志二，內侍局置令、丞、局長，並無「直長」一職，而近侍局屬官中有「直長，正八品」。

〔二〕伏願遴選學術該博 「該博」，原作「詼博」，據南監本、北監本、殿本、局本改。

〔三〕使初遷時去留從其所願 「時」，原作「將」，據南監本、北監本、殿本、局本改。

〔四〕頓次則排門擇屋 「頓」，原作「頃」，據道光四年殿本改。

〔五〕帝王之兵貴於萬全 「貴」，南監本、北監本、殿本並作「責」。

〔六〕四年三月 「三月」，疑當作「四月」。按，本書卷一一一撒合輦傳，正大「四年，大元既滅西夏，進軍陝西。四月丙申，召尚書温迪罕壽孫、中丞烏古孫卜吉、祭酒裴滿阿虎帶、直學士蒲察世達、右司諫陳規、監察烏古論四和完顏習顯、同判睦親府事撒合輦同議西事」。

〔七〕吾復何恥 「復」，原爲一字空格，據南監本、北監本、殿本、局本補。

金史卷一百十

列傳第四十八

楊雲翼　趙秉文　韓玉　馮璧　李獻甫　雷淵　程震

楊雲翼字之美，其先贊皇檀山人，六代祖忠客平定之樂平縣，遂家焉。曾祖青、祖郁、考恒皆贈官于朝。雲翼天資穎悟，初學語輒畫地作字，日誦數千言。登明昌五年進士第一，詞賦亦中乙科，特授承務郎、應奉翰林文字。承安四年，出爲陝西東路兵馬都總管判官。泰和元年，召爲太學博士，遷太常寺丞，兼翰林修撰。七年，簽上京東京等路按察司事，因召見，章宗咨以當世之務，稱旨。大安元年，翰林承旨張行簡薦其材，且精術數，召授提點司天臺，兼翰林修撰，俄兼禮部郎中。崇慶元年，以病歸。貞祐二年，有司上官簿，宣宗閱之，記其姓名，起授前職，兼吏部郎中。三年，轉禮部侍郎，兼提點司天臺。

四年，大元及西夏兵入鄜延，潼關失守，朝議以兵部尚書蒲察阿里不孫爲副元帥以禦之。雲翼言其人言浮於實，必誤大事。不聽，後果敗。

興定元年六月，遷翰林侍講學士，兼修國史，知集賢院事，兼前職，詔曰：「官制入三品者例外除，以卿遇事敢言，議論忠讜，故特留之。」時右丞相高琪當國，人有請榷油者，高琪主之甚力，詔集百官議，户部尚書高夔等二十六人同聲曰：「可。」雲翼獨與趙秉文、時戩等數人以爲不可，議遂格。高琪後以事譴之，雲翼不卹也。二年，拜禮部尚書，兼職如故。三年，築京師子城，役兵民數萬，夏秋之交病者相籍，雲翼提舉醫藥，躬自調護，多所全濟。四年，改吏部尚書。凡軍興以來，入粟補官及以戰功遷授者，事定之後，有司苛爲程式，或小有不合輒罷去，雲翼奏曰：「賞罰國之大信，此輩宜從寬録，以勸將來。」

是年九月，上召雲翼及户部尚書夔、翰林學士秉文於内殿，皆賜坐，問以講和之策，或以力戰爲言，上俯首不樂，雲翼徐以孟子事大、事小之説解之，且曰：「今日奚計哉，使生靈息肩，則社稷之福也。」上色乃和。

十一月，改御史中丞。宗室承立權參知政事，行尚書省事於京兆，大臣言其不法，詔雲翼就鞫之，獄成，廷奏曰：「承立所坐皆細事，不足問。向大兵掠平涼以西，數州皆破，承立坐擁彊兵，瞻望不進。鄜延帥臣完顔合達以孤城當兵衝，屢立戰績。其功如此，而承立之罪如彼，願陛下明其功罪以誅賞之，則天下知所勸懲矣。自餘小失，何足追咎。」承立由是免官，合達遂掌機務。

哀宗即位，首命雲翼攝太常卿，尋拜翰林學士。正大二年二月〔一〕，復爲禮部尚書，兼侍讀。詔集百官議省費，雲翼曰：「省費事小，户部司農足以辦之。樞密專制軍政，蔑視尚書。尚書出政之地，政無大小皆當總領。今軍旅大事，社稷繫焉，宰相乃不得預聞，欲使利病兩不相蔽得乎。」上嘉納之。

明年，設益政院，雲翼爲選首，每召見賜坐而不名。時講尚書，雲翼爲言帝王之學不必如經生分章析句，但知爲國大綱足矣。因舉「任賢」「去邪」、「與治同道」「與亂同事」、「有言逆於汝心」「有言遜於汝志」等數條，一皆本於正心誠意，敷繹詳明。上聽忘倦。尋進龜鑑萬年録、聖學、聖孝之類凡二十篇。

當時朝士，廷議之際多不盡言，顧望依違，寖以成俗。一日，經筵畢，因言：「人臣有事君之禮，有事君之義。禮，不敢齒君之路馬，蹴其芻者有罰，入君門則趨，見君之几杖則起，君命召不俟駕而行，受命不宿於家，是皆事君之禮，人臣所當盡者也。然國家之利害，生民之休戚，一一陳之，則向所謂禮者特虚器耳。君曰可，而有否者獻其否。君曰否，而有可者獻其可。言有不從，雖引裾、折檻、斷鞅、軔輪有不恤焉者。當是時也，姑徇事君之虚禮，而不知事君之大義，國家何賴焉。」上變色曰：「非卿，朕不聞此言。」雲翼嘗患風痺，至是稍愈，上親問愈之之方，對曰：「但治心耳。心和則邪氣不干，治國亦然，人君先正其心，則朝廷百官莫不一於正矣。」上矍然，知其爲醫諫也。夏人既通好，遣其徽猷閣學士李弁來議互市，往返不能決，朝廷以雲翼往議乃定。五年卒，年五十有九，謚文獻。

雲翼天性雅重，自律甚嚴，其待人則寬，與人交分一定，死生禍福不少變。其於國家之事，知無不言。貞祐中，主兵者不能外禦而欲取償於宋，故頻歲南伐。有言之者，不謂之與宋爲地，則疑與之有謀。至於宰執，他事無不言者，獨南伐則一語不敢及。雲翼乃建言曰：「國家之慮，不在於未得淮南之前，而在於既得淮南之後。蓋淮南平則江之北盡爲戰地，進而爭利於舟楫之間，恐勁弓良馬有不得騁者矣。彼若扼江爲屯，潛師於淮以斷饟道，或決水以瀦淮南之地，則我軍何以善其後乎。」及時全倡議南伐，宣宗以問朝臣，雲翼曰：「朝臣率皆諛辭，天下有治有亂，國勢有弱有彊，今但言治而不言亂，言彊而不言弱，言勝而不言負，此議論所以偏也。臣請兩言之。夫將有事於宋者，非貪其土地也，第恐西北有警而南又綴之，則我三面受敵矣，故欲我師乘勢先動，以阻其進。借使宋人失淮，且不敢來，此戰勝之利也。就如所料，其利猶未可必然。彼江之南其地尚廣，雖無淮南豈不能集數萬之衆，伺我有警而出師耶。戰而勝且如此，如不勝害將若何。且我以騎當彼之步，理宜萬全，臣猶恐其有不敢恃者。蓋今之事勢與泰和不同，泰和以冬征，今我以夏往，此天時之不同也。冬則水涸而陸多，夏則水潦而塗淖，此地利之不同也。泰和舉天下全力，驅乣軍以爲前鋒，今能之乎，此人事之不同也。議者徒見泰和之易，而不知今日之難。請以夏人觀之，向日弓箭手之在西邊者一遇敵則搏而戰、袒而射〔二〕，彼已奔北之不暇。今乃陷吾城而虜守臣，敗吾軍而禽主將。曩則畏我如彼，今則侮我如此。夫以夏人既非前日，奈何以宋人獨如前日哉。願陛下思其勝之之利，又思敗之之害，無悦甘言，無貽後悔。」章奏不報。時全果大敗於淮上，一軍全没。宣宗責諸將曰：「當使我何面目見楊雲翼耶。」

河朔民十有一人爲游騎所迫，泅河而南，有司論罪當死，雲翼曰：「法所重私渡者，防姦僞也。今平民爲兵所迫，奔入於河，爲逭死之計耳。今使不死於敵而死於法，後惟從敵而已。」宣宗悟，盡釋之。哀宗以河南旱，詔遣官理冤獄，而不及陝西，雲翼言：「天地人通爲一體，今人一支受病則四體爲之不寧，豈可專治受病之處而置其餘哉。」朝廷是之。

司天有以太乙新歷上進者，尚書省檄雲翼參訂，摘其不合者二十餘條，曆家稱焉。所著文集若干卷，校大金禮儀若干卷，續通鑑若干卷，周禮辨一篇，左氏、莊、列賦各一篇，五星聚井辨一篇，縣象賦一篇，勾股機要、象數雜説等著藏于家。

趙秉文字周臣，磁州滏陽人也。幼穎悟，讀書若夙習。登大定二十五年進士第，調安塞簿，以課最遷邯鄲令，再遷唐山。丁父憂，用薦者起復南京路轉運司都勾判官。

明昌六年，入爲應奉翰林文字，同知制誥。上書論宰相胥持國當罷，宗室守貞可大用。章宗召問，言頗差異，於是命知大興府事内族膏等鞫之。秉文初不肯言，詰其僕，歷數交游者，秉文乃曰：「初欲上言，嘗與修撰王庭筠、御史周昂、省令史潘豹、鄭贊道、高坦等私議。」庭筠等皆下獄，決罰有差。有司論秉文上書狂妄，法當追解，上不欲以言罪人，遂特免焉。當時爲之語曰：「古有朱雲，今有秉文，朱雲攀檻，秉文攀人。」士大夫莫不恥之。坐是久廢，後起爲同知岢嵐軍州事，轉北京路轉運司度支判官〔三〕。承安五年冬十月，陰晦連日，宰相張萬公入對，上顧謂萬公曰：「卿言天日晦冥，亦猶人君用人邪正不分，極有理。若趙秉文曩以言事降授，聞其人有才藻、工書翰，又且敢言，朕非棄不用，以北邊軍事方興，姑試之耳。」泰和二年，召爲户部主事，遷翰林修撰。十月，出爲寧邊州刺史。三年，改平定州。前政苛於用刑，每聞赦將至，先掊賊死乃拜赦，而盜愈繁。秉文爲政一從寬簡，旬月盜悉屏跡。歲飢，出禄粟倡豪民以賑，全活者甚衆〔四〕。

大安初，北兵南嚮，召秉文與待制趙資道論備邊策，秉文言：「今我軍聚於宣德，城小，列營其外，涉暑雨器械弛敗，人且病，俟秋敵至將不利矣。可遣臨潢一軍擣其虛，則山西之圍可解，兵法所謂『出其不意、攻其必救』者也。」衞王不能用，其秋宣德果以敗聞。尋爲兵部郎中，兼翰林修撰，俄轉翰林直學士。

貞祐初，建言時事可行者三：一遷都，二導河，三封建。朝廷略施行之。明年，上書願爲國家守殘破一州，以宣布朝廷恤民之意，且曰：「陛下勿謂書生不知兵，顔真卿、張巡、許遠輩以身許國，亦書生也。」又曰：「使臣死而有益於國，猶勝坐縻廪禄爲無用之人。」上曰：「秉文志固可尚，然方今翰苑尤難其人，卿宿儒當在左右。」不許。

四年，拜翰林侍講學士，言：「寶券滯塞，蓋朝廷初議更張，市肆已妄傳其不用，因之抑遏，漸至廢絶。臣愚以爲宜立回易務，令近上職官通市道者掌之，給以銀鈔粟麥縑帛之類，權其低昂而出納。」詔有司議行之。

興定元年，轉侍讀學士。拜禮部尚書，兼侍讀學士，同修國史，知集賢院事。又明年，知貢舉，坐取進士盧亞重用韻〔五〕，削兩階，因請致仕。金自泰和、大安以來，科舉之文其弊益甚。蓋有司惟守格法，所取之文卑陋陳腐，苟合程度而已，稍涉奇峭，即遭黜落，於是文風大衰。貞祐初，秉文爲省試，得李獻能賦，雖格律稍疎而詞藻頗麗，擢爲第一。舉人遂大喧噪，怨於臺省，以爲趙公大壞文格，且作詩謗之，久之方息。俄而獻能復中宏詞，入翰林，而秉文竟以是得罪。

五年，復爲禮部尚書，入謝，上曰：「卿春秋高，以文章故須復用卿。」秉文以身受厚恩，無以自效，願開忠言、廣聖慮，每進見從容爲上言，人主當儉勤、慎兵刑，所以祈天永命者，上嘉納焉。哀宗即位，再乞致仕，不許。改翰林學士，同修國史，兼益政院說書官。以上嗣德在初，當日親經史以自裨益，進無逸直解、貞觀政要申鑒各一通。

正大九年正月，汴京戒嚴，上命秉文爲赦文，以布宣悔悟哀痛之意。秉文指事陳義，辭情俱盡。及兵退，大臣欲稱賀，且命爲表，秉文曰：「春秋『新宮火，三日哭』。今園陵如此，酌之以禮，當慰不當賀。」遂已。時年已老，日以時事爲憂，雖食息頃不能忘。每聞一事可便民，一士可擢用，大則拜章，小則爲當路者言，殷勤鄭重，不能自已。三月，草開興改元詔〔六〕，閭巷間皆能傳誦，洛陽人拜詔畢，舉城痛哭，其感人如此。是年五月壬辰，卒，年七十四，積官至資善大夫、上護軍、天水郡侯。

正大間，同楊雲翼作龜鑑萬年録上之。又因進講，與雲翼共集自古治術，號君臣政要爲一編以進焉。秉文自幼至老未嘗一日廢書，著易叢說十卷，中庸說一卷，揚子發微一卷，太玄箋贊六卷，文中子類說一卷，南華略釋一卷，列子補注一卷，删集論語、孟子解各一十卷，資暇録一十五卷，所著文章號滏水集者三十卷。

秉文之文長於辨析，極所欲言而止，不以繩墨自拘。七言長詩筆勢縱放不拘一律，律詩壯麗，小詩精絶多以近體爲之，至五言古詩則沉鬱頓挫。字畫則草書尤遒勁。朝使至自河、湟者，多言夏人問秉文及王庭筠起居狀，其爲四方所重如此。

爲人至誠樂易，與人交不立崖岸，未嘗以大名自居。仕五朝，官六卿，自奉養如寒士。楊雲翼嘗與秉文代掌文柄，時人號楊趙。然晚年頗以禪語自污，人亦以爲秉文之恨云。

贊曰：楊雲翼、趙秉文，金士巨擘，其文墨論議以及政事皆有足傳。雲翼諫伐宋一疏，宣宗雖不見聽，此心何愧景略。庭筠之累，秉文所爲，玆事大愧高允。

韓玉字温甫，其先相人，曾祖錫仕金，以濟南尹致仕。玉明昌五年經義、辭賦兩科進士，入翰林爲應奉，應制一日百篇，文不加點。又作元勳傳，稱旨，章宗嘆曰：「勳臣何幸，得此家作傳耶。」泰和中，建言開通州潞水漕渠，船運至都。陞兩階，授同知陝西東路轉運使事。

大安三年，都城受圍。夏人連陷邠、涇，陝西安撫司檄玉以鳳翔總管判官爲都統府募軍，旬日得萬人，與夏人戰，敗之，獲牛馬千餘。時夏兵五萬方圍平涼，又戰于北原，夏人疑大軍至，是夜解去。當路者忌其功，驛奏玉與夏寇有謀，朝廷疑之，使使者授玉河平軍節度副使，且覘其軍。

先是，華州李公直以都城隔絶，謀舉兵入援，而玉恃其軍爲可用，亦欲爲勤王之舉，乃傳檄州郡云：「事推其本，禍有所基，始自賊臣貪容姦賂，繼緣二帥貪固威權。」又云：「裹糧坐費，盡膏血於生民。棄甲復來，竭資儲於國計。要權力而望形勢，連歲月而守妻孥。」又云：「人誰無死，有臣子之當然。事至于今，忍君親之弗顧。勿謂百年身後，虛名一聽史臣。只如今日目前，何顏以居人世。」公直一軍行有日矣，將有違約〔七〕、國朝人有不從者，輒以軍法從事。京兆統軍便謂公直據華州反，遣都統楊珪襲取之，遂寘極刑。公直曾爲書約玉，玉不預知，其書乃爲安撫所得，及使者覘玉軍，且疑預公直之謀，即實其罪。玉道出華州，被囚死於郡學，臨終書二詩壁間，士論冤之。

子不疑，字居之。以父死非罪，誓不祿仕。藏其父臨終時手書云：「此去冥路，吾心皓然，剛直之氣，必不下沉。兒可無慮。世亂時艱，努力自護，幽明雖異，寧不見爾。」讀者惻然。

馮璧字叔獻，真定縣人。幼穎悟不凡，弱冠補太學生。承安二年經義進士，制策復優等，調莒州軍事判官，宰相奏留校祕書。未幾，調遼濱主簿。縣有和糴粟未給價者餘十萬斛，散貯民居，以富人掌之，有腐敗則責償於民，民殊苦之。璧白漕司，即日罷之，民大悅。

泰和四年，調鄜州録事〔八〕。明年，伐蜀，行部檄充軍前檢察〔九〕，帥府以書檄委之。章宗欲招降吴曦，詔先以文告曉之，然後用兵。蜀人守散關不下，金兵殺獲甚衆，璧言：「彼軍拒守而并禍其民，無乃與詔旨相戾乎？」主帥憾之，以璧招兩當潰卒，璧即日率鳳州已降官屬淡剛、李果偕行。道逢軍士所得子女金帛牛馬皆奪付剛，使歸其家，軍士則以違制決遣之。比到兩當，軍民三萬餘衆鼓舞迎勞，璧以朝旨慰遣之。及還，主帥嘉其能，奏遷一官。五年，自東阿丞召補尚書省令史，用宗室承暉薦授應奉翰林文字，兼韓王府記室參軍。俄轉太學博士。至寧初，忽沙虎弑逆，遂去官。

宣宗南遷，璧時避兵東方，由單父渡河詣汴梁，時相奏復前職。貞祐三年，遷翰林修撰。時山東、河朔軍六十餘萬口，仰給縣官，率不逞輩竄名其間。詔璧攝監察御史，汰逐之。總領撒合問冒券四百餘口，劾案以聞，詔杖殺之，故所至爭自首，減幾及於半。復進一官。初，監察御史本温被命汰宗室從坦軍於孟州，軍士欲謀變，本温懼不知所爲，尋有旨北軍沈思忠以下四將屯衞州，餘衆果叛入太行。於是，密院奏以璧代本温竟其事。璧馳至衞，召四將喻以上意，思忠等挾叛者請還奏之，璧責以大義，將士慚服，不日就汰者三千人。

六月，改大理丞，與臺官行關中，劾奏姦贓之尤者商州防禦使宗室重福等十數人，自是權貴側目。

興定四年，以宋人拒使者於淮上，遣兵南伐〔一〇〕，詔京東總帥紇石烈牙吾塔攻盱眙，牙吾塔不從命，乃率精騎由滁州略宣化，縱兵大掠。故兵所至原野蕭條，絶無所資，宋人堅壁不戰，乃無功而歸。行省奏牙吾塔故違節制，詔璧佩金符鞫之。璧馳入牙吾塔軍，奪其金符，易以他帥攝。牙吾塔入獄，兵士譁譟，以吾帥無罪爲言，璧怒責牙吾塔曰：「元帥欲以兵抗制使耶，待罪之禮恐不如此，使者還奏，獄能竟乎。」牙吾塔伏地請死，璧曰：「兵法，進退自專，有失機會以致覆敗者斬。」即擬以聞，時議壯之。

十月，改禮部員外郎，權右司諫、治書侍御史。詔問時務所當先者，璧上六事，大略言減冗食，備選鋒，緩疑似以慎刑，擇公廉以檢吏，屯戍革朘削之弊，權貴嚴請託之科。又條自治之策四，謂別賢佞，信賞罰，聽覽以通下情，貶損以謹天戒。

詔以東方飢饉，盜賊並起，以御史中丞完顏伯嘉爲宣慰使，監察御史道遠從行。道遠發永城令簿姦贓，伯嘉與令有違，付令有司，釋簿不問，燕語之際又許參佐克忠等臺職，璧皆劾之，伯嘉竟得罪去。

初，諜者告歸德行樞密院言，河朔叛軍有竊謀南渡者，行院事胡土門、都水監使毛花輦易其人，不爲備。一日，紅衲數百聯筏南渡，殘下邑而去。命璧鞫之。璧以二將託疾營私，聞寇弛備，且來不戰、去不追，在法皆當斬。或以爲言：「二將皆寵臣，而都水者貲累巨萬，若求援禁近，必從輕典，君徒結怨權貴，果何益耶？」璧嘆曰：「睢陽行闕，東藩重兵所宿，門廷之寇且不能禦，有大於此者復何望乎。」即具所擬聞。

四年，遷刑部郎中。關中旱，詔璧與吏部侍郎畏忻審理冤獄。時河中帥阿虎帶及僚屬十數人皆以棄城罪當死，繫同州獄待報。同州官僚承望風旨，問璧何以處之，璧曰：「河中今日重地，朝議擬爲駐蹕之所，若失此則河南、陝西有脣亡之憂。以彼宗室勳貴故使鎮之，平居無事竭民膏血爲浚築計，一旦有警乃遽焚蕩而去，此而不誅，三尺法無用矣。」竟以無冤上之。

冬十月，出爲歸德治中。未幾，改同知保靜軍節度使，又改同知集慶軍節度使，到官即上章乞骸骨，進一官致仕。正大九年，河南破，北歸，又數年卒，年七十有九。

李獻甫字欽用，獻能從弟也。博通書傳，尤精左氏及地理學。爲人有幹局，心所到則絶人遠甚，故時人稱其精神滿腹。興定五年登進士第，歷咸陽簿，辟行臺令史。正大初，夏使來請和，朝廷以翰林待制馮延登往議，時獻甫爲書表官，從行。夏使有口辯，延登不能折，往復數日不定，至以歲幣爲言，獻甫不能平，從旁進曰：「夏國與我和好百年，今雖易君臣之名爲兄弟之國，使兄輸幣寧有據耶。」使者曰：「兄弟且不論。宋歲輸吾國幣二十五萬疋，典故具在，君獨不知耶。金朝必欲脩舊好，非此例不可。」獻甫作色曰：「使者尚忍言耶。宋以歲幣餌君家而賜之姓，岸然以君父自居，夏國君臣無一悟者，誠謂使者當以爲諱，乃今公言之。使者果能主此議，以從賜姓之例，弊邑雖歲捐五十萬，獻甫請以身任之。」夏使語塞，和議乃定。後朝廷録其功，授慶陽總帥府經歷官。尋辟長安令。京兆行臺所在，供億甚繁，獻甫處之常若有餘，縣民賴之以安。入爲尚書省令史。天興元年，充行六部員外郎，守備之策時相倚任之。以功遷鎮南軍節度副使，兼右警巡使，死於蔡州之難，年四十。

所著文章號天倪集，留汴京。獻甫死，其家亦破，同年華陰王元禮購得之，傳于世。

雷淵字希顏，一字季默，應州渾源人。父思，名進士，仕至同知北京轉運使，註易行于世。淵庶出，年最幼，諸兄不齒，父歿不能安於家，乃發憤入太學，衣弊履穿，坐榻無席，自以跣露恒兀坐讀書，不迎送賓客，人皆以爲倨。其友商衡每爲辯之，且賙䘏焉。後從李之純游，遂知名。登至寧元年詞賦進士甲科，調涇州録事，坐高庭玉獄幾死。

後改東平，河朔重兵所在，驕將悍卒倚外敵爲重，自行臺以下皆摩撫之，淵出入軍中偃然不爲屈。不數月，閭巷間多畫淵像，雖大將不敢以新進書生遇之。尋遷東阿令，轉徐州觀察判官。

興定末，召爲英王府文學兼記室參軍，轉應奉翰林文字。拜監察御史，言五事稱旨，又彈劾不避權貴，出巡郡邑所至有威譽，奸豪不法者立箠殺之。至蔡州，杖殺五百人，時號曰「雷半千」，坐此爲人所訟，罷去。久之，用宰相侯摯薦，起爲太學博士、南京轉運司户籍判官，遷翰林修撰。一夕暴卒，年四十八。

正大庚寅倒迴谷之役〔二〕，淵嘗上書破朝臣孤注之論，引援深切，灼然易見，主兵者沮之，策竟不行。

爲人軀幹雄偉，髯張口哆，顔渥丹，眼如望洋，遇不平則疾惡之氣見於顔間，或嚼齒大罵不休，雖痛自懲創，然亦不能變也。爲文章詩喜新奇。善結交，凡當塗貴要與布衣名士無不往來。居京師，賓客踵門未嘗去舍，家無餘貲，及待賓客甚豐腆。莅官喜立名，初登第攝遂平縣事，年少氣鋭，擊豪右，發姦伏，一邑大震，稱爲神明。嘗擅笞州魁吏，州檄召之不應，罷去。後凡居一職輒震耀，亦坐此不達。

程震字威卿，東勝人。與其兄鼎俱擢第。震入仕有能聲。興定初，詔百官舉縣令〔一三〕，震得陳留，治爲河南第一，召拜監察御史，彈劾無所撓。時皇子荆王爲宰相，家僮輩席勢侵民，震以法劾之，奏曰：「荆王以陛下之子，任天下之重。不能上贊君父，同濟艱難。顧乃專恃權勢，蔑棄典禮，開納貨賂，進退官吏。縱令奴隸侵漁細民，名爲和市，其實脅取。諸所不法不可枚舉。陛下不能正家，而欲正天下，難矣。」於是，上責荆王，出内府銀以償物直，杖大奴尤不法者數人。未幾，坐爲故吏所訟，罷官。歲餘，嘔血卒。

震爲人剛直有材幹，忘身徇國，不少私與。及爲御史，臺綱大振，以故小人側目者衆，不能久留於朝，士論惜之。

贊曰：韓玉、馮璧、李獻甫、雷淵皆金季豪傑之士也。邠、涇之變，玉募兵旬日而得萬人。牙吾塔之凶暴，璧以王度繩之，卒不敢動。夏人援宋例以邀歲幣，獻甫以宋賜夏姓一事折之，夏使語塞而和議定。淵爲御史，權貴斂避，古之國士何加焉。玉以疑見冤，璧、淵疾惡太甚，議者以酷譏之，瑕豈可以掩瑜哉。程震劾荆抵罪，比蹤馮、雷〔一三〕，然亦以羣小齟齬而死，直士之不容於世也久矣。吁。

校勘記

〔一〕正大二年二月　「二年」，原作「三年」。按，本卷下文言「明年，設益政院，雲翼爲選首」，本書卷一七哀宗紀上，正大三年八月「辛卯，詔設益政院于内廷，以禮部尚書楊雲翼等爲益政院説書官」。又卷五六百官志二所記同。今據改。

〔二〕向日弓箭手之在西邊者一遇敵則摶而戰袒而射　「手之」，原作「之手」，據文義乙正。

〔三〕轉北京路轉運司度支判官　「度支」，本書卷五七百官志三，都轉運司，「支度判官一員，從六品，掌勾判、分判支度案事」，作「支度」。

〔四〕「十月出爲寧邊州刺史三年改平定州」至「全活者甚衆」　此處所述有誤。按，遺山先生文集卷一七閑閑公墓銘，「泰和二年改户部主事，遷翰林脩撰，考滿留再任。衛紹王大安初，北兵入邊，召公與待制趙資道論邊備，（中略）王不能用，其秋宣德以敗聞。十月，出爲寧邊州刺史。二年，改平定州。（中略）入爲兵部郎中兼翰林脩撰」。考之閑閑老人滏水文集詩文皆合。金史詳校卷九：「『六十六字當改入下『宣德果以敗聞』文下。『三年』當作『二年』』。」是。

〔五〕又明年知貢舉坐取進士盧亞重用韻　按，本書卷一七哀宗紀上，正大四年六月丙辰，「賜詞賦經義盧亞以下進士第」，與此年代不合。又卷一〇〇李復亨傳，興定「五年三月，廷試進士，復亨監試。進士盧元謬誤，濫放及第。讀卷官禮部尚書趙秉文、（中略）當奪三官降職」。據此，「明年」當作「五年」，「盧亞」當作「盧元」。

〔六〕三月草開興改元詔　「開興」，當爲「天興」之誤。按，本書卷一七哀宗紀上天興元年注：「是年本正大九年，正月改元開興，四月又改元天興。」正月已改元「開興」，斷無三月始草開興改元詔之理。

〔七〕將有違約　中州集卷八韓玉小傳記此事作「將佐違約」。

〔八〕泰和四年調鄜州録事　「泰和」二字原脱。按，遺山先生文集卷一九内翰馮公神道碑銘，「承安二年中經義乙科，制策復入優等，調莒州軍事判官。宰相以公學問該洽，奏留校秘書。丁繼母張夫人憂，去官。服闋，再調遼濱主簿。（中略）丁臨海君憂。四年，調鄜州録事」。則此「四年」決非上文之承安四年。又該卷下文云：「明年，王師伐蜀，（中略）章廟欲招降吴曦。」考本書卷一二章宗紀四，泰和六年十二月辛酉，「完顔綱遣京兆録事張仔會吴曦于興州之置口。曦具言所以歸朝之意」。卷九八完顔綱傳記其事亦在泰和六年。知此「四年」當是泰和四年。今據補。又下文「明年」亦當作「六年」。

〔九〕行部檄充軍前檢察　「行部」，遺山先生文集卷一九内翰馮公神道碑銘作「刑部」。

〔一〇〕興定四年以宋人拒使者於淮上遣兵南伐　「興定」二字原脱。按，本書卷六二交聘表下，興定

「二年十二月甲寅，朝議乘勝與宋議和，以開封治中呂子羽、南京路轉運副使馮璧爲詳問宋國使，行至淮中流，宋人拒止之，自此和好遂絶」。又卷一五宣宗紀中，興定「三年春正月庚午，呂子羽至淮，宋人不納而還。詔伐宋」。是伐宋事在興定三年。本書列傳中，紀年之下或偶述已發生之事，而其事實在前一年。此處「以宋人拒使者」之敍事義尤明顯，蓋馮璧鞫牙吾塔在興定四年。據此補「興定」二字。又下文「四年」亦是興定四年。王鶚汝南遺事卷二，宣宗朝，阿虎帶「帥河中，以棄城應死，議親獲免」。即本卷所記之事。可爲佐證。

〔二〕正大庚寅倒迴谷之役　「正大庚寅」爲哀宗正大七年。按，本書卷一一二完顏合達傳，正大「八年正月，北帥速不觧攻破小關，殘盧氏、朱陽，（中略）追至谷口而還」，是爲倒迴谷之役。且本書卷一二三忠義傳三完顏陳和尚傳及遺山先生文集卷二七贈鎮南軍節度使良佐碑，亦稱倒迴谷之役在正大八年。疑此處繫年有誤。

〔三〕詔百官舉縣令　「詔」，原作「召」。按，金史詳校卷九，「『召』當作『詔』」。今據改。

〔三〕比蹤馮雷　「蹤」，原作「縱」，據南監本、北監本、局本改。

金史卷一百十一

列傳第四十九

古里甲石倫　内族訛可　撒合輦　强伸　烏林荅胡土　内族思烈　紇石烈牙吾塔

古里甲石倫，隆安人。以武舉登第。爲人剛悍頗自用，所在與人不合，宣宗以其勇善戰，每任用之。貞祐二年，累遷副提控、太原府判官，與從宜都提控、振武軍節度使完顔蒲刺都議拒守不合〔一〕，措置乖方，敵因大入，幾不可禦。既乃交章論列以自辨其無罪，上惡其不和，詔分統其兵。

未幾，遷同知太原府事。奏請招集義軍，設置長校，各立等差。都統授正七品職，副統正八品，萬户正九品，千户正班任使，謀克雜班。仍三十人爲一謀克，五謀克爲一千户，四千户爲一萬户，四萬户爲一副統，兩副統爲一都統，外設一總領提控。制可。

四年，遷河東宣撫副使，上章言宣撫使烏古論禮不肯分兵禦敵，且所行多不法。詔禮罷職，石倫遷絳陽軍節度使，權經略使，尋知延安府事、兼鄜延路兵馬都總管。大元兵圍忻州，石倫率兵往援，以兵護其民入太原，所保軍民甚衆。

興定元年七月，改河平軍節度、兼衞州管内觀察使，詔諭曰：「朕初謂汝勇果，爲國盡力，故倚以濟事。尋聞汝嗜酒不法，而太原知府烏古論德升亦屢嘗爲朕言之，然皆瑣屑，乃若不救汾州，豈細事哉。有司議罪如此，汝其悉之，益當戮力，以掩前過。」是年十一月，遷鎮西軍節度使、兼嵐州管内觀察使、行元帥府事。

二年四月，石倫言：「去歲北兵破太原，游兵時入嵐州境，而官民將士悉力扞禦，卒能保守無虞。向者河東内郡皆駐以精甲，實以資儲，視邊城尤爲完富，然兵一至相繼淪没。嵐兵寡而食不足，惟其上下協同，表裏相應，遂獲安帖。當大軍初入，郡縣倉皇，非此帥府控制，則隩、管保德、岢嵐、寧化皆不可知矣。今防秋不遠，乞朝廷量加旌賞，務令益盡心力，易以鎮守。」詔有功者各遷官一級，仍給降空名宣勑，令樞密院遣授之。

三年二月，石倫奏：「向者并、汾既破，兵入内地，臣謂必攻平陽，平陽不守，將及潞州，其還當由龍州谷以入太原。故臣嘗請兵欲扼其歸路，朝廷不以爲然，既而皆如臣所料。始敵入河東時，郡縣民皆携老幼徙居山險，後雖太原失守，而衆卒不從，其意謂敵不久留，且望官軍復至也。今敵居半歲，遣步騎擾諸保聚，而官軍竟無至者，民其能久抗乎。夫太原，河東之要郡；平陽，陝西、河南之藩籬也。若敵兵久不去，居民盡從，屯兵積糧以固基本，而復擾吾郡縣未殘者，則邊城指日皆下矣。北路不守，則南路爲邊，去陝西、河南益近，臣竊憂之，故復請兵以圖戰守。而樞府檄臣，并將權太原治中郭遹祖、義軍李天禄等萬餘人，就其糧五千石，會汾州權元帥右都監抹撚胡刺復太原。臣召遹祖，欲號令其衆，遹祖不從。尋得胡刺報曰：『嘗問軍數於遹祖，但稱天禄等言之，未嘗親閱。問糧，則曰散在數處。』蓋其情本欲視朝廷以己有兵糧，冀或見用，以取重職，不可指爲實用也。雖然，臣已遣提控石盞吾里忻等領軍以往矣。但敵勢頗重，而往者皆新集白徒，絶無精鋭，恐不能勝。乞於河南、陝西量分精兵，以增臣力，仍令陝西州郡近河東者給之資糧，更令南路諸軍綴敵之南，以分其勢，如此庶幾太原可復也。」詔陝西、河東行省分糧與之，請兵之事以方伐宋不從。

三月，石倫復上言曰：「頃者大兵破太原，招民耕稼，爲久駐之基。臣以太原要鎮，所當必爭，遣提控石盞吾里忻引官兵義兵共圖收復。又以軍士有功者宜速賞之，故擬令吾里忻得注授九品之職，以是請于朝，而執政以爲賞功罰罪皆須中覆。夫河東去京師甚遠，移報往返不暇數十日，官軍皆敗亡之餘，鋒鋭略盡，而義兵亦不習行陣，無異烏合，以重賞誘之猶恐不爲用，況有功而久不見報乎。夫衆不可用則不能退敵，敵不退則太原不可復，太原不可復則平陽之勢日危，而境土日蹙矣。今朝廷抑而不許，不過慮其濫賞耳。借使有濫賞之弊，其與失太原之害孰重？」於是詔從其請，自太原治中及他州從七品以下職、四品以下散官，並聽石倫遷調焉。

是月，石倫復言：「日者遣軍潛擣敵壘，欲分石州兵五百權屯方山，勦殺土寇，且備嵐州，而同知蒲察桓端拒而不發。又召同知寧邊軍節度使姚里鴉鶻與之議兵，竟不聽命。近領兵將取太原，委石州刺史納合萬家權行六部，而辭以他故，幾誤軍糧。約武州刺史郭憲率所領併進，憲亦不至。臣猥當方面之任，而所統官屬並不稟從，乞朝廷嚴爲懲誡，庶人知職分，易以責辦。」宰臣惡之，乃奏曰：「桓端、鴉鶻已經奏改，無復可議。石倫身兼行部，不自規畫，而使萬家往來應給，石州無人恐亦有失。武州邊郡正當兵衝，使憲率軍離城，敵或乘之，孰與守禦。萬家等不從，未爲過也。」上以爲然，因遣諭石倫曰：「卿嘗行院于歸德、衞州，防備之事非不素知，乃屢以步騎爲請何耶。比授卿三品，且數免罪譴卿，嘗自誓以死報國，今所爲如此，豈報國之道哉！意謂河南之衆必不可分，但圖他日得以藉口耳。卿果赤心爲國，盡力經畫，亦足自効。萬家等若必懲戒，彼中誰復可使者，姑爲容忍可也。」

閏三月，石倫駐兵太原之西，俟諸道兵至進戰，聞脅從人頗有革心，上言于朝，乞降空名宣勑、金銀符，許便宜遷注，以招誘之。上從其請，並給付之，仍聽注五品以下官職。

六月，保德州振威軍萬户王章、弩軍萬户齊鎮殺其刺史孛术魯銀术哥，仍滅其家，脅官吏軍民同狀白嵐州帥府，言銀术哥專恣慘酷，私造甲仗，將謀不軌。石倫密令同知州事把蒲剌都圖之，蒲剌都乃與兵吏置酒召章等飲，擒而族誅之。至是，朝廷命行省胥鼎量宜遷賞，仍令蒲剌都攝州事，撫安其衆焉。

六月，遷金安軍節度使，行帥府事於葭州。時鄜州元帥内族承立慮夏人入寇，遣納合買住以兵駐葭州，石倫輒分留買住兵千八百人，令以餘兵屯綏德，而後奏之。有司論罪當絞，既而遇赦，乃止除名。元光元年，起爲鄭州同知防禦使，與防禦使裴滿羊哥部内酤酒不償直，皆除名。三月，上諭元帥監軍内族訛可曰：「石倫今以罪廢，欲再起之，恐生物議，汝軍前得無用之乎。此人頗善戰，果可用便當遣去。古亦有白衣領職者，渠雖除名何害也。」十月，大元兵圍青龍堡，詔以石倫權左都監，將兵會上黨公、晉陽公往援之。兵次彈平寨東三十里，敵兵梗道不得進，會青龍堡破，召還。既而復以罪免。

正大八年，大兵入河南，州郡無不下者，朝議以權昌武軍節度使粘葛仝周不知兵事，起石倫代之。石倫初赴昌武，詔諭曰：「卿先朝宿將，甚有威望，故起拜是職。元帥蘇椿、武監軍皆曉兵事，今在昌武，宜與同議，勿復不睦失計也。」時北兵已至許，石倫赴鎮幾爲游騎所獲。數日，知兩省軍敗，潰軍踵來，有忠孝軍完顏副統入城，兩手皆折，血污滿身，州人憂怖不知所出。石倫遣歸順軍提控嵐州人高珪往斥候，珪因持在州軍馬糧草數目奔大元軍〔二〕，仍告以城池深淺。俄大兵至城下，以鳳翔府韓壽孫持檄招降，言三峯敗狀。石倫、蘇椿不詰問即斬之市中。既而武監軍偏裨何魏輩開東門，內族按春開南門，夾谷太守開西門，大元軍入城，擒蘇椿，問以大名南奔之事，椿曰：「我本金朝人，無力故降，我歸國得爲大官，何謂反耶。」大將怒其不屈，即殺之。石倫投廨後井中，仝周自縊州廨。武監軍者初不預開門之謀，何魏輩欲保全之，故言於大將曰：「監軍令我輩獻門。」然亦怒其不迎軍而降，亦殺之。

仝周名暉，字子陽，策論進士，興定間爲徐州行樞密院參議官，上章言：「惟名與器不可假人，自古帝王靡不爲重。今之金銀牌，即古符節也，其上有太祖御畫，往年得佩者甚難，兵興以來授予頗濫，市井道路黃白相望，恐非所以示信於下也。乞賓惜之，有所甄別。」上以語宰臣，而丞相高琪等奏：「時方多難，急於用人，駕馭之方，此其一也，如故爲便。」

蘇椿，大名人，初守大名，歸順于大元，正大二年九月〔三〕，自大名奔汴，詔置許州，至是見殺。

完顔訛可，内族也。時有兩訛可，皆護衛出身，一曰「草火訛可」，每得賊好以草火燎之，一曰「板子訛可」，嘗誤以宫中牙牌報班齊者爲板子，故時人各以是目之。

正大八年九月，大兵攻河中。初，宣宗議遷都，朝臣謂可遷河中：「河中背負關陝五路，士馬全盛，南阻大河，可建行臺以爲右翼。前有絳陽、平陽、太原三大鎮，敵兵不敢輕入。應三鎮郡縣之民皆聚之山寨，敵至則爲晝攻夜劫之計。屯重軍中條，則行在有萬全之固矣。」主議者以河中在河朔，又無宫室，不及汴梁，議遂寢。

宣宗既遷河南，三二年之後，詔元帥都監内族阿禄帶行帥府事。阿禄帶恇怯不能軍，竭民膏血爲浚築之計。未幾，絳州破，阿禄帶益懼，馳奏河中孤城不可守，有旨親視，果不可守則棄之，無至資敵。阿禄帶遂棄河中，燒民户官府，一二日而盡。尋有言河中重鎮，國家基本所在，棄之爲失策，設爲敵人所據，則大河之險我不得專恃矣。宣宗悔悟，繫阿魯帶同州獄，累命完復之，隨守隨破。至是，以內族兩訛可將兵三萬守之。

大兵謀取宋武休關。未幾，鳳翔破，睿宗分騎兵三萬入散關，攻破鳳州，徑過華陽，屠洋州，攻武休關。開生山，截焦崖，出武休東南，遂圍興元。興元軍民散走，死於沙窩者數十萬。分軍而西，西軍由別路入沔州，取大安軍路開魚鼈山，撤屋爲筏，渡嘉陵江入關堡，並江趨葭萌，略地至西水縣而還。東軍止屯興元、洋州之間，遂趨饒峯。宋人棄關不守，大兵乃得入。

初，大兵期以明年正月合南北軍攻汴梁，故自將攻河中。河中告急，合打、蒲阿遣王敢率步兵一萬救之。十二月，河中破。初，河中主將知大兵將至，懼軍力不足，截故城之半守之。及被攻，行帳命築松樓高二百尺，下瞰城中，土山地穴百道並進。至十一月，攻愈急。自王敢救軍至，軍士殊死鬬，日夜不休，西北樓櫓俱盡，白戰又半月，力盡乃陷。草訛可戰數十合始被擒，尋殺之。板訛可提敗卒三千奪船走，北兵追及，鼓噪北岸上，矢石如雨。數里之外有戰船橫截之，敗軍不得過，船中有賁火砲名「震天雷」者連發之，砲火明，見北船軍無幾人，力斫橫船開，得至潼關，遂入閿鄉。尋有詔赦將佐以下〔四〕，責訛可以不能死，車載入陝州，決杖二百。識者以爲河中城守不下，德順力竭而陷，非戰之罪，故訛可之死人有冤之者。

初，訛可以元帥右監軍、邠涇總帥、權參知政事，奉旨於邠、涇、鳳翔往來防秋，奉御六兒監戰，於訛可爲孫行，而訛可動爲所制，意頗不平，漸生猜隙。七年九月，召赴京師，改河中總帥，受京兆節制。此時六兒同赴召，謂訛可奉旨往來防秋，而乃畏怯避遠，正與朝旨相違，上意頗罪訛可。及河中陷，苦戰力盡，而北兵百倍臨之，人謂雖至不守猶可以自贖，竟杖而死，蓋六兒先入之言主之也。

劉祁曰〔五〕：「金人南渡之後，近侍之權尤重。蓋宣宗喜用其人以爲耳目，伺察百官，故奉御輩採訪民間，號『行路御史』，或得一二事即入奏之，上因切責臺官漏泄〔六〕，皆抵罪。又方面之柄雖委將帥，又差一奉御在軍中，號曰『監戰』，每臨機制變多爲所牽制，遇敵輒先奔，故師多喪敗。」哀宗因之不改，終至亡國。

論曰：古里甲石倫善戰而好犯法，故見廢者屢，晚起爲將，卒死於難。金運將終，又用數奇之李廣，其乏絕不亦宜乎。草訛可力戰而死，板訛可亦力戰，不死於陣而死於刑，論者以爲有近侍先入之言。夫以暬御治軍，既掣之肘，又信其讒以殺人，金失政刑矣。唐之亡，坐以近侍監軍，金蹈其轍，哀哉。

撒合輦字安之，內族也。宣宗朝，累遷同簽樞密院事。元光二年十二月庚寅夜，宣宗病篤，英王盤都先入侍，哀宗後至，東華門已閉，聞英王在宮，遣樞密院官及東宮親衛軍總領移剌蒲阿勒兵東華門，都點檢駙馬都尉徒單合住奏中宮，得旨，領符鑰啓門。合住見上，上命撒合輦解合住刀佩之，哀宗遂入，明日即位，由是見親信。正大元年正月庚申，以輦同判大睦親府事，兼前職。刑部完顏素蘭言：「把胡魯策功第一，非超拜右丞相無以酬之。」然同功數人亦有不次之望，故胡魯之命中輟，輦猶升二品云。

四年，大元既滅西夏，進軍陝西。四月丙申，召尚書温迪罕壽孫、中丞烏古孫卜吉、祭酒裴滿阿虎帶、直學士蒲察世達、右司諫陳規、監察烏古論四和完顏習顯、同判睦親府事撒合輦同議西事，上曰：「已諭合達盡力決一戰矣。」羣臣多主和事，獨輦力破和議，語在陳規傳。

八月，朝廷得清水之報，令有司罷防城及修城丁壯，凡軍需租調不急者權停。初，聞大兵自鳳翔入京兆，關中大震，以中丞卜吉、祭酒阿忽帶兼司農卿，簽民兵，督秋稅，令民入保爲避遷計。當時議者以謂大兵未至而河南先亂，且曰：「御史監察城洛陽，治書供帳北使，中丞下兼司農簽軍督税，臺政可知矣。」至是，上謂撒合輦曰：「諺云，水深見長人。朝臣或欲我一戰，汝獨言當静以待之，與朕意合，今日有太平之望，皆汝謀也。先帝嘗言汝可用，可謂知人矣。」

未幾，右拾遺李大節、右司諫陳規言，撒合輦諂佞納賄及不公事，奏帖留中不報。明惠皇后嘗傳旨戒曰：「汝諂事上，上之騎鞠皆汝所教。」尉忻亦極言之，上頗悟，出爲中京留守、兼行樞密院事。初，宣宗改河南府爲金昌府，號中京，又擬少室山頂爲御營，命移剌粘合築之，至是撒合輦爲留守。

九年正月，北兵從河清徑渡，分兵至洛，出没四十餘日。二月乙亥，立砲攻城。洛中初無軍，得三峯潰卒三四千人，與忠孝軍百餘守禦。時輦疽發于背，不能軍，同知温迪罕斡朵羅主軍務，有大事則就輦禀之。三月甲申，忠孝軍百餘騎入使宅，强擁輦出奔，輦不得已從之，并以官屬及其子自隨，才出南裏城門，城上軍覺，閉之甕城中，矢石亂下，人馬多死傷。輦知不能出，仰呼求救，軍士知出奔非輦意，以繩引而上，送入其宅，不敢出。鎮撫官縛出奔之黨，欲殺之，已斬三人，輦親爲乞命，得免。

乙酉，斡朵羅賫金帛出北門，如前日巡城犒軍之狀，既出即沿城而西，直出外壕，城上人呼曰：「同知講和去矣。」軍士及將領隨而下者三四百人。少之，輦傳令云：「同知叛降，有再下城者斬。」凡斬三四人，乃定。丙戌夜，城東北角破，輦奪南門出不得，投濠水死。已而，大兵退，强伸復立帥府。

强伸，本河中射糧軍子弟，貌極寢陋，而膂力過人。興定初，從華州副都統安寧復潼關，以勞任使，嘗監郃陽醋。後客洛下，選充官軍，戍陝，鐵嶺軍潰被虜，從都尉兀林荅胡土竄歸中京。時中京已破，留守兼行樞密院使內族撒合輦死之，元帥任守真復立府事，以便宜署伸警巡使。後守真率部曲軍從行省思烈入援，鄭州之敗，守真死。

天興元年八月，中京人推伸爲府簽事，領所有軍二千五百人，傷殘老幼半之。甫三日，北兵圍之，東西北三面多樹大砲，伸括衣帛爲幟，立之城上，率士卒赤身而戰，以壯士五十人往來救應〔七〕，大叫，以「憨子軍」爲號，其聲勢與萬衆無異。兵器已盡，以錢爲鏃，得大兵一箭截而爲四，以筒鞭發之。又創遏砲，用不過數人，能發大石於百步外，所擊無不中。伸奔走四應，所至必捷。得二馳及所乘馬皆殺之，以犒軍士，人不過一啗，而得者如百金之賜。九月，大兵退百里外。閏月，復攻，兵數倍於前。又一月，不能拔。事聞，哀宗降詔褒諭，以仲爲中京留守、元帥左都監、世襲謀克、行元帥府事。

十月，參知政事内族思烈自南山領軍民十餘萬入洛，行省事。二年二月，仲建一堂於洛川驛之東，名曰「報恩」，刻詔文於石，願以死自效。三月，中使至，以仲便宜從事。是月，大兵自汴驅思烈之子於東門下，誘思烈降。思烈即命左右射之，既而知崔立之變，病不能語而死。總帥忽林荅胡土代行省事，仲行總帥府事，月餘糧盡，軍民稍稍散去。

五月，大兵復來，陣於洛南，仲陣水北。有韓帥者匹馬立水濱，招仲降，仲謂帥曰：「君獨非我家臣子耶？一日勤王，猶遺令名于世，君既不能，乃欲誘我降耶？我本一軍卒，今貴爲留守，誓以死報國耳。」遂躍而射之。帥奔陣，率步卒數百奪橋，仲軍一旗手獨出拒之，殺數人，仲乃手解都統銀符與之佩，士卒氣復振。初，築戰壘於城外四隅，至五門内外皆有屏，謂之迷魂墻。大兵以五百騎迫之，仲率卒二百鼓噪而出，大兵退。

六月，行省胡土率衆走南山，鷹揚都尉獻西門以降〔八〕，仲知城不能守，率死士數十人突東門出，轉戰至偃師，力盡就執。載以一馬，擁迫而行，仲宛轉不肯進，强掖之，將見大帥塔察。及中京七里河，仲語不遜，兵卒相謂曰：「此人乖角如此，若見大帥其能降乎，不若殺之。」因好語誘之曰：「汝能北面一屈膝，吾貸汝命。」仲不從，左右力持使北面，仲拗頭南向〔九〕，遂殺之。

烏林答胡土。正大九年正月戊子，北兵以河中一軍由洛陽東四十里白坡渡河。白坡故河清縣，河有石底，歲旱水不能尋丈。國初以三千騎由此路趨汴，是後縣廢爲鎮，宣宗南遷，河防上下千里，常以此路爲憂，每冬日命洛陽一軍戍之。河中破，有言此路可徒涉者，已而果然。北兵既渡，奪河陰官舟以濟諸軍。時胡土爲破虜都尉，戍潼關，以去冬十二月被旨入援，至偃師，聞白坡徑渡之耗，直趨少室，夜至少林寺。時登封縣官民已遷太平頂御寨。明日，胡土使人紿縣官云：「吾軍中家屬輜重欲留此山，即率兵赴汴京。」因攝縣官下山，使之前導，一軍隨之而上。山既險固，糧亦充足，遂有久住之意。尋縱軍下山劫掠居民，甚於盜賊，旁近一二百里無不被害。胡土畏變，知而不禁，又所劫牛畜糧糗亦分有之。

七月，恒山公武仙、參政思烈兩行省軍，屯登封城南大林下，遣人約之入京。胡土百計不肯下，不得已，乃分其軍四千，與思烈俱東。八月三日，兩行省軍潰於中牟，胡土狼狽上山，殘卒三二十人外偏裨無一人至者。十二月，思烈自留山行省於中京，徵兵同保洛陽，又遷延不行。思烈以檄來，言：「若依前逗遛，自有典憲，吾不汝容矣。」胡土懼，乃挈妻子及軍往中京，留其半山上以爲巢穴。天興二年三月，思烈病卒，留語胡土代行省事。六月，敵勢益重，强伸方盡力戰禦，而胡土即領輕騎，挈妻子棄城南奔，遂失中京。

初，胡土在太平頂既顧望不進，又懼人議己，乃出榜募人爲救駕軍，云：「一旅之衆可以興復國家，諸人有能奮發許國捐軀者，豈不濟大事乎！」於是，不逞之徒隨募而出，得澤人緝麻𦢊、武録事等二十餘人，促令赴京，行及盧店即行劫，械至，杖之二百，人無不竊笑。

既而，走蔡州，上召見慰問，而心薄之。會宋人攻唐州，元帥烏古論黑漢屢遣人告急，即命胡土領忠孝軍百人，就徵西山招撫烏古論换住、黄八兒等軍赴之。胡土率兵至唐，宋人斂避，縱其半入城，夾擊之，胡土大敗，僅存三十騎以還，换住死焉。

既而，以胡土爲殿前都點檢，罷權參政。大兵圍蔡，分軍防守，胡土守西面。十一月，胡土之奴竊其金牌，夜縋城降，朝士喧播謂胡土縱之往，將有異志。胡土聞之，内不自安，乞解軍職。上慰之曰：「卿父子昆弟皆爲帥臣，受恩不爲不厚，顧肯降耶。且卿向在洛陽不即降，而千里遠來降於蔡，豈人情也哉。聞卿遇奴太察，且其衣食不常給之，此蓋往求温飽耳，卿何慊焉。」因賜饌以安其心。初，胡土罷機政，頗有怨言，左右勸上誅之，上不聽。及令守西城，尤怏怏不樂，至是始感恩無他慮矣。

尋以總帥孛术魯婁室與胡土皆權參政，婁室與右丞仲德同事，胡土防守如故，復以都尉承麟爲東面元帥權總帥。先是，攻東城，婁室隨機備禦。二日移攻南城，烏古論鎬易之，砲擊城樓幾仆，右丞仲德率軍救援，乃罷攻。俄而四面受敵，仲德艱於獨援，遂薦承麟代婁室東面，而乞與婁室同救應。初，胡土失外城，頗慚恨〔一〇〕，聲言力小不能令衆，仲德亦薦之，故有是命。蔡城破，投汝水死。

贊曰：撒合輦本以佞進，烏林荅胡土戰陣不武，付以孤城，望其捍禦大難，豈得爲知人乎。强伸一射糧卒耳，及授以兵，乃能應變制勝，遠過二人，力盡乃斃，猶有烈丈夫之風焉。古人有言：「四郊多壘，拔士爲將。」使金運未去，伸足以建功名矣夫。

內族思烈，南陽郡王襄之子也。資性詳雅，頗知書史。自五六歲入宮充奉御，甚見寵幸，世號曰「自在奉御」。當宣宗入承大統，胡沙虎跋扈，思烈尚在髫亂，嘗涕泣跪抱帝膝致說曰：「願早誅權臣，以靖王室。」帝急顧左右掩其口。自是，帝甚器重之。後由提點近侍局遷都點檢。天興元年，汴京被圍，哀宗以思烈權參知政事，行省事于鄧州，會武仙引兵入援。於是思烈率諸軍發自汝州，過密縣，遇大元兵，不用武仙阻澗之策，遂敗績于京水，語在武仙傳。中京留守、元帥左監軍任守真死之。上聞，罷思烈行省之職，以守中京。無何，大兵圍中京未能下，崔立遣人監思烈子於中京城下，招之使降。思烈不顧，令軍士射之，既而知崔立已以汴京歸順，病數日而死。

初，思烈會武仙等軍入援，即與仙論議不同，仙以思烈方得君，每假借之。思烈謂仙本無入援意，特以朝廷遣一參政召兵，迫於不得已乃行耳。然仙知兵，頗以持重爲事。思烈急於入京，不聽仙策，於是左右司員外郎王渥乃勸思烈曰：「武仙大小數百戰，經涉不爲不多，兵事當共議。」思烈疑其與仙有謀，幾斬之，渥自以無愧於內，不懼也。已而，思烈果敗，渥歿於陣。

渥字仲澤，後名仲澤，太原人。性明俊不羈，博學善談論，工尺牘，字畫清美，有晉人風。少游太學，長於詞賦，登興定二年進士第。爲時帥奧屯邦獻、完顏斜烈所知，故多在兵間。後辟寧陵令，有治迹，入爲尚書省令史。因使宋至揚州，應對敏給，宋人重之。及還，爲太學助教，轉樞密院經歷官，俄遷右司都事，稍見信用。及思烈往鄧州，以渥爲左右司員外郎，從行。

贊曰：思烈夙惠，請誅權奸以立主威，有甘羅、辟疆之風，所謂「茂良不必父祖」者也。中京之圍，崔立脅其子使招之降，不顧而趣射之，何愧乎橋玄。至如不從武仙之言，以至於敗，此蓋時人因惜王仲澤之死而有是言，仙無入援之意則非誣也。

紇石烈牙吾塔一名志。本出親軍，性剛悍喜戰。貞祐間，僕散安貞爲山東路宣撫使，以牙吾塔爲軍中提控。是時，山東羣盜蜂起，安貞遣牙吾塔破巨蒙等四堌，又破馬耳山砦，殺劉二祖賊黨四千餘人，降賊八千，虜其僞宣差程寬、招軍大使程福，又降脅從民三萬餘人。貞祐四年六月，積功累遷欄通渡經略使。十月，爲元帥左都監。十二月，行山東西路兵馬都總管府事，兼武寧軍節度使、徐州管内觀察使。

興定二年正月，宋兵萬餘攻泗州，牙吾塔赴援，至臨淮，遇宋人三百，掩殺殆盡。及泗州，宋兵八千圍甚急，督衆進戰，大破之，溺水死者甚衆，獲馬三百餘匹，俘五十餘人。又圍盱眙，宋人閉門堅守不敢出。以騎兵分掠境内，而時遣羸卒薄城誘之。宋人出騎數百來拒，牙吾塔麾兵佯北，發伏擊之，斬首二百。宋人復出步騎八千來援，合擊敗之，殺一太尉，斬首三百。尋獲覘者，稱青平宋兵甚衆，將救盱眙。牙吾塔移兵赴之，宋兵步騎七千人突出，兵少却，旋以輕騎掎其後，初逗遛不與戰，縱之走東南，薄諸河，斬首千餘，溺死者無筭，獲馬牛數百，甲仗以千計。師還，遇宋兵三千於連塘村，斬首千餘級，俘五十人，獲馬三十五疋。宣宗以其有功，賜金帶一。

三年正月，敗宋人於濠州之香山村。二月，又敗之於滁州〔一二〕，斬首千級。拔小江寨，殺統制王大篷等，斬三萬，俘萬餘人。又拔輔嘉平山寨，斬首數千，俘五百餘人，獲馬牛數百，糧萬斛。三月，提控奥敦吾里不大敗宋人于上津縣，兵還至濠州，宋人以軍八千拒戰，牙吾塔迎擊敗之，獲馬百餘疋。

五年正月，上以紅襖賊助宋爲害，邊兵久勞苦，詔牙吾塔遺宋人書求戰，略曰：「宋與我國通好，百年於此，頃歲以來，納我叛亡，絶我貢幣，又遣紅襖賊乘間竊出，跳梁邊疆，使吾民不得休息。彼國若以此曹爲足恃，請悉衆而來，一決勝負，果能當我之鋒，沿邊城邑當以相奉。度不能，即宜安分保境，何必狐號鼠竊、乘陰伺夜以爲此態耶？且彼之將帥亦自受鉞總戎，而臨敵則望風遠遁，被攻則閉壘深藏，逮吾師還，然後現形耀影以示武。

夫小民尚氣，女子有志者猶不爾也，切爲彼國羞之。」

先是，宋將時青襲破泗州西城。二月，牙吾塔將兵取之，宋兵拒守甚力，乃募死士以梯衝並進，大敗宋兵。時青乘城指麾，射中其目，遂拔衆南奔。乃陳兵橫絶走路擊之，宋兵大潰，遂復泗州西城。三月，復出兵宋境，以報其役，破團山、賈家等諸寨，進逼濠州。牙吾塔慮州人出拒，躬率勁兵逆之，遇邏騎二百于城東，擊殺過半。會偵者言前路芻糧甚艱，乃西掠定遠，由渦口而還。九月，又率兵渡淮，大破宋兵於團山，詔遷官升職有差。

元光元年五月，以京東便宜總帥兼行户、工部事，上因謂宰臣曰：「牙吾塔性剛，人皆畏之，委之行部，無不辦者。至於御下亦頗有術，提控有胡論出者，渠厚待之，常同器而食，其人感奮，遂以戰死。」英王守純曰：「凡爲將帥，駕馭人材皆當如此。」上曰：「然。」未幾，宋人三千潛渡淮，至聊林，盡伐隄柳，塞汴水以斷吾糧道。牙吾塔遣精甲千餘破之，獲其舟及渡者七百人，汴流由是復通。

二年四月，上言：「賞罰國之大信，帝王所以勸善而懲惡，其令一出不可中變。向官軍戰歿者皆廩給其家，恩至厚也。臣近抵宿州，乃知例以楮幣折支，往往不給，至于失所。此殆有司出給之吝，不能奉行朝廷德意之過也。自今願支本色，令得贍濟。」以糧儲方艱，詔有司給其半。

紅襖賊寇壽、潁，剽掠數日而去。牙吾塔聞之，率兵渡淮，偵知朱村、孝義村有賊各數百，分兵攻之，連破兩栅，及焚其村塢數十。還遇宋兵數百，陣淮南岸，擊殺其半，尋有兵千餘自東南來追，復大敗之。

先是，納合六哥殺元帥蒙古綱，據邳州以叛。十月，牙吾塔圍之，焚其樓櫓，斬首百餘。於是，宋鈐轄高顯、統制侯進、正將陳榮等知不能守，共誅六哥，持其首縋城降。六哥既誅，衆猶拒守，方督兵進攻，宋總領劉斌、提控黃温等縛首亂顏俊、戚誼、完顏乞哥，及梟提控金山八打首，遣其校馬俊、吴珪來獻。既而紅襖監軍徐福、統制王喜等亦遣其總領孫成、總押徐琦納欵。劉斌等遂率軍民出降，牙吾塔入城，撫慰其衆，各使安集，又招獲紅襖統制十有五人，將官訓練百三十有九人。十一月，遣人來報，仍函六哥首以獻。宣宗大喜，進牙吾塔官一階，賜金三百兩、内府重幣十端，將士遷賞有差。

正大三年十一月，北兵猝入西夏，攻中興府甚急。召陝西行省及陝州、靈寶二總帥訛可、牙吾塔議兵。又詔諭兩省曰：「儻邊方有警，内地可憂，若不早圖，恐成噬臍。旦夕事勢不同，隨機應變，若逐旋申奏，恐失事機，並從行省從宜規畫。」

四年，牙吾塔復取平陽，獲馬三千〔一二〕。是歲，大兵既滅夏國，進攻陝西德順、秦州、清水等城，遂自鳳翔入京兆，關中大震。五年，圍慶陽〔一三〕。六年十月，上命陝省以羊酒及幣赴慶陽犒北帥，爲綏師計。北中亦遣唐慶等往來議和，尋遣斡骨欒爲小使，徑來行省。十二月，詔以牙吾塔與副樞蒲阿、權簽樞密院事内族訛可將兵救慶陽。七年正月，戰于大昌原，慶陽圍解。詔以牙吾塔爲左副元帥，屯京兆。初，斡骨欒來，行省恐泄事機，因留之。蒲阿等既解慶陽之圍，志氣驕滿，乃遣還，謂使者曰：「我已準備軍馬，可戰鬬來。」語甚不孫，斡骨欒以此言上聞，太宗皇帝大怒，至應州，以九日拜天，即親統大兵入陝西。八年，遷居民於河南，棄京兆東還。五月，至閿鄉，得寒疾，汗不出，死。

「塔」亦作「太」，亦曰「牙忽帶」，蓋女直語，無正字也。是歲九月，國信使内族乘慶自北使還，始知牙吾塔不孫激怒之語，且言慶等在旁心魄震蕩，殆不忍聞。當時以帥臣不知書，悮國乃耳。

塔爲人鷙狠狼戾，好結小人，不聽朝廷節制。嘗入朝，詣省堂，詆毁宰執，宰執亦不敢言，而上倚其鎮東方，亦優容之。尤不喜文士，僚屬有長裾者輒以刀截去。又喜凌侮使者，凡朝廷遣使來，必以酒食困之，或辭以不飲，因併食不給，使餓而去。司農少卿張用章以行户部過宿，塔飲以酒，張辭以寒疾，塔笑曰：「此易治耳。」趣左右持艾來，卧張於牀，灸之數十。又以銀符佩妓，屢往州郡取賕，州將之妻皆遠迎迓，號「省差行首」，厚賄之。御史康錫上章劾之，且曰：「朝廷容之，適所以害之。欲保全其人，宜加裁制。」朝廷竟不治其罪。以屢敗宋兵，威震淮、泗，好用鼓椎擊人，世呼曰「盧鼓椎」，其名可以怖兒啼，大概如呼「麻胡」云。

有子名阿里合，世目曰「小鼓椎」，嘗爲元帥，從哀宗至歸德，與蒲察官奴作亂，伏誅。

康錫字伯禄，趙州人。至寧元年進士。正大初，由省掾拜御史，劾侯摯、師安石非相材，近侍局宗室撒合輦聲勢熏灼，請託公行，不可使在禁近，時論韙之。轉右司都事、京南路司農丞，爲河中路治中〔一四〕。河中破，從時帥率兵南奔，濟河，船敗死。爲人氣質重厚，公家之事知無不爲，與雷淵、冀禹錫齊名。

贊曰：金自胡沙虎、高琪用事，風俗一變，朝廷矯寬厚之政，好爲苛察，然爲之不果，反成姑息。將帥鄙儒雅之風，好爲粗豪，然用非其宜，終至跋扈。牙吾塔戰勝攻取，威行江、淮，而矜暴不法，肆侮王人，此豈可制者乎？棄陝而歸，死於道途，殆其幸歟。其子效尤，竟陷大僇，君子乃知康錫之言不爲過也。

校勘記

〔一〕振武軍節度使完顏蒲剌都議拒守不合　「振武軍」，疑當作「震武軍」。按，本書卷一〇三完顏蒲剌都傳：「崇慶元年，遷震武軍節度。」又，本書卷二六地理志下，河東北路代州，「天會六年置震武軍節度使」。

〔二〕珪因持在州軍馬糧草數目奔大元軍　「數目」，原作「數日」，據北監本、殿本、局本改。

〔三〕正大二年九月　本書卷一七哀宗紀上記此事在正大二年五月。

〔四〕尋有詔赦將佐以下　「詔赦」，原作「赦詔」，據局本乙正。

〔五〕劉祁曰　「劉祁」，原作「劉祈」，據局本改。按，此文見歸潛志卷七。

〔六〕上因切責臺官漏泄　「切」，原作「所」，據歸潛志卷七改。

〔七〕以壯士五十人往來救應　「十」，原作「千」。按，上文「領所有軍二千五百人，傷殘老幼半之」，則所謂「壯士」必不至「五千」，蓋「十」與「千」形近致誤，今改正。

〔八〕鷹揚都尉獻西門以降　按，「鷹揚都尉」下闕人名。

〔九〕伸拗頭南向　「拗」，原作「抝」，據南監本、北監本、殿本、局本改。

〔一〇〕頗慚恨　「慚」，原作「漸」，據南監本、北監本、殿本、局本改。

〔一一〕二月又敗之於滁州　「之」字原脱。按，本書卷一五宣宗紀中，興定三年二月庚子，「紇石烈牙吾塔敗宋人于滁」。今據補。

〔二〕獲馬三千　「三千」，本書卷一七哀宗紀上作「八千」。

〔三〕五年圍慶陽　按，本書卷一七哀宗紀上不載正大五年元兵圍慶陽事，而記六年十月「犒北帥」、「綏師」事則與下文同。疑此「五年」或誤。

〔四〕爲河中路治中　「河中路」，遺山先生文集卷二一大司農丞康君墓表作「河中府」。按，本書地理志，金無「河中路」，此處疑當作「河中府」。

金史卷一百十二

列傳第五十

完顏合達　移剌蒲阿

完顏合達名瞻，字景山。少長兵間，習弓馬，能得人死力。貞祐初，以親衛軍送岐國公主，充護衛〔一〕。三年，授臨潢府推官，權元帥右監軍。時臨潢避遷，與全、慶兩州之民共壁平州。合達隸其經略使烏林荅乞住，乞住以便宜授軍中都統，累遷提控，佩金符。未幾，會燕南諸帥將兵復中都城，行至平州遷安縣，臨潢、全慶兩軍變，殺乞住，擁合達還平州，推爲帥，統乞住軍。合達以計誅首亂者數人。其年六月，北兵大將喊得不遺監戰提軍至平州城下，以州人黄裳入城招降，父老不從，合達引兵逆戰，知事勢不敵，以本軍降於陣。監戰以合達北上，留半歲，令還守平州。已而，謀自拔歸，乃遣奉先縣令紇石烈布里哥、北京教授蒲察胡里安、右三部檢法蒲察蒲女涉海來報。

四年十一月，合達果率所部及州民並海西南歸國。詔進官三階，升鎮南軍節度使，駐益都，與元帥蒙古綱相應接，充宣差都提控。十二月，大元兵徇地博興、樂安、壽光，東涉濰州之境，蒙古綱遣合達率兵屢戰於壽光、臨淄。興定元年正月，轉通遠軍節度使、兼鞏州管內觀察使。七月，改平西軍節度使、兼河州管內觀察使。二年正月，知延安府事、兼鄜延路兵馬都總管。

三年正月，詔伐宋，以合達爲元帥右都監。三月，破宋兵於梅林關，擒統領張時。又敗宋兵於馬嶺堡，獲馬百匹。又拔麻城縣，獲其令張倜、幹辦官郭守紀。

四月，夏人犯通秦寨〔二〕，合達出兵安塞堡，抵隆州，夏人自城中出步騎二千逆戰，進兵擊之，斬首數十級，俘十人，遂攻隆州，陷其西南隅〔三〕，會日暮乃還。六月，行元帥府事於唐、鄧，上遣諭曰：「以卿才幹故委卿，無使敵人侵軼，第固吾圉可也。」四年正月，復爲元帥右都監，屯延安。十月，夏人攻綏德州，駐兵于拄天山，合達將兵擊之，別遣先鋒提控樊澤等各率所部分三道以進，畢會于山顛，見夏人數萬餘傅山而陣，即縱兵分擊，澤先登，摧其左軍，諸將繼攻其右，敗之。

五年五月，知延安府事，兼前職。上言：「諸軍官以屢徙，故往往不知所居地形迂直險易，緩急之際恐至敗事，自今乞勿徙。」又言：「河南、陝西鎮防軍皆分屯諸路，在營惟老稚而已。乞選老成人爲各路統軍以鎮撫之，且督其子弟習騎射，將來可用。」皆從之。

十一月，夏人攻安塞堡，其軍先至，合達與征行元帥納合買住禦之。合達策之曰：「比北方兵至，先破夏人則後易爲力。」於是濳軍裹糧倍道兼進，夜襲其營，夏人果大潰，追殺四十里，墜崖谷死者不可勝計。上聞之，賜金各五十兩、重幣十端，且詔諭曰：「卿等克成大功，朕聞之良喜。經畫如此，彼當知畏，期之數年，卿等可以休息矣。」仍詔以合達之功徧諭河南帥臣。是月，與元帥買住又戰延安，皆被重創。十二月，以保延安功賜金帶一、玉吐鶻一、重幣十端。

元光元年正月，遷元帥左監軍，授山東西路吾改必剌世襲謀克。權參知政事，行省事於京兆。未幾，真拜〔四〕。是年五月，上言：「頃河中安撫司報，北將按察兒率兵入隰、吉、翼州，寖及榮、解之境，今時已暑，猶無回意，蓋將蹂吾禾麥。儻如此，則河東之土非吾有也。又河南、陝西調度仰給解鹽，今正漉鹽之時，而敵擾之，將失其利。乞速濟師，臣已擬分兵二萬，與平陽、上黨、晉陽三公府兵同力禦之。竊見河中、榮、解司縣官與軍民多不相諳，守禦之間或失事機。乞從舊法，凡司縣官使兼軍民，庶幾上下相得，易以集事。」又言鹽利，「今方敵兵迫境，不厚以分人，孰肯冒險而取之。若自輸運者十與其八，則人爭赴以濟國用。」從之。

葭州提控王公佐言於合達曰：「去歲十月，北兵既破葭州，構浮梁河上。公佐寓治州北石山子，招集餘衆得二千餘人，欲復州城。以士卒皆自北逃歸者，且無鎧仗，故嘗請兵於帥府，將焚其浮橋，以取葭州，帥府不聽。又請兵援護老幼稍徙內地，而帥府亦不應。今葭州之民迫於敵境，皆有動摇之心。若是秋敵騎復來，則公佐力屈死於敵手，而遺民亦俱屠矣。」合達乃上言：「臣願馳至延安，與元帥買住議，以兵護公佐軍民來屯吴堡，伺隙而動。」詔省院議之，於是命合達率兵取葭州。行至鄜州，千户張子政等殺萬户陳紋，將掠城中。合達已勒兵爲備，子政等乃出城走，合達追及之，衆復來歸，斬首惡數十人，軍乃定。

六月，合達上言：「累獲諜者，皆云北方已約夏人，將由河中、葭州以入陝西。防秋在近，宜預爲計。今陝西重兵兩行省分制之，然京兆抵平涼六百餘里，萬一敵梗其閒，使不得通，是自孤也。宜令平涼行省内族白撒領軍東下，與臣協力禦敵，以屏潼、陝，敵退後復議分司爲便。」詔許之。二年二月，以保鳳翔之功進官，賜金幣及通犀帶一。是時，河中已破，合達提兵復取之。

正大二年七月，陝西旱甚，合達齋戒請雨，雨澍，是歲大稔，民立石頌德。延安既殘毁，合達令於西路買牛付主者，招集散亡，助其耕墾，自是延安之民稍復耕稼之利。八月，鞏州田瑞反，合達討之，諸軍進攻，合達移文諭之曰：「罪止田瑞一身，餘無所問。」不數日，瑞弟濟殺瑞以降，合達如約撫定一州，民賴以寧。三年，詔遷平涼行省。四年二月，徵還，拜平章政事、芮國公。七年七月庚寅朔，以平章政事妨職樞密副使。初，蒲阿面奏：「合達在軍中久，今日多事之際乃在於省，用違其長。臣等欲與樞密協力軍務，擢之相位似亦未晚。」故有此授。

十月己未朔，詔合達及樞密副使蒲阿救衞州。初，朝廷以恒山公仙屯衞州，公府節制不一，欲合而一之。至是，河朔諸軍圍衞，内外不通已連月，但見塔上時舉火而已。合達等既至，先以親衞兵三千嘗之，北兵小退，翼日圍解。上登承天門犒軍，皆授世襲謀克，賜良馬玉帶，全給月俸本色，蓋異恩也。

未幾，以蒲阿權參知政事，同合達行省事於閿鄉，以備潼關。先是，陝省言備禦策，朝官集議，上策親征，中策幸陝，下策棄秦保潼關。議者謂止可助陝西軍以決一戰，使陝西不守，河南亦不可保。至是，自陝以西亦不守矣。

八年正月，北帥速不䚟攻破小關，殘盧氏、朱陽，散漫百餘里間。潼關總帥納合買住率夾谷移迪烈、都尉高英拒之，求救於二省。省以陳和尚忠孝軍一千，都尉夾谷澤軍一萬往應〔五〕，北軍退，追至谷口而還。兩省輒稱大捷，以聞。既而北軍攻鳳翔，二省提兵出關二十里，與渭北軍交，至晚復收兵入關，鳳翔遂破。二省遂棄京兆，與牙古塔起遷居民於河南，留慶山奴守之。九月，北兵入河中，時二相防秋還陝，量以軍馬出冷水谷以爲聲援。

十一月，鄧州報，北兵道饒峯關，由金州而東。於是，兩省軍入鄧，遣提控劉天山以劄付下襄陽制置司，約同禦北兵，且索軍食。兩省以前月癸卯行，留楊沃衍軍守閿鄉。沃衍尋被旨取洛南路入商州，屯豐陽川備上津，與恒山公仙相掎角。合達復留禦侮中郎將完顏陳和尚於閿鄉南十五里，乃行。陳和尚亦隨而往。沃衍軍八千及商州之木瓜平，一日夜馳三百里入桃花堡，知北兵由豐陽而東，亦東還，會大軍於鎮平。恒山公仙萬人元駐胡陵關，至是亦由荆子口、順陽來會。十二月朔，俱至鄧下，屯順陽。乃遣天山入宋。

初，宋人於國朝君之、伯之、叔之，納歲幣將百年。南渡以後，宋以我爲不足慮，絶不往來。故宣宗南伐，士馬折耗十不一存，雖攻陷淮上數州，徒使驕將悍卒恣其殺虜、飽其私欲而已。又宣徽使奥敦阿虎使北方，北中大臣有以輿地圖指示之曰：「商州到此中軍馬幾何？」又指興元云：「我不從商州，則取興元路入汝界矣。」阿虎還奏，宣宗甚憂之。哀宗即位，羣臣建言可因國喪遣使報哀，副以遺留物，因與之講解，盡撤邊備，共守武休之險。遂下省院議之，而當國者有仰而不能俯之疾，皆以朝廷先遣人則於國體有虧爲辭。元年，上諭南鄙諸帥，遣人往滁州與宋通好，宋人每以奏禀爲辭，和事遂不講。然十年之間，朝廷屢勑邊將不妄侵掠，彼我稍得休息，宋人始信之，遂有繼好之意。及天山以劄付至宋，劄付者指揮之别名，宋制使陳該怒辱天山，且以惡語復之。報至，識者皆爲竊嘆。

戊辰，北兵渡漢江而北，諸將以爲可乘其半渡擊之，蒲阿不從。丙子，兵畢渡，戰於禹山之前，北兵小却，營於三十里之外。二相以大捷驛報，百官表賀，諸相置酒省中，左丞李蹊且喜且泣曰：「非今日之捷，生靈之禍可勝言哉。」蓋以爲實然也。先是，河南聞北兵出饒峯，百姓往往入城壁、保險固，及聞敵已退，至有晏然不動者，不二三日游騎至，人無所逃，悉爲捷書所誤。

九年正月丁酉，兩省軍潰於陽翟之三峯山。初，禹山之戰，兩軍相拒，北軍散漫而北，金軍懼其乘虚襲京城，乃謀入援。時北兵遣三千騎趨河上，已二十餘日，泌陽、南陽、方城、襄、郟至京諸縣皆破〔六〕，所有積聚焚燬無餘。金軍由鄧而東無所仰給，乃並山入陽翟，既行，北兵即襲之，且行且戰，北兵傷折亦多。恒山一軍爲突騎三千所衝，軍殊死鬭，北騎退走，追奔之際，忽大霧四塞，兩省命收軍。少之，霧散乃前，前一大澗長闊數里，非此霧則北兵人馬滿中矣。明日，至三峯山，遂潰，事載蒲阿傳。合達知大事已去，欲下馬戰，而蒲阿已失所在。合達以數百騎走鈞州，北兵塹其城外攻之，走門不得出，匿窟室中，城破，北兵發而殺之。時朝廷不知其死，或云已走京兆，賜以手詔，募人訪之。及攻汴，乃揚言曰：「汝家所恃，惟黄河與合達耳。今合達爲我殺，黄河爲我有，不降何待。」

合達熟知敵情，習於行陣，且重義輕財，與下同甘苦，有俘獲即分給，遇敵則身先之而不避，衆亦樂爲之用，其爲人亦可知矣。左丞張行信嘗薦之曰：「完顔合達今之良將也。」

移剌蒲阿本契丹人，少從軍，以勞自千户遷都統。初，哀宗爲皇太子，控制樞密院，選充親衛軍總領，佩金符。元光二年冬十二月庚寅，宣宗疾大漸，皇太子異母兄英王守純先入侍疾，太子自東宫扣門求見，令蒲阿衷甲聚兵屯於艮嶽，以備非常。哀宗即位，嘗謂近臣言：「向非蒲阿，何至於此。」遂自遥授同知睢州軍州事，權樞密院判官，自是軍國大計多從決之。

正大四年十二月，河朔軍突入商州，殘朱陽、盧氏，蒲阿逆戰至靈寶東，遇游騎十餘〔七〕，獲一人，餘即退，蒲阿輒以捷聞。賞世襲謀克，仍厚賜之。人共知其罔上，而無敢言，吏部郎中楊居仁以微言取怒。

六年二月丙辰，以蒲阿權樞密副使。自去年夏，北軍之在陝西者駸駸至涇州，且阻慶陽糧道。蒲阿奏：「陝西設兩行省，本以藩衞河南，今北軍之來三年於兹，行省統軍馬二三十萬，未嘗對壘，亦未嘗得一折箭，何用行省。」院官亦俱奏將來須用密院軍馬勾當，上不語者久之。是後，以丞相賽不行尚書省事於關中，召平章政事合達還朝，白撒亦召至闕，蒲阿率完顏陳和尚忠孝軍一千駐邠州，且令觀北勢。八月丙申，蒲阿再復潞州。十月乙未朔，蒲阿東還。

十二月乙未，詔蒲阿與總帥牙吾塔、權簽樞密院事訛可救慶陽。七年正月，戰北兵於大昌原〔八〕，北軍還，慶陽圍解。詔以訛可屯邠州，蒲阿、牙吾塔還京兆。未幾，以權參知政事與合達行省于閿鄉。八年正月，北軍入陝西，鳳翔破，兩行省棄京兆而東，至洛陽驛，被召議河中事，語在白華傳。

十二月，北兵濟自漢江，兩省軍入鄧州，議敵所從出，謂由光化截江戰爲便、放之渡而戰爲便？張惠以「截江爲便，縱之渡，我腹空虛能不爲所潰乎？」蒲阿麾之曰：「汝但知南事，於北事何知。我向於裕州得制旨云，『使彼在沙磧且當往求之』，況今自來乎。汝等更勿似大昌原、舊衞州、扇車回縱出之。」定住、高、樊皆謂蒲阿此言爲然。合達乃問按得木，木以爲不然。軍中以木北人，知其軍情，此言爲有理，然不能奪蒲阿之議。

順陽留二十日，光化探騎至，云「千騎已北渡」，兩省是夜進軍，比曉至禹山，探者續云

「北騎已盡濟」。癸酉，北軍將近，兩省立軍高山，各分據地勢，步迎於山前，騎屯於山後。甲戌，日未出，北兵至，大帥以兩小旗前導來觀，觀竟不前，散如鴈翅，轉山麓出騎兵之後，分三隊而進，輜重外餘二萬人。合達令諸軍，「觀今日事勢不當戰，且待之。」俄而北騎突前，金兵不得不戰，至以短兵相接，戰三交，北騎少退。北兵之在西者望蒲阿親繞甲騎後而突之，至於三，爲蒲察定住力拒而退。大帥以旗聚諸將，議良久。合達知北兵意向。時高英軍方北顧，而北兵出其背擁之，英軍動，合達幾斬英，英復督軍力戰。北兵稍却觀變，英軍定，復擁樊澤軍，合達斬一千夫長，軍殊死鬭，乃却之。

北兵回陣，南向來路。兩省復議，「彼雖號三萬，而輜重三之一焉。又相持二三日不得食，乘其却退當擁之。」張惠主此議，蒲阿言：「江路已絶，黄河不冰，彼入重地，將安歸乎，何以速爲。」不從。乙亥，北兵忽不知所在，營火寂無一耗。兩省及諸將議，四日不見軍，又不見營，鄧州津送及路人不絶，而亦無見者，豈南渡而歸乎。己卯，邏騎乃知北軍在光化對岸棗林中，晝作食，夜不下馬，望林中往來，不五六十步而不聞音響，其有謀可知矣。

初，禹山戰罷，有二騎迷入營，問之，知北兵凡七頭項，大將統之。復有詐降者十人，弊衣羸馬泣訴艱苦，兩省信之，易以肥馬，飲之酒，及煖衣食而置之陣後，十人者皆鞭馬而去，始悟其爲覘騎也。

庚辰，兩省議入鄧就糧，辰巳間到林後，北兵忽來突，兩省軍迎擊，交綏之際，北兵以百騎邀輜重而去，金兵幾不成列，逮夜乃入城，懼軍士迷路，鳴鍾招之。樊澤屯城西，高英屯城東。九年正月壬午朔，耀兵於鄧城下，北兵不與戰，大將使來索酒，兩省與之二十瓶。

癸未，大軍發鄧州，趨京師，騎二萬，步十三萬，騎帥蒲察定住、蒲察荅吉卜，郎將按忒木，忠孝軍總領夾谷愛荅、内族達魯歡，總領夾谷移特剌，提控步軍臨淄郡王張惠，殄寇都尉完顏阿排、高英、樊澤，中軍陳和尚，與恒山公武仙、楊沃衍軍合。是日，次五朵山下，取鴉路，北兵以三千騎尾之，遂駐營待楊、武。

楊、武至，知申、裕兩州已降七日，至夜，議北騎明日當復襲我，彼止騎三千，而我示以弱，將爲所輕，當與之戰。乃伏騎五十於鄧州道。明日軍行，北騎襲之如故，金以萬人擁之而東，伏發，北兵南避。是日雨，宿竹林中。庚寅，頓安皋。辛卯，宿鴉路、魯山。河西軍已獻申、裕，擁老幼牛羊取鴉路，金軍適值之，奪其牛羊餉軍。

癸巳，望鈞州，至沙河，北騎五千待於河北，金軍奪橋以過，北軍即西首斂避。金軍縱擊，北軍不戰，復南渡沙河。金軍欲盤營，北軍復渡河來襲。金軍不能得食，又不得休息。

合昏，雨作，明旦變雪。北兵增及萬人，且行且戰，至黄榆店，望鈞州二十五里，雨雪不能進，盤營三日。丙申，一近侍入軍中傳旨，集諸帥聽處分，制旨云：「兩省軍悉赴京師，我御門犒軍，换易御馬，然後出戰未晚。」復有密旨云：「近知張家灣透漏二三百騎，已遷衞、孟兩州，兩省當常切防備。」領旨訖，蒲阿拂袖而起，合達欲再議，蒲阿言：「止此而已，復何所議。」蓋已奪魄矣。軍即行。

北軍自北渡者畢集，前後以大樹塞其軍路，沃衍軍奪路，得之。合達又議陳和尚先擁山上大勢，比再整頓，金軍已接竹林，去鈞州止十餘里矣。金軍遂進，北軍果却三峯之東北、西南。武、高前鋒擁其西南，楊、樊擁其東北，北兵俱却，止有三峯之東。張惠、按得木立山上望北兵二三十萬，約厚二十里。按得木與張惠謀曰：「此地不戰欲何爲耶。」乃率騎兵萬餘乘上而下擁之，北兵却。

須臾雪大作，白霧蔽空，人不相覿。時雪已三日，戰地多麻田，往往耕四五過，人馬所踐泥淖没脛。軍士被甲胄僵立雪中，槍槊結凍如椽，軍士有不食至三日者。北兵與河北軍合，四外圍之，熾薪燔牛羊肉，更遞休息，乘金困憊，乃開鈞州路縱之走，而以生軍夾擊之。金軍遂潰，聲如崩山，忽天氣開霽，日光皎然，金軍無一人得逃者。

武仙率三十騎入竹林中，楊、樊、張三軍爭路，北兵圍之數重，及高英殘兵共戰於柿林村南，沃衍、澤、英皆死〔九〕，惟張惠步持大槍奮戰而歿。蒲阿走京師，未至，追及，擒之。七月，械至官山，召問降否，往復數百言，但曰：「我金國大臣，惟當金國境内死耳。」遂見殺。

贊曰：金自南渡，用兵克捷之功史不絕書，然而地不加闢，殺傷相當，君子疑之。異時伐宋，唐州之役喪師七百，主將訛論匿之，而以捷聞。御史納蘭糾之，宣宗奬御史，而不罪訛論，是君臣相率而爲虚聲也。禹山之捷，兩省爲欺，遂致誤國，豈非宣宗前事有以啓之耶。至於三峯山之敗，不可收拾，上下畏眙，而金事已去十九。天朝取道襄、漢，懸軍深入，機權若神，又獲天助，用能犯兵家之所忌，以建萬世之儁功，合達雖良將，何足以當之。蒲阿無謀，獨以一死無媿，猶足取焉爾。

校勘記

〔一〕充護衞　「護衞」，原作「護尉」。金史詳校卷九「『尉』當作『衞』」。今據改。

〔三〕四月夏人犯通秦寨　「寨」字原脱，據局本補。按，本書卷一五宣宗紀中，興定三年四月「辛卯，夏人犯通秦砦，元帥完顏合達出兵安塞堡以擣其巢」。又卷一三四外國傳上西夏傳，興定

「三年閏月，夏人破通秦寨，（中略）華州元帥完顏合達出安塞堡至隆州，敗其兵二千」。均有「寨（砦）」字。

〔三〕遂攻隆州陷其西南隅　「西南」，原作「西北」。按，本書卷一五宣宗紀中記此事作「陷其西南隅」。卷一三四外國傳上西夏傳記此事亦云「進攻隆州，克其西南」。今據改。

〔四〕「元光元年」至「權參知政事行省事於京兆未幾真拜」　按，本書卷一七哀宗紀上，正大元年三月甲寅，「以延安帥臣完顏合達戰禦有功，授金虎符，權參知政事，行尚書省事于京兆，兼統河東兩路」。考之各傳皆合。此處作「元光元年」，誤。

〔五〕都尉夾谷澤軍一萬往應　「夾谷澤」，原作「夾谷渾」。按，本書卷四四兵志兵制，「天興初元，有十五都尉」，其一是「許州折衝夾谷澤」，原注「本姓樊」。樊澤在本書中屢見，如本卷移剌蒲阿傳，有「北兵稍却觀變，英軍定，復擁樊澤軍」、「樊澤屯城西，高英屯城東」等文。又卷一一四白華傳，「遂私問樊澤、定住、陳和尚以爲何如」。皆高英、樊澤、陳和尚相偕，知此都尉「夾谷渾」必「夾谷澤」之誤。今據改。

〔六〕泌陽南陽方城襄郟至京諸縣皆破　「襄郟」，原作「襄陝」。金史詳校卷九：「『陝』當作『郟』。案此即許之襄城，汝之郟城也。」按，本書卷二五地理志中，南京路汝州有郟城，許州有襄城，蓋以二縣名接方城之後，皆有「城」字，遂省稱「襄、郟」。襄、郟與京皆近，陝州則遠。今據改。

〔七〕遇游騎十餘　「遇」，原作「至」，據北監本、殿本、局本改。

〔八〕七年正月戰北兵於大昌原　「大昌原」，原作「太昌原」。按，本書卷一一一紇石烈牙吾塔傳，正大「七年正月，戰于大昌原，慶陽圍解」。卷一一二赤盞合喜傳，「故頻年有大昌原、倒回谷之捷」。皆作「大昌原」。今據改。下同。

〔九〕沃衍澤英皆死　「沃衍」二字當衍。按，本書卷一七哀宗紀上，天興元年正月「丁酉，大雪。大元兵及兩省軍戰鈞州之三峯山，兩省軍大潰，合達、陳和尚、楊沃衍走鈞州，城破皆死之」。又卷一二三忠義傳三楊沃衍傳，「三峯山之敗，沃衍走鈞州」。均謂沃衍未死於此役。

金史卷一百十三

列傳第五十一

完顏賽不　白撒一名承裔　赤盞合喜

完顏賽不，始祖弟保活里之後也。狀貌魁偉，沉厚有大略。初補親衞軍，章宗時，選充護衞。明昌元年八月，由宿直將軍爲寧化州刺史。未幾，遷武衞軍副都指揮使。泰和二年，轉胡里改路節度使。四年，升武衞軍都指揮使，尋爲殿前左副都點檢。

及平章僕散揆伐宋，爲右翼都統。六年六月，宋將皇甫斌遣率步騎數萬由確山、褒信分路侵蔡〔一〕，聞郭倬、李爽之敗，阻溱水不敢進。於是，揆遣賽不及副統尚廄局使蒲鮮萬奴、深州刺史完顏達吉不等以騎七千往擊之。會溱水漲，宋兵扼橋以拒，賽不等謀潛師夜出，達吉不以騎涉水出其右，萬奴等出其左，賽不度其軍畢渡，乃率副統阿魯帶以精兵直趨橋，宋兵不能遏，比明大潰，萬奴以兵斷真陽路，諸軍追擊至陳澤，斬首二萬級，獲戰馬雜畜千餘。兵還，進爵一級，賜金幣甚厚。

貞祐初，拜同簽樞密院事。三年，遷知臨洮府事，兼陝西路副統軍。上召見諭曰：「卿向在西京盡心爲國，及治華州亦嘗宣力，今始及三品。特升授汝此職者，以陝西安撫副使烏古論兗州不遵安撫使達吉不節制〔二〕，多致敗事。今已責罰兗州，命卿副之。宜益務盡心，其或不然，復當別議行之。」八月，知鳳翔府事，兼本路兵馬都總管，俄爲元帥右都監。四年四月，調兵拔宋木陡關。五月，夏人於來羌城界河修折橋，以兵守護，賽不遣兵焚之。八月，夏人寇結耶觜川，遣兵擊走之，尋又破其衆于車兒堡。

興定元年二月，轉簽樞密院事。時上以宋歲幣不至，且復侵盜，詔賽不討之。四月，與宋人戰於信陽，斬首八千，生擒統制周光，獲馬數千、牛羊五百。又遇宋人於隴山、七里山等處，前後六戰，斬獲甚衆。尋遣兵渡淮，略中渡店，拔光山、羅山、定城等縣，破光州兩關，斬首萬餘，獲馬牛及布，分給將士。詔賜玉兔鶻一、内府重幣十端。

七月，上章言：「京都天下之根本，其城池宜極高深，今外城雖堅，然周六十餘里，倉猝有警難於拒守。竊見城中有子城故基，宜於農隙築而新之，爲國家久長之利。及凡河南、陝西州府，皆乞量修。」從之。

二年正月，破宋人於鐵山及上石店、唐縣。四月，進兼西南等路招討使、西安軍節度使、陝州管內觀察使。奉詔攻棗陽，宋出兵三萬拒戰，稍誘擊之，宋兵敗走城，薄諸濠，殺及溺死者三千餘人，遂進兵圍之。宋騎兵千、步卒萬來援，逆戰復大敗之。七月，遷行山東西路兵馬都總管，兼武寧軍節度使。三年二月，奪宋白石關，殺其守者千餘人，獲鎧仗千計。三月，破宋兵於七口倉，又奪宋小鵲倉，獲糧九千石、兵仗三十餘萬。是月，復敗宋兵三千于石鵲崖。

四年三月，奉詔出兵河北招降，晉安權府事皇甫珪、正平縣令席永堅率五千餘人來歸，得糧萬石。時河北所在義軍官民堅守堡寨，力戰破敵者衆。賽不上章言：「此類忠赤可嘉，若不旌酬無以激人心。乞朝廷量加官賞，萬一敵兵復來，將爭先效用矣。」上覽奏，召樞密官曰：「朕與卿等亦嘗有此議，以不見彼中事勢，故一聽帥臣規畫。今觀此奏，甚稱朕意，其令有司遷賞之。」是年四月，遷樞密副使。

五年五月，奉詔引兵救河東，戰屢捷，復晉安、平陽二城。監察御史言其不能檢束士衆，縱之虜略，請正其罪。上以有功，詔勿問。元光二年五月，復河中。六月，詔諭宰臣曰：「樞密副使賽不本皇族，先世偶然脱遺。朕重其舊人，且久勞王家，已命睦親府附于屬籍矣。卿等宜知之。」

正大元年五月，拜平章政事。未幾，轉尚書右丞相。雅與參知政事李蹊相得，及蹊以公罪出尹京洛，賽不數薦蹊比唐魏徵，以故蹊得復相。三年，宣宗廟成，將禘祭，議配享功臣，論者紛紜。賽不爲大禮使，因言「丞相福興死王事，七斤謹守河南以迎大駕，功宜配享」。議遂定。

四年，吏部郎中楊居仁上封事，言宰相宜擇人，上語大臣曰：「相府非其人，御史諫官當言，彼吏曹何與于此。」尚書左丞顔盞世魯素嫉居仁〔三〕，亦以爲僭，賽不徐進曰：「天下有道，庶人猶得獻言，況在郎官。陛下有寬弘之德，故不應言者猶言。使其言可用則行之，不可用不必示臣下也。」上是之。居仁字行之，大興人。泰和三年進士。天興末時北渡，舉家投黄河死。

五年，行尚書省于京兆〔四〕，謂都事商衡曰：「古來宰相必用文人，以其知爲相之道。賽不何所知，使居此位，吾恐他日史官書之，某時以某爲相而國乃亡。」即促衡草表乞致仕。

平章政事侯摯朴直無蘊藉，朝廷鄙之，天興元年兵事急〔五〕，自致仕起爲大司農，未幾復致仕，徐州行尚書省無敢行者，復拜摯平章政事。都堂會議，摯以國勢不支，因論數事，曰：「只是更無擘劃。」白撒怒曰：「平章出此言，國家何望耶。」意在置之不測。賽不顧謂白撒曰：「侯相言甚當。」白撒遂含憤而罷。

時大元兵薄汴，白撒策後日講和或出質必首相當行，力請賽不領省事，拜爲左丞相，尋復致仕。是年冬，哀宗遷歸德，起復爲右丞相、樞密使，兼左副元帥，封壽國公，扈從以行。河北兵潰，從至歸德，又請致仕。

二年七月，復詔行尚書省事於徐州〔六〕。既至，以州乏糧，遣郎中王萬慶會徐、宿、靈璧兵取源州，令元帥郭恩統之。九月，恩至源州城下，敗績而還。再命卓翼攻豐縣，破之。初，郭恩以敗爲恥，託疾不行，乃密與河北諸叛將郭野驢輩謀歸國用安，執元帥商瑀父子、元帥左都監紇石烈善住，併殺之。又逐都尉斡轉留奴、泥厖古桓端、蒲察世謀、元帥右都監李居仁、員外郎常忠。自是，防城與守門者皆河北義軍，出入自恣。賽不先病疽，久不視事，重爲賊黨所制，束手聽命而已。

初，源、徐交攻，郭野驢者每辭疾不行，賽不遂授野驢徐州節度副使、兼防城都總領，實羈之也。野驢既見徐州空虛，乃約源州叛將麻琮内外相應。十月甲申，詰旦，襲破徐州。時蔡已被圍，徐州將士以朝命阻絶，且逼大兵，議出降。賽不弗從，恐被執，至是投河求死，流三十餘步不没，軍士援出之。又五日，自縊于州第。麻琮乃遣人以州降大元。

子按春，正大中充護衞，坐與宗室女姦，杖一百收係。居許州，大兵至許，按春開南門以降。從攻京師，曹王出質，朝臣及近衞有從出者，按春極口大駡，以至指斥。是冬，復自北中逃迴，詔令押入省，問事情，按春隨近侍登階作揮涕之狀。詔問丞相云：「按春自北中來，丞相好與問彼中息耗。」賽不附奏曰：「老臣不幸生此賊，事至今日，恨不手刃之，忍與對面語乎〔七〕。」十二月，車駕東狩，留後二相下開封，擒捕斬之獄中。

贊曰：賽不臨陣對壘既有將略，洎秉鈞衡，觀其救解楊居仁、侯摯等言，殊有相度，按春之事尤有古人之風焉。晚以老病受制叛臣，致修匹夫匹婦之節，此猶大厦將傾，非一木之所能支也，悲夫。

內族白撒名承裔，末帝承麟之兄也，系出世祖諸孫。自幼爲奉御。貞祐間，累官知臨洮府事、兼本路兵馬都總管。

興定元年，爲元帥左都監，行帥府事於鳳翔。是年，詔陝西行省伐宋，白撒出鞏州鹽川〔八〕，遇宋兵于皂郊堡，敗之。又遇宋兵于天水軍，掩擊，宋兵大潰。二年四月，復敗宋兵，至雞公山，遂拔西和州，毁其諸隘營屯。遣合扎都統完顔習涅阿不率軍趨成州，宋帥羅參政、統制李大亨焚廬舍棄城遁，留千餘人城守，督兵赴之，遂克焉，獲糧七萬斛、錢數千萬。河池縣守將楊九鼎亦焚縣舍走保清野原。統制高千據黑谷關甚固，遣兵襲之，千遁去，獲糧二萬斛，器械稱是，因夷其險而還。

三年，破虎頭關，敗宋兵于七盤子、雞冠關。褒城縣官民自焚城宇遁，因取其城。興元府提刑兼知府事趙希昔聞兵將至，率官民遁，於是白撒遂取興元，以駐兵焉。命提控張秀華馳視洋州，官民亦遁，又取其城。尋聞漢江之南三十里，宋兵二千據山而陣，遣提控唐括移失不擊走之。行省以捷聞，宣宗大悦，進白撒官一階。時朝議以蘭州當西夏之衝，久爲敵據，將遣白撒復之，白撒奏曰：「臣近入宋境，略河池，下鳳州，破興元，抵洋州而還。經涉險阻數千里，士馬疲弊，未得少休，而欲重爲是舉，甚非計也，不若息兵養士以備。」從之。

未幾，權參知政事，行省事于平凉。四年，上言：「宋境山州宕昌東上拶一帶蕃族，昔嘗歸附，分處德順、鎮戎之間。其後，有司不能存撫，相繼亡去。近聞復有歸心，然不招之亦無由自至。誠得其衆，可以助兵，寧謐一方。臣以同知通遠軍節度使事烏古論長壽及通遠軍節度副使温敦永昌皆本蕃屬，且久鎮邊鄙，深得彼心，已命遣人招之。其所遣及諸來歸者皆當甄奬，請預定賞格以待之。」上是其言。

是年，夏兵三萬由高峯嶺入寇定西州，環城爲栅，白撒遣刺史愛申阿失剌與行軍提控烏古論長壽、温敦永昌出戰，大敗之，斬首千餘，獲馬仗甚衆。五年五月，白撒言：「近詔臣遣官諭諸蕃族以討西夏，臣即令臨洮路總管女奚烈古里間計約喬家丙令族首領以諭餘族。又別遣權左右司都事趙梅委差官遥授合河縣尉劉貞同往撫諭。未幾，梅、貞報溪哥城等處諸族，與先降族共願助兵七萬八千餘人，本國蕃族願助兵九千，若更以官軍繼爲聲援，勝夏必矣。臣已令古里間將鞏州兵三萬，宜更擇勇略之臣副之。梅、貞等既悉事勢，當假以軍前之職。蕃僧納林心波亦招誘有功，乞遷官授職以奬勵之。」上皆從其請。

元光元年二月，行省上言：「近與延安元帥完顏合達、納合買住議：河北郡縣俱已殘毀，陝西、河南亦經抄掠。比者西北二敵併攻鄜延，城邑隨陷，惟延安孤墉僅得保全。若今秋復至，必長驅而深入，雖京兆、鳳翔、慶陽、平涼已各益軍，而率皆步卒，且相去闊遠，卒難應援，儻關中諸鎮不支，則河南亦不安矣。今二敵遠去，西北少休，宜乘此隙徑取蜀、漢，寔國家基業萬全之計。」詔樞密議之。

先是，夏兵數十萬分寇龕谷、鄜延、大通諸城，上召白撒等授以方略，命發兵襲其浮橋，遂趨西涼。別遣將取大通城，出溪哥路，略夏地。白撒徐出鎮戎，合達出環州，以報三道之役。白撒馳至臨洮，遣總管女奚烈古里間、積石州刺史徒單牙武各攝帥職，率兵西入，遇夏兵千餘於踏南寺，擊走之。夏人據大通城，因圍之，分兵奪其橋，與守兵七千人戰，大敗之，幾殺其半，入河死者不可計，餘兵焚其橋西遁。乃還軍攻大通，克之，斬首三千，因招來諸寺族被脅僧俗人，皆按堵如故。以河梁既焚，塞外地寒少草，師遂還。

十二月，行省言：「近有人自北來者，稱國王木華里悉兵沿渭而西，謀攻鳳翔，鳳翔既下乃圖京兆，京兆卒不可得，留兵守之，至春蹂踐二麥以困我。未幾，大兵果圍鳳翔，帥府遣人告急。臣以爲二鎮脣齒也，鳳翔蹉跌則京兆必危，而陝右大震矣。然平川廣野寔騎兵馳騁之地，未可與之爭鋒。已遣提控羅桓將兵二千，循南山而進，伺隙攻其栅壘，以紓城圍。更乞發河南步騎以備潼關。」詔付尚書省樞密院議之。

二年冬，哀宗即位，邊事益急。正大五年八月，召白撒還朝，拜尚書右丞，未幾，拜平章政事。白撒居西垂幾十年，當宋、夏之交，雖頗立微效，皆出諸將之力。然本恇怯無能，徒以儀體爲事，性愎貪鄙，及入爲相，專愎尤甚。嘗惡堂食不適口，每以家膳自隨，國家顛覆，初不恤也。

九年正月，諸軍敗績於三峯山。大兵與白坡兵合，長驅趨汴〔九〕。令史楊居仁請乘其遠至擊之，白撒不從，且陰怒之。遂遣完顏麻斤出、邵公茂等部民萬人，開短堤，決河水，以固京城。功未畢而騎兵奄至，麻斤出等皆被害〔一○〕，丁壯無一二三百人得反者。

壬辰，棄衛州，運守具入京。初，大兵破衛州，宣宗南遷，移州治於宜村渡，築新城於河北岸，去河不數步，惟北面受敵，而以石包之，歲屯重兵於此，大兵屢至不能近。至是，棄之，隨爲大兵所據。

甲午，修京城樓櫓。初，宣宗以京城闊遠難守，詔高琪築裏城，公私力盡僅乃得成。至是，議所守。朝臣有言裏城決不可守，外城決不可棄。大兵先得外城，糧盡救絶，走一人不出。裏城或不測可用，於是決計守外城。時在城諸軍不滿四萬，京城周百二十里，人守一乳口尚不能徧，故議避遷之民充軍。又召在京軍官於上清宮，平日防城得功者如内族按出虎、大和兒、劉伯綱等皆隨召而出，截長補短假借而用，得百餘人。又集京東西沿河舊屯兩都尉及衛州已起義軍，通建威得四萬人，益以丁壯六萬，分置四城。每面別選一千，名「飛虎軍」，以專救應，然亦不能軍矣。

三月，京城被攻，大臣分守四面。白撒主西南，受攻最急，樓櫓垂就輒摧，傳令取竹爲護簾，所司馳入城大索，竟無所得，白撒怒欲斬之。員外郎張衮附所司耳語曰：「金多則濟矣，胡不即平章府求之。」所司懷金三百兩徑往，賂其家僮，果得之。

已而兵退，朝廷議罷白撒，白撒不自安，乃謂令史元好問曰：「我妨賢路久矣，得退是幸，爲我撰乞致仕表。」頃之，上已遣使持詔至其第，令致仕。既廢，軍士恨其不戰誤國，揚言欲殺之。白撒懼，一夕數遷，上以親軍二百陰爲之衛。軍士無以泄其憤，遂相率毀其別墅而去。其黨元帥完顏斜捻阿不領本部軍戍汴，聞之徑詣其所，斬經其垣下者一人以鎮之。

是時，速不𦟙等兵散屯河南，汴城糧且盡，累召援兵復無至者。冬十月，乃復起白撒爲平章政事、權樞密使、兼右副元帥。於是，羣臣爲上畫出京計，以賽不爲右丞相、樞密使、兼左副元帥，内族訛出右副元帥、兼樞密副使、權參知政事，李蹊兵部尚書、權尚書左丞，徒單百家元帥左監軍、行總帥府事。東面元帥高顯，副以果毅都尉粘合咬住兵五千。南面元帥完顏猪兒，副以建威都尉完顏斡論出兵五千。西面元帥劉益、上黨公張開，副以安平都尉紀綱軍五千。北面元帥内族婁室，副以振威都尉張閏軍五千。中翼都尉賀都喜軍四千，隸總帥百家。都尉内族久住、副都尉王簡、總領王福胤神臂軍三千五百，左翼元帥内族小婁室親衞軍一千，右翼元帥完顏按出虎親衞軍一千，總領完顏長樂、副帥温敦昌孫馬軍三百，郡王王義深馬軍一百五十，郡王范成進、總領蘇元孫圭軍三千，隸總帥百家。飛騎都尉兼合剌合總領术虎只魯歡、總領夾谷得伯、紏軍田衆家奴等百人及諸臣下，發京師。

十二月甲辰，車駕至黄陵岡，白撒先降大兵兩寨，得河朔降將，上赦之，授以印及金虎符。羣臣議以河朔諸將前導，鼓行入開州，取大名、東平，豪傑當有響應者，破竹之勢成矣。温敦昌孫曰：「太后、中宫皆在南京，北行萬一不如意，聖主孤身欲何所爲。若往歸德，更五六月不能還京。不如先取衛州，還京爲便。」白撒奏曰：「聖體不便鞍馬，且不可令大兵知上所在，今可駐歸德。臣等率降將往東平，俟諸軍到，可一鼓而下，因而經略河朔，且空河南之軍。」上以爲然。時上已遣官奴將三百騎探漚麻岡未還，上將御船，賜白撒劍，得便宜從事決東平之策。官奴還奏衛州有糧可取〔一二〕，上召白撒問之，白撒曰：「京師且不能守，就得衛州欲何爲耶。以臣觀之，東平之策爲便。」上主官奴之議。

明年正月朔，次黄陵岡。是日，歸德守臣以糧糗三百餘船來餉，遂就其舟以濟南岸，未濟者萬人，大元將回古乃率四千騎追擊之，賀都喜揮一黄旗督戰，身中十六七箭，軍殊死鬭，得卒十餘人，大兵少却。上遣送酒百壺勞之。須臾，北風大作，舟皆吹著南岸，諸兵復擊之，溺死者近千人，元帥猪兒、都尉紇石烈訛論等死之。建威都尉完顏訛論出降於大元。上於北岸望之震懼，率從官爲猪兒等設祭，哭之，皆贈官，録用其子姪，斬訛論出二弟以徇。

遂命白撒攻衛州。上駐兵河上，留親衛軍三千護從，都尉高顯步軍一萬，元帥官奴忠孝軍一千，郡王范成進、王義深、上黨公張開、元帥劉益等軍總帥百家總之，各賫十日糧，聽承裔節制。發自蒲城，上時已遣賽不將馬軍北向矣，白撒以三十騎追及，謂賽不曰：「有旨，令我將馬軍。」賽不謂上曰：「北行議已決，不可中變。」上曰：「丞相當與平章和同。」完顏仲德持御馬銜苦諫曰：「存亡在此一舉，衞州決不可攻。」上麾之曰：「參政不知。」白撒遂攻衞州，兵至城下，御旗黄纖招之不下。其夜，北騎三千奄至，官奴、和速嘉兀地不、按出虎與之戰，北兵却六十里。然自發蒲城遷延八日始至衞，而猝無攻具，縛槍爲雲梯，州人知不能攻，守益嚴。凡攻三日不克。及聞河南大兵濟自張家渡至衞西南，遂班師。大兵踵其後，戰於白公廟，敗績，白撒等棄軍遁，劉益、張開皆爲民家所殺。車駕還次蒲城東三十里，白撒使人密奏劉益一軍叛去。點檢朮撚兀典、總領温敦昌孫時侍行帳中，請上登舟，上曰：「正當決戰，何遽退乎。」少頃，白撒至，倉皇言於上曰：「今軍已潰，大兵近在堤外，請聖主幸歸德。」上遂登舟，侍衞皆不知，巡警如故。時夜已四更矣，遂狼狽入歸德。

白撒收潰兵大橋，得二萬餘人，懼不敢入。上聞，遣近侍局提點移剌粘古、紇石烈阿里合、護衞二人以舟往迎之。既至，不聽入見，并其子下獄。諸都尉司軍以白撒不戰而退，發憤出怨言。上乃暴其罪曰：「惟汝將士，明聽朕言。我初提大軍次黄陵岡得捷，白撒即奏宜渡河取衞州，可得糧十萬石，乘勝恢復河北。我從其計，令率諸軍攻衞。去蒲城二百餘里，白撒還延八日方至，又不預備攻具，以致敗衄。白撒棄軍竄還蒲城，便言諸軍已潰，北兵勢大不可當，信從登舟，幾死于水。若當時知諸軍未嘗潰，只河北戰死亦可垂名於後。今白撒已下獄，不復録用，籍其家産以賜汝衆，其盡力國家，無效此人。」囚白撒七日而餓死，發其弟承麟、子狗兒徐州安置。當時議者，衞州之舉本自官奴，歸之白撒則亦過矣。

初，瀕河居民聞官軍北渡，築垣塞户，潛伏洞穴，及見官奴一軍號令明肅，撫勞周悉，所過無絲髮之犯，老幼婦子坦然相視，無復畏避。俄白撒輩縱軍四出，剽掠俘虜，挑掘焚炙，靡所不至。哭聲相接，屍骸盈野。都尉高禄謙、苗用秀輩仍掠人食之，而白撒誅斬在口，所過官吏殘虐不勝，一飯之費有數十金不能給者，公私皇皇，日皆徯大兵至矣。

白撒目不知書，姦黠有餘，簿書政事聞之即解，善談議，多知，接人則煦煦然，好貨殖，能捭闔中人主心，遂浸漬以取將相。既富貴，起第於汴之西城，規模擬宮掖，婢妾百數，皆衣金縷，奴隸月廩與列將等，猶以爲未足也。上嘗遣中使責之曰：「卿汲汲於此，將無北歸意耶。」白撒終不悛，以及於禍。

贊曰：白撒本非將才，恇怯誤國，徒能阿合以取富貴，性愎貪鄙，當此危亡，方謀封殖以自逸，此猶大厦將焚而燕雀不悟者歟。

赤盞合喜，性剛愎，好自用，朝廷以其有才幹任之。宣宗時，累遷蘭州刺史、提控軍馬。貞祐四年十一月，夏人四萬餘騎圍定西，輦致攻具，將取其城。合喜及楊斡烈等率兵鏖戰走之〔一三〕，斬首二千級，俘數十人，獲馬八百餘匹，器械稱是，餘悉遁去。興定元年正月，以屢敗夏人，遥授同知臨洮府事，兼前職。是冬，陝西行省奉詔伐宋，合喜權行元帥府，駐來遠寨以張聲勢，既而獲捷。二年四月，宋兵數千侵臨洮，合喜擊走之，斬獲甚衆。三年四月，遷元帥左都監，行元帥府事于鞏州。

四年四月，夏人犯邊，合喜討之，師次鹿兒原，遇夏兵千人，遣提控烏古論世鮮率偏師敗之，都統王定亦破其衆一千五百于新泉城。九月，夏人攻鞏州，合喜遣兵擊之，一日十餘戰，夏人退據南岡，遣精兵三萬傅城，又擊走之，生擒夏將劉打、甲玉等。訊知夏大將你思丁、兀名二人謀，以爲鞏帥府所在，鞏既下則臨洮、積石、河、洮諸城不攻自破，故先及鞏，且構宋統制程信等將兵四萬來攻。合喜聞之，飾兵嚴備。俄而兵果至，合喜督兵搏戰，却之，殺數千人。攻益急，將士殊死戰，殺傷者以萬計。夏人焚其攻具，拔柵而去。合喜已先伏甲要地邀之，復率衆躡其後，斬首甚衆。十月，以功遥授平西軍節度使。

元光元年，大將萌古不花攻鳳翔，朝廷以主將完顏仲元孤軍不足守禦，命合喜將兵援之。二年二月，木華黎國王、斜里吉不花等及夏人步騎數十萬圍鳳翔，東自扶風、岐山，西連汧、隴，數百里間皆其營柵，攻城甚急，合喜盡力，僅能禦之。於是，合喜以同知臨洮府事顏盞蝦蟆戰尤力，遂以便宜升爲通遠軍節度使，上嘉其功，許之。是歲，升簽樞密院事。哀宗即位，拜參知政事、權樞密副使。

正大八年十一月，鄧州馳報大元兵破嶢峯關，由金州東下。報至時日已暮，省院官入奏，上曰：「事至於此奈何。」上即位至是八年，從在東宮日立十三都尉〔一三〕，每尉不下萬人，彊壯趫捷，極爲精練。步卒負擔器甲糧糗重至六七斗，一日夜行二百里。忠孝軍萬八千人，皆回紇、河西及中州人被掠而逃歸者，人有從馬，以騎射選之乃得補。親衞、騎兵、武衞、護衞，選外諸軍又二十餘萬。故頻年有大昌原、倒回谷之捷，士氣既振，遂有一戰之資。至是，院官同奏：「北軍冒萬里之險，歷二年之久，方入武休，其勞苦已極。爲吾計者，以兵屯睢、鄭、昌武、歸德及京畿諸縣，以大將守洛陽、潼關、懷、孟等處，嚴兵備之。京師積糧數百萬斛，令河南州郡堅壁清野，百姓不能入城者聚保山砦。彼深入之師，欲攻不能，欲戰不得，師老食盡，不擊自歸矣。」上太息曰：「南渡二十年，所在之民破田宅、鬻妻子以養軍士。且諸軍無慮二十餘萬，今敵至不能迎戰，徒以自保，京城雖存，何以爲國，天下其謂我何。」又曰：「存亡有天命，惟不負民可也。」乃詔合達、蒲阿等屯軍襄、鄧。

九年正月，兩省軍潰于三峯山，北兵進薄京師。三月庚子，議曹王出質。大兵北行，留速不解攻城，攻具已辦，既有納質之請，即又云：「我受命攻城，但曹王出則退，不然不罷也。」壬寅，曹王入辭〔一四〕，宴於宮中。癸卯，北兵立攻具，沿壕列木柵，以薪草填壕，頃刻平十餘步。主兵者以議和之故不敢與戰，但於城上坐視而已。

城中喧鬨，上聞之，從六七騎出端門至舟橋。時新雨淖，車駕忽出，人驚愕失措，但跪於道傍，亦有望而拜者，上自麾之曰：「勿拜，恐泥污汝衣。」倉皇中，市肆米豆狼藉於地，上勑衞士令各歸其家，老幼遮擁至有惧觸御衣者。少頃，宰相從官皆至，進笠不受，曰：「軍士暴露，我何用此爲。」所過慰勞軍士，皆踴躍稱萬歲，臣等戰死無所恨，至有感泣者。西南軍士五六十輩聚而若有言者，上就問之，跪曰：「大兵尉土填壕，功已過半，平章傳令勿放一鏃，恐壞和事，想豈有計耶。」上顧謂其中長者云：「朕爲生靈，稱臣進奉無不從順，止有一子，養來成長，今往作質子矣。汝等略忍，待曹王出，大兵不退，汝等死戰未晚。」復有拜泣者曰：「事急矣，聖主毋望和事。」乃傳旨城上放箭。西水門千户劉壽控御馬仰視曰：「聖主無信賊臣，賊臣盡，大兵退矣。」衞士欲擊之，上止之曰：「醉矣，勿問。」是日，曹王出詣軍前，大兵併力進攻。甲辰，上復出撫東門將士，太學生楊奐等前白事，上問何所欲言，曰：「臣等皆太學生，令執砲夫之役，恐非國家百年以來待士之意。」勑記姓名，即免其役。過南薰門，值被創者，親傅以藥，手酌巵酒以賜，且出內府金帛以待有功者。是日，大兵驅漢俘及婦女老幼負薪草填壕塹，城上箭鏃四下如雨，頃刻壕爲之平。

龍德宮造砲石，取宋太湖、靈壁假山爲之，小大各有斤重，其圓如燈毬之狀，有不如度者杖其工人。大兵用砲則不然，破大磑或碌碡爲二三，皆用之。攢竹砲有至十三稍者，餘砲稱是。每城一角置砲百餘枝，更遞下上，晝夜不息，不數日石幾與裏城平。而城上樓櫓皆故宮及芳華、玉谿所拆大木爲之，合抱之木，隨擊而碎，以馬糞麥秸布其上，網索旃褥固護之。其懸風板之外皆以牛皮爲障，遂謂不可近。大兵以火砲擊之，隨即延爇不可撲救。父老所傳周世宗築京城，取虎牢土爲之，堅密如鐵，受砲所擊唯凹而已。大兵壕外築城圍百五十里，城有乳口樓櫓，壕深丈許，闊亦如之，約三四十步置一鋪，鋪置百許人守之。

初，白撒命築門外短牆，委曲陿隘容二三人得過，以防大兵奪門。及被攻，諸將請乘夜斫營，軍乃不能猝出，比出已爲北兵所覺。後又夜募死士千人，穴城由壕徑渡，燒其砲坐。城上懸紅紙燈爲應，約燈起渡壕，又爲圍者所覺。又放紙鳶，置文書其上，至北營則斷之，以誘被俘者。識者謂前日紙燈、今日紙鳶，宰相以此退敵難矣。右丞世魯命作江水曲，使城上之人靜夜唱之，蓋河朔先有此曲以寄謳吟之思，其謬計如此。

合喜先以守鳳翔自誇，及令守西北隅，其地受攻最急，而合喜當之，語言失措，面無人色，軍士特以車駕數出慰勞，人自激昂，爭爲效命耳。其守城之具有火砲名「震天雷」者〔一五〕，鐵罐盛藥，以火點之，砲起火發，其聲如雷，聞百里外，所爇圍半畝之上，火點著甲鐵皆透。大兵又爲牛皮洞，直至城下，掘城爲龕，間可容人，則城上不可奈何矣。人有獻策者，以鐵繩懸「震天雷」者，順城而下，至掘處火發，人與牛皮皆碎迸無迹。又飛火槍，注藥以火發之，輒前燒十餘步，人亦不敢近。大兵惟畏此二物云。

四月罷攻。至是十六晝夜矣，内外死者以百萬計，大兵知不可下，乃謾爲好語云：「兩國已講和，更相攻耶。」朝廷亦就應之。明日，遣户部侍郎楊居仁出宜秋門以酒炙犒師，於是營幕稍稍外遷，遂退兵。

壬戌，合喜以大兵退〔一六〕，議入賀，諸相皆不欲，獨合喜以守城爲己功，持論甚力，呼令史元好問曰：「罷攻已三日而不入賀，何也。速召翰苑官作表。」好問以白諸相，權參政内族思烈曰：「城下之盟，諸侯以爲恥，況以罷攻爲可賀歟。」合喜怒曰：「社稷不亡，帝后免難，汝等不以爲喜耶。」明日，近侍局直長張天任至省，好問私以賀議告之，天任曰：「人不知恥乃若是耶。」因謂諸相曰：「京城受兵，上深以爲辱。聞百官欲入賀，誠有此否。」會學士趙秉文不肯撰表，議遂寢。

是月，以尚書省兼樞密院事，合喜罷樞密。合喜既失兵柄，意殊不樂，欲銷院印，諸相謂院事仍在，印有用時，不宜毀。合喜怒，欲笞其掾。有投匿名書於御路云：「副樞合喜、總帥撒合、參政訛出皆國賊，朝廷不殺，衆軍亦須殺之，爲國除害。」衛士以聞。撒合飲藥死，訛出稱疾不出，惟合喜坦然若無事者，上亦無所問，由是軍國之事盡決于合喜矣。

初，大兵圍汴，司諫陳岢屢上封事言得失，切中時病。合喜大怒，召入省，呼其名責之曰：「子爲『陳山可』耶，果如子言能退大敵，我當世世與若爲奴。」聞者無不竊笑。蓋不識「岢」字，至分爲兩耳。

天興元年七月，權參知政事思烈、恒山公武仙合軍自汝州入援，詔以合喜爲樞密使，統京城軍萬五千應之，且命賽不爲之助。八月己酉朔，駐於近郊，候益兵乃進屯中牟古城。凡三日，聞思烈軍潰，即夜棄輜重馳還，黎明至鄭門，聚軍乃入。言者謂：「合喜始則抗命不出，中則逗遛不進，終則棄軍先遁，委棄軍資不可勝計，不斬之無以謝天下。」上貸其死，免爲庶人，既而籍其家以賜軍士。

既廢，居汴中，常鞅鞅不樂。會大將速不䚟遣人招之，合喜即治裝欲行，崔立邀至省酌酒餞送，且以白金二百兩爲贐。明日，復詣省別立，方對語，適一人自歸德持文書至，發視之，乃行省傳哀宗語以諭合喜者，其言曰：「卿朕老臣，中間雖廢出，未嘗忘卿。今崔立已變，卿處舊人尚多，若能反正，與卿世襲公相。」立怒，叱左右縶之獄，是日斬之。

論曰：合喜初年用兵西夏，屢著勞效，要亦諸將石盞蝦蟆等功也。既當大任，遂自矜伐，汴城之役舉措煩擾〔一七〕，質出兵退即圖稱賀，此豈有體國之誠心者乎。中牟之潰，衆怒所歸，幸逭一死，猶懷異圖，卒殞猜疑，天蓋假手於崔立也。

校勘記

〔一〕六年六月宋將皇甫斌遣率步騎數萬由確山褒信分路侵蔡　按，本書卷一二章宗紀四，泰和六年五月「甲辰，皇甫斌攻唐州」；六月「庚申，右翼都統完顏賽不敗宋曹統制于溱水」。此處「遣」字下當脱「曹統制」三字。

〔二〕以陝西安撫副使烏古論兗州不遵安撫使達吉不節制　「遵」，原作「尊」。按，金史詳校卷九，「『尊』當作『遵』」。今據改。

〔三〕尚書左丞顏盞世魯素嫉居仁　按，本書卷一七哀宗紀上，正大五年八月，「太常卿顏盞世魯權參知政事」。本卷赤盞合喜傳，正大九年三月，「右丞世魯命作江水曲，使城上之人靜夜唱之」。卷一七哀宗紀上，天興元年七月「癸未，尚書右丞顏盞世魯罷」。此處「左丞」疑爲「右丞」之誤。

〔四〕五年行尚書省于京兆　按，本書卷一七哀宗紀上，正大六年春二月丙辰，「以丞相完顏賽不行尚書省事于關中」。繫年與此不同。

〔五〕天興元年兵事急　「元年」，原作「九年」。按，天興僅三年。本書卷一七哀宗紀上，天興元年八月戊辰，「起復前大司農侯摯爲平章政事，（中略）行京東路尚書省事」。卷一〇八侯摯傳，天興元年「八月，復起爲平章政事，封蕭國公，行京東路尚書省事」。今據改。

〔六〕二年七月復詔行尚書省事於徐州　「七月」，疑是「六月」之誤。按，本書卷一八哀宗紀下作天興二年六月「己亥，上入蔡州。詔（中略）徐州行省抹撚兀典赴蔡州。起復右丞相致仕賽不代行省事」。

〔七〕忍與對面語乎　「忍」，原作「恐」，據元刻本、局本改。

〔八〕白撒出鞏州鹽川　「鹽川」，原作「鹽井」。按，本書卷二六地理志下，臨洮路鞏州定西縣「鎮一鹽川」。今據改。

〔九〕九年正月諸軍敗績於三峯山大兵與白坡兵合長驅趨汴　此處敍述失次。按，本書卷一七哀宗紀上，天興元年（即正大九年）正月「壬辰，衞州節度使完顏斜捻阿不棄城走汴」。甲午，

「大元兵薄鄭州，與白坡兵合，（中略）乙未，大元游騎至汴城。丁酉，大雪。大元兵及兩省軍戰鈞州之三峯山，兩省軍大潰」。

〔一〇〕麻斤出等皆被害　「麻斤出」，原作「麻斤」。按，上文有「遂遣完顏麻斤出、邵公茂等部民萬人」。又本書卷一七哀宗紀上，天興元年，「遣完顏麻斤出等部民丁萬人，決河水衛京城」。皆作「麻斤出」。今據改。

〔一一〕官奴還奏衛州有糧可取　「還」，原作「遂」。按，金史詳校卷九，「『遂』當作『還』」。又上文「已遣官奴將三百騎採漚麻岡未還」。則此「遂」顯爲「還」之誤，今改。

〔一二〕合喜及楊斡烈等率兵鏖戰走之　「斡」，原作「幹」，據元刻本改。按，本書卷一四宣宗紀上貞祐四年十一月、卷一三四外國傳上西夏傳貞祐四年十一月記此事皆作「楊斡烈」。

〔一三〕從在東宫日立十三都尉　按，本書卷四四兵志兵制，「天興初元，有十五都尉」。

〔一四〕壬寅曹王入辭　「壬寅」，原作「壬辰」。按，本書卷一七哀宗紀上，天興元年三月「庚子，封荆王子訛可爲曹王，議以爲質」；「壬寅，尚書左丞李蹊送曹王出質」。「壬辰」在「庚子」前，顯然不合，作「壬寅」是。今據改。

〔一五〕其守城之具有火砲名震天雷者　「守城」，原作「攻城」，據文義改。

〔一六〕壬戌合喜以大兵退　「壬戌」，原作「壬午」。按，本書卷一一六石盞女魯歡傳，正大九年「三月壬午朔」，四月無壬午。卷一七哀宗紀上，天興元年四月「丁巳，遣户部侍郎楊居仁奉金帛詣大元兵乞和。戊午，又以珍異往謝許和」。本卷下文合喜云，「罷攻已三日而不入賀」，依日數計之，「壬午」當是「壬戌」之誤。今據改。

〔一七〕汴城之役舉措煩擾　「措」，原作「揹」，據元刻本、南監本、北監本、殿本、局本改。

金史卷一百十四

列傳第五十二

白華　斜卯愛實　合周附　石抹世勣

白華字文舉，隩州人〔一〕。貞祐三年進士。初爲應奉翰林文字。正大元年，累遷爲樞密院經歷官。二年九月，武仙以真定來歸〔二〕，朝廷方經理河北，宋將彭義斌乘之，遂由山東取邢、洺、磁等州。華上奏曰：「北兵有事河西，故我得少寬。今彭義斌招降河朔郡縣，駸駸及於真定，宜及此大舉，以除後患。」時院官不欲行，即遣華相視彰德，實擠之也，事竟不行。

三年五月，宋人掠壽州，永州桃園軍失利，死者四百餘人。時夏全自楚州來奔。十一月庚申〔三〕，集百官議和宋。上問全所以來，華奏：「全初在盱眙，從宋帥劉卓往楚州。州人訛言劉大帥來，欲屠城中北人耳。衆軍怒，殺卓以城來歸。全終不自安，跳走盱眙，盱眙不納，城下索妻孥，又不從，計無所出，乃狼狽而北，止求自免，無他慮也。」華因是爲上所知。全至後，盱眙、楚州，王義深、張惠、范成進相繼以城降。詔改楚州爲平淮府，以全爲金源郡王、平淮府都總管，張惠臨淄郡王，義深東平郡王，成進膠西郡王。和宋議寢。

四年，李全據楚州，衆皆謂盱眙不可守，上不從，乃以淮南王招全，全曰：「王義深、范成進皆我部曲而受王封，何以處我。」竟不至。

是歲，慶山奴敗績于龜山。五年秋，增築歸德城，擬工數百萬，宰相奏遣華往相役，華見行院温撒辛，語以民勞，朝廷愛養之意，減工三之一〔四〕。温撒，李辛賜姓也。

六年，以華權樞密院判官〔五〕。上召忠孝軍總領蒲察定住、經歷王仲澤、户部郎中刁璧及華諭之曰：「李全據有楚州，睥睨山東，久必爲患。今北事稍緩，合乘此隙令定住權監軍，率所統軍一千，別遣都尉司步軍萬人，以璧、仲澤爲參謀，同往沂、海界招之，不從則以軍馬從事，卿等以爲何如？」華對曰：「臣以爲李全借大兵之勢，要宋人供給餽餉，特一猾寇耳。老狐穴塚待夜而出，何足介懷。我所慮者北方之强耳。今北方有事，未暇南圖，一旦事定，必來攻矣。與我爭天下者此也，全何預焉。若北方事定，全將聽命不暇，設不自量，更有非望，天下之人寧不知逆順，其肯去順而從逆乎。爲今計者，姑養士馬，以備北方。使全果有不軌之謀，亦當發於北朝息兵之日，當此則我易與矣。」上沉思良久曰：「卿等且退，容我更思。」明日，遣定住還屯尉氏。

時陝西兵大勢已去，留脱或欒駐慶陽以擾河朔，且有攻河中之耗，而衛州帥府與恒山公府並立，慮一旦有警，節制不一，欲合二府爲一，又恐其不和，命華往經畫之。初，華在院屢承面諭云：「汝爲院官，不以軍馬責汝。汝辭辯，特以合喜、蒲阿皆武夫，一語不相入，便爲齟齬，害事非細，今以汝調停之，或有乖忤，罪及汝矣。院中事當一一奏我，汝之職也。今衛州之委，亦前日調停之意。」

國制，凡樞密院上下所倚任者名奏事官，其目有三〔六〕，一曰承受聖旨，二曰奏事，三曰省院議事，皆以一人主之。承受聖旨者，凡院官奏事，或上處分，獨召奏事官付之，多至一二百言，或直傳上旨，辭多者即與近侍局官批寫。奏事者，謂事有區處當取奏裁者殿奏，其奏每嫌辭費，必欲言簡而意明，退而奉行，即立文字謂之檢目。省院官殿上議事則默記之，議定歸院亦立檢目，呈覆。有疑則復禀，無則付掾史施行。其赴省議者，議既定，留奏事官與省左右司官同立奏草，圓覆諸相無異同，則右司奏上。此三者之外又有難者，曰備顧問，如軍馬糧草器械、軍帥部曲名數、與夫屯駐地里阨塞遠近之類，凡省院一切事務，顧問之際一不能應，輒以不用心被譴，其職爲甚難，故以華處之。

五月，以丞相賽不行尚書省事於關中〔七〕，蒲阿率完顏陳和尚忠孝軍一千駐邠州，且令審觀北勢。如是兩月，上謂白華曰：「汝往邠州六日可往復否？」華自量日可馳三百，應之曰：「可。」上令密諭蒲阿﨑候春首，當事慶陽。華如期而還。上一日顧謂華言：「我見汝從來凡語及征進，必有難色，今此一舉特銳於平時，何也。」華曰：「向日用兵，以南征及討李全之事梗之，不能專意北方，故以北向爲難。今日異於平時，況事至於此，不得不一舉。大軍入界已三百餘里，若縱之令下秦川則何以救，終當一戰摧之。與其戰於近裏之平川，不若戰於近邊之險隘。」上亦以爲然。

七年正月，慶陽圍解，大軍還。白華上奏：「凡今之計，兵食爲急。除密院已定忠孝軍及馬軍都尉司步軍足爲一戰之資，此外應河南府州亦須簽揀防城軍，秋聚春放，依古務農講武之義，各令防本州府城，以今見在九十七萬，無致他日爲資敵之用。」

五月，華真授樞密判官，上遣近侍局副使七斤傳旨云：「朕用汝爲院官，非責汝將兵對壘，第欲汝立軍中綱紀、發遣文移、和睦將帥、究察非違，至於軍伍之閱習、器仗之修整，皆汝所職。其悉力國家，以稱朕意。」

八年，大軍自去歲入陝西，翱翔京兆、同、華之間，破南山砦柵六十餘所。已而攻鳳翔，金軍自閿鄉屯至澠池，兩行省晏然不動。宰相臺諫皆以樞院瞻望逗遛爲言，京兆士庶橫議蜂起，以至諸相力奏上前。上曰：「合達、蒲阿必相度機會，可進而進耳。若督之使戰，終出勉強，恐無益而反害也。」因遣白華與右司郎中夾谷八里門道宰相百官所言，并問以「目今二月過半，有怠歸之形，諸軍何故不動」。且詔華等往復六日。華等既到同，諭兩行省以上意。合達言：「不見機會，見則動耳。」蒲阿曰：「彼軍絕無糧餉，使欲戰不得，欲留不能，將自斃矣。」合達對蒲阿及諸帥則言不可動，見士大夫則言可動，人謂合達近嘗得罪，又畏蒲阿方得君，不敢與抗，而亦言不可動。華等觀二相見北兵勢大皆有懼心，遂私問樊澤、定住、陳和尚以爲何如，三人者皆曰：「他人言北兵疲困故可攻，此言非也。大兵所在豈可輕料，是真不敢動。」華等還，以二相及諸將意奏之，上曰：「我故知其怯不敢動矣。」即復遣華傳旨諭二相云：「鳳翔圍久，恐守者力不能支。行省當領軍出關宿華陰界，次日及華陰，次日及華州，略與渭北軍交手。計大兵聞之必當奔赴，且以少紓鳳翔之急，我亦得爲掣肘計耳。」二相迴奏領旨。華東還及中牟，已有兩行省納奏人追及，華取報密院副本讀之，言「領旨提軍出關二十里至華陰界，與渭北軍交，是晚收軍入關」，華爲之仰天浩嘆曰：「事至於此，無如之何矣。」華至京，奏章已達，知所奏爲徒然，不二三日鳳翔陷，兩行省遂棄京兆，與牙古塔起遷居民於河南，留慶山奴守之。

夏五月，楊妙真以夫李全死於宋，構浮橋於楚州之北，就北帥梭魯胡吐乞師復讎。朝廷覘知之，以謂北軍果能渡淮，淮與河南跬步間耳，遣合達、蒲阿駐軍桃源界滶河口備之。兩行省乃約宋帥趙范、趙葵爲夾攻之計。二趙亦遣人報聘，俱以議和爲名，以張聲勢。二相屢以軍少爲言，而省院難之，因上奏云：「向來附關屯駐半年，適還舊屯，喘不及息，又欲以暑月東行，實無可圖之事，徒自疲而已。況兼桃源、青口蚊虻湫濕之地，不便牧養，目今非征進時月，決不敢妄動。且我之所慮，特楚州浮梁耳。姑以計圖之，已遣提控王銳往視可否。」奏上，上遣白華以此傳諭二相，兼領王銳行。二相不悅。蒲阿遣水軍虹縣所屯王提控者以小船二十四隻令華順河而下，必到八里莊城門爲期，且曰：「此中望八里莊如在雲間天上，省院端坐徒事口吻，今樞判親來可以相視可否，歸而奏之。」華力辭不獲，遂登舟，及淮與河合流處，纔及八里莊城門相直，城守者以白鷂大船五十泝流而上，占其上流以截華歸路。華幾不得還，昏黑得徑先歸，乃悟兩省怒朝省不益軍，謂皆華輩主之，故擠之險地耳。是夜二更後，八里莊次將遣人送款云：「早者主將出城開船，截大金歸路，某等商議，主將還即閉門不納，渠已奔去楚州，乞發軍馬接應。」二相即發兵騎、開船赴約，明旦入城安慰，又知楚州大軍已還河朔，宋將燒浮橋，二相附華納奏，上大喜。

初，合達謀取宋淮陰。五月渡淮。淮陰主者胡路鈐往楚州計事於楊妙真，比還，提正官郭恩送款于金，胡還不納，慟哭而去。合達遂入淮陰，詔改歸州，以行省烏古論葉里哥守之，郭恩爲元帥右都監。既而，宋人以銀絹五萬兩匹來贖盱眙龜山，宋使留舘中，郭恩謀劫而取之，或報之于盱眙帥府，即以軍至，恩不果發。明日，宋將劉虎、湯孝信以船三十艘燒浮梁，因遣其將夏友諒來攻盱眙，未下。泗州總領完顔矢哥利舘中銀絹，遂反。防禦使徒單塔刺聞變，扼罘山亭甬路，好謂之曰：「容我拜辭朝廷然後死。」遂取朝服望闕拜，慟良久，投亭下水死。矢哥遂以州歸楊妙真，總帥納合買住亦以盱眙降宋。

九月，陝西行省防秋，時大兵在河中，睿宗已領兵入界，慶山奴報糧盡，將棄京兆而東。一日，白華奏，偵候得睿宗所領軍馬四萬，行營軍一萬，布置如此，「爲今計者與其就漢禦之，諸軍比到可行半月，不若徑往河中。目今沿河屯守一日可渡，如此中得利，襄、漢軍馬必當遲疑不進。在北爲投機，在南爲掣肘，臣以爲如此便」。上曰：「此策汝畫之，爲得之他人？」華曰：「臣愚見如此。」上平日鋭於武事，聞華言若欣快者，然竟不行。

未幾，合達自陝州進奏帖，亦爲此事，上得奏甚喜。蒲阿時在洛陽驛，召之，蓋有意於此矣。蒲阿至，奏對之間不及此，止言大兵前鋒忒木解統之，將出冷水谷口，且當先禦此軍。上曰：「朕不問此，只欲問河中可擣否。」蒲阿不獲已，始言睿宗所領兵騎雖多，計皆冗雜。大兵軍少而精，無非選鋒。金軍北渡，大兵必遣輜重屯於平陽之北，匿其選鋒百里之外，放我師渡，然後斷我歸路與我決戰，恐不得利。」上曰：「朕料汝如此，果然。更不須再論，且還陝州。」蒲阿曰：「合達樞密使所言，此間一面革撥恐亦未盡，乞召至同議可否。」上曰：「見得合達亦止此而已，往復遲滯，轉致悞事。」華奏合達必見機會，召至同議爲便。副樞赤盞合喜亦奏蒲阿、白華之言爲是。上乃從之。召合達至，上令先與密院議定，然後入見。既議，華執合達奏帖舉似再三，竟無一先發言者。移時，蒲阿言：「且勾當冷水谷一軍何如。」合達曰：「是矣。」遂入見。上問卿等所議若何，合達敷奏，其言甚多，大概言河中之事與前日上奏時勢不同，所奏亦不敢自主，議遂寢。二相還陝，量以軍馬出冷水谷，奉行故事而已。十二月，河中府破。

九年，京城被攻，四月兵退，改元天興。是月十六日，併樞密院歸尚書省，以宰相兼院官，左右司首領官兼經歷官，惟平章白撒、副樞合喜、院判白華、權院判完顏忽魯剌退罷。忽魯剌有口辯〔八〕，上愛幸之。朝議罪忽魯剌，而書生輩妬華得君，先嘗以語撼之，用是而罷。金制，樞密院雖主兵，而節制在尚書省。兵興以來，茲制漸改，凡在軍事，省官不得預，院官獨任專見，往往敗事。言者多以爲將相權不當分，至是始併之。

十二月朔，上遣近侍局提點曳剌粘古即白華所居，問事勢至於此，計將安出。華附奏：「今耕稼已廢，糧斛將盡，四外援兵皆不可指擬，車駕當出就外兵，可留皇兄荆王使之監國，任其裁處。聖主既出，遣使告語北朝，我出非他處收整軍馬，止以軍卒擅誅唐慶，和議從此斷絶，京師今付之荆王，乞我一二州以老耳。如此則太后皇族可存，正如春秋紀季入齊爲附庸之事，聖主亦得少寬矣。」於是起華爲右司郎中。初，親巡之計決，諸將皆預其議，將退，首領官張衮、聶天驥奏：「尚有舊人諳練軍務者，乃置而不用，今所用者皆不見軍中事體，此爲未盡。」上問未用者何人，皆曰院判白華，上頷之，故有是命。

明日，召華諭之曰：「親巡之計已決，但所往羣議未定，有言歸德四面皆水可以自保者，或言可沿西山入鄧。或言設欲入鄧，大將速不䚟今在汝州，不如取陳、蔡路轉往鄧下。卿以爲如何？」華曰：「歸德城雖堅，久而食盡，坐以待斃，決不可往。欲往鄧下，既汝州有速不䚟，斷不能往。以今日事勢，博徒所謂孤注者也。孤注云者，止有背城之戰。爲今之計當直赴汝州，與之一決，有楚則無漢，有漢則無楚。汝州戰不如半塗戰，半塗戰又不如出城戰，所以然者何，我軍食力猶在，馬則豆力猶在。若出京益遠，軍食日減，馬食野草，事益難矣。若我軍便得戰，存亡決此一舉，外則可以激三軍之氣，內則可以慰都人之心。或止爲避遷之計，人心顧戀家業，未必毅然從行。可詳審之。」遂召諸相及首領官同議，禾速嘉兀地不、元帥猪兒、高顯、王義深俱主歸德之議，丞相賽不主鄧，議竟不能決。

明日，制旨京城食盡，今擬親出，聚集軍士於大慶殿諭以此意〔九〕，諭訖，諸帥將佐合辭奏曰：「聖主不可親出〔一〇〕，止可命將〔一一〕，三軍欣然願爲國家効死。」上猶豫，欲以官奴爲馬軍帥，高顯爲步軍帥，劉益副之，蓋採輿議也，而三人者亦欲奉命。權參政内族訛出大罵云：「汝輩把鋤不知高下，國家大事，敢易承邪。」衆默然，惟官奴曰：「若將相可了，何至使我輩。」事亦中止。

明日，民間閧傳車駕欲奉皇太后及妃后往歸德，軍士家屬留後。目今食盡，坐視城中俱餓死矣。縱能至歸德，軍馬所費支吾復得幾許日。上聞之，召賽不、合周、訛出、烏古孫卜吉、完顔正夫議，餘人不預。移時方出，見首領官、丞相言，前日巡守之議已定，止爲白華都改却，今往汝州就軍馬索戰去矣。遂擇日祭太廟誓師，擬以二十五日啓行。是月晦，車駕至黄陵岡，復有北幸之議，語在白撒傳。

天興二年正月朔，上次黄陵岡，就歸德餫船北渡，諸相共奏，京師及河南諸州聞上幸河北，恐生他變，可下詔安撫之。是時，在所父老僧道獻食，及牛酒犒軍者相屬，上親爲拊慰，人人爲之感泣。乃赦河朔，招集兵糧，赦文條畫十餘款，分道傳送。二日，或有云：「昨所發河南詔書，儻落大軍中，奈泄事機何。」上怒，委近侍局官傳旨，謂首領官張衮、白華、内族訛可當發詔時不爲後慮，皆量決之。

是時，衞州軍兩日至蒲城，而大軍徐躡其後。十五日，宰相諸帥共議上前〔一三〕，郎中完顔胡魯剌秉筆書，某軍前鋒，某軍殿後，餘事皆有條畫。書畢，惟不言所往，華私問胡魯刺，託以不知。是晚，平章及諸帥還蒲城軍中。夜半，訛可、衮就華帳中呼華云：「上已登舟，君不知之耶？」華遂問其由，訛可云：「我昨日已知上欲與李左丞、完顏郎中先下歸德，令諸軍並北岸行，至鳳池渡河。今夜，平章及禾速嘉、元帥官奴等來，言大軍在蒲城曾與金軍接戰，勢莫能支，遂擁主上登舟，軍資一切委棄，止令忠孝軍上船，馬悉留營中。計舟已行數里矣。」華又問：「公何不從往？」云：「昨日擬定首領官止令胡魯刺登舟，餘悉隨軍，用是不敢。」是夜，總帥百家領諸軍舟往鳳池，大軍覺之，兵遂潰。

上在歸德。三月，崔立以汴京降，右宣徽提點近侍局移刺粘古謀之鄧，上不聽。時粘古之兄瑗爲鄧州節度使、兼行樞密院事，其子與粘古之子並從駕爲衛士。適朝廷將召鄧兵入援，粘古因與華謀同之鄧，且拉其二子以往，上覺之，獨命華行，而粘古改之徐州。華既至鄧，以事久不濟，淹留于館，遂若無意於世者。會瑗以鄧入宋，華亦從至襄陽，宋署爲制幹，又改均州提督，後范用吉殺均之長吏送款于北朝，遂因而北歸。士大夫以華夙儒貴顯，國危不能以義自處爲貶云。

用吉者，本姓孛术魯，名久住。初歸入宋，謁制置趙范，將以計動其心，故更姓名范用吉。趙怒其觸諱，斥之，用吉猶應對如故。趙良久方悟，且利其事與己符，遂擢置左右，凡所言動略不加疑，遂易其姓曰花，使爲太尉，改鎮均州。未幾，納款于北。後以家人誣以欲叛，爲同列所害。

贊曰：白華以儒者習吏事，以經生知兵，其所論建，屢中事機，然三軍敗衄之餘，士氣不作，其言果可行乎。從瑗歸宋，聲名掃地，而猶得列於金臣之傳者，援蜀譙周等例云。

斜卯愛實字正之，策論進士也。正大間，累官翰林直學士，兼左司郎中。天興元年正月，聞大兵將至，以點檢夾谷撒合爲總帥，率步騎三萬巡河渡，命宿直將軍内族長樂權近侍局使，監其軍。行至封丘而還。入自梁門，樞密副使合喜遇之，笑語撒合曰：「吾言信矣，當爲我作主人。」蓋世俗酬謝之意也。明日，大兵遂合，朝廷置而不問〔一三〕。於是愛實上言曰：「撒合統兵三萬，本欲乘大兵遠至，喘息未定而擊之。出京纔數十里，不逢一人騎，已畏縮不敢進。設遇大兵，其肯用命乎？乞斬二人以肅軍政。」不報。蓋合喜輩以京師倚此一軍爲命，初不敢俾之出戰，特以外議閧然，故暫出以應之云。

衞紹、鎬厲二王家屬，皆以兵防護，且設官提控，巡警之嚴過於獄犴。至是，衞紹宅二十年，鎬厲宅四十年〔一四〕。正大間，朝臣屢有言及者，不報。愛實乃上言曰：「二族衰微，無異匹庶，假欲爲不善，孰與同惡。男女婚嫁，人之大欲，豈有幽囚終世，永無伉儷之望，在他人尚且不忍，况骨肉乎。」哀宗感其言，始聽自便。未幾，有青城之難。

愛實憤時相非其人，嘗歷數曰：「平章白撒固權市恩，擊丸外百無一能。丞相賽不菽麥不分，更謂乏材，亦不至此人爲相。參政兼樞密副使赤盞合喜麁暴，一馬軍之材止矣，乃令兼將相之權。右丞顔盞世魯居相位已七八年，碌碌無補，備員而已。患難之際，倚注此類，欲冀中興難矣。」於是，世魯罷相，賽不乞致仕，而白撒、合喜不恤也。

是年四月，京城罷攻，大兵退。既而，以害唐慶事，和議遂絶。於是，再簽民兵爲守禦備。八月，括京城粟，以轉運使完顔珠顆、張俊民、曳剌克忠等置局，以推舉爲名，珠顆諭民曰：「汝等當從實推唱，果如一旦糧盡，令汝妻子作軍食，復能吝否。」既而，罷括粟令，復以進獻取之。

前御史大夫内族合周復冀進用，建言京城括粟可得百餘萬石。朝廷信之，命權參知政事，與左丞李蹊總其事。先令各家自實，壯者存石有三斗，幼者半之，仍書其數門首，敢有匿者以升斗論罪。京城三十六坊，各選深刻者主之。内族完顔久住尤酷暴，有寡婦二口，實豆六斗，内有蓬子約三升，久住笑曰：「吾得之矣。」執而以令于衆。婦泣訴曰：「妾夫死於兵，姑老不能爲養，故雜蓬粃以自食耳，非敢以爲軍儲也。且三升，六斗之餘。」不從，竟死杖下。京師聞之股栗，盡投其餘于糞溷中。或白於李蹊，蹊顰蹙曰：「白之參政。」其人即白合周，周曰：「人云『花又不損，蜜又得成』。予謂花不損，何由成蜜。且京師危急，今欲存社稷耶，存百姓耶。」當時皆莫敢言，愛實遂上奏，大概言：「罷括粟，則改虐政爲仁政，散怨氣爲和氣。」不報。

時所括不能三萬斛，而京城益蕭然矣。自是之後，死者相枕，貧富束手待斃而已。上聞之，命出太倉米作粥以食餓者，愛實聞之歎曰：「與其食之，寧如勿奪。」爲奉御把奴所告。又近侍干預朝政，愛實上章諫曰：「今近侍權太重，將相大臣不敢與之相抗。自古僕御之臣不過供給指使而已，雖名僕臣，亦必選擇正人。今不論賢否，惟以世胄或吏員爲之。夫給使令之材，使預社稷大計，此輩果何所知乎。」章既上，近侍數人泣訴上前曰：「愛實以臣等爲奴隸，置至尊何地耶。」上益怒，送有司。近侍局副使李大節從容開釋，乃赦之，出爲中京留守，後不知所終。

合周者一名永錫。貞祐中，爲元帥左監軍，失援中都，宣宗削除官爵，杖之八十。已而復用。四年，以御史大夫權尚書右丞，總兵陝西。合周留澠池數日〔一五〕，進及京兆，而大兵已至，合周竟不出兵，遂失潼關。有司以敵至不出兵當斬，諸皇族百餘人上章救之，上曰：「向合周救中都，未至而軍潰，使宗廟山陵失守，罪當誅，朕特寬貸以全其命。尋復重職，今鎮陝西，所犯乃爾，國家大法豈敢私耶。」遂再奪爵，免死除名。至是，爲參知政事。性好作詩詞，語鄙俚，人采其語以爲戲笑。因自草括粟榜文，有「雀無翅兒不飛，蛇無頭兒不行」等語，以「而」作「兒」，掾史知之不敢易也。京城目之曰「雀兒參政」。哀宗用而不悟，竟致敗事。

石抹世勣字景略。幼勤學，爲文有體裁。承安二年，以父元毅死王事，收充擎執。五年，登詞賦、經義兩科進士第。貞祐三年，累官爲太常丞，預講議所事。時朝廷徙河北軍户河南，宰職議給以田，世勣上言曰：「荒閑之田及牧馬地，其始耕墾，費力當倍，一歲斷不能熟。若奪民素蒔者與之，則民將失所，且啓不和之端。況軍户率無耕牛，雖或有之，而廩給未敢遽減。彼既南來，所捐田宅爲人所有，一旦北歸，能無爭奪。切謂宜令軍户分人歸守本業，收其晚禾，至春復還爲固守計。」會侍御史劉元規亦言給田不便，上大悟，乃罷之。未幾，遷同知金安軍節度使。

興定二年，選爲華州元帥府參議官。初，右都監完顏合達行帥府于楨州，嘗以前同知平涼府事卓魯回蒲乃速爲參議，及移駐華州，陝西行省請復用蒲乃速，令世勣副之。上曰：「蒲乃速但能承奉人耳，餘無所長，非如世勣可任以事。華爲要鎮，而輕用其人，或致敗事。」遂獨用世勣焉。

尋入爲尚書省左司郎中。元光元年，奪一官，解職。初，世勣任華州，有薦其深通錢穀者，覆察不如所舉，未籍行止中。後主者舉覺，平章英王以世勣避都司之繁，私屬治籍吏冀改他職，奏下有司，故有是責。久之，起爲禮部侍郎，轉司農，改太常卿。正大中，爲禮部尚書，兼翰林侍講學士。

天興元年冬，哀宗將北渡，世勣率朝官劉肅、田芝等二十人求見仁安殿。上問卿等欲何言，世勣曰：「臣等聞陛下欲親出，切謂此行不便。」上曰：「我不出，軍分爲二，一軍守，一軍出戰。我出則軍合爲一。」世勣曰：「陛下出則軍分爲三，一守、一戰、一中軍護從，不若不出爲愈也。」上曰：「卿等不知，我若得完顏仲德、恒山公武仙付之兵事，何勞我出。我豈不知今日將兵者，官奴統馬兵三百止矣，劉益將步兵五千止矣，欲不自將得乎。」上又指御榻曰：「我此行豈復有還期，但恨我無罪亡國耳。我未嘗奢侈〔一六〕，未嘗信任小人。」世勣應聲曰：「陛下用小人則亦有之。」上曰：「小人謂誰？」世勣歷數曰：「移剌粘古、温敦昌孫、兀撒惹、完顏長樂皆小人也。陛下不知爲小人，所以用之。」肅與世勣復多有言，良久，君臣涕泣而別。初，肅等求見，本欲數此四人。至是，世勣獨言之，於是哀宗以世勣從行。自蒲城至歸德。明年六月，走蔡州，次新蔡縣之姜寨。世勣子嵩，時爲縣令，拜上於馬前，兵亂後父子始相見。上嘉之，授嵩應奉翰林文字，以便養親。蔡城破，父子俱死。嵩字企隆，興定二年經義進士。

贊曰：愛實言衞、鎬家屬禁錮之虐，京城括粟之暴，近侍干政之横；世勣言河北軍户給田之不便，親出渡河之非計：皆藥石之言也。然金至斯時，病在膏肓間矣，倉扁何施焉。其爲忠讜，則不可廢也。

校勘記

〔一〕陝州人　「陝州」，原作「澳州」。按，本書卷二六地理志下，河東北路有陝州。今據改。

〔二〕二年九月武仙以真定來歸　按，本書卷一七哀宗紀上，正大二年「夏四月辛卯朔，恒山公武仙自真定府來奔」。

〔三〕十一月庚申　「十一月」，原作「十月」，據局本改。按，正大三年十月癸未朔，無庚申。本書卷一七哀宗紀上，正大三年「十一月庚申，議與宋修好」。

〔四〕減工三之一　「三之一」，本書卷一七哀宗紀上作「三之二」。

〔五〕六年以華權樞密院判官　疑此處繫年有誤。按，本書卷一七哀宗紀上，正大五年八月，「詔遣權樞密院判官白華喻以農夫勞苦」。又卷一一八武仙傳，正大「五年，召見，哀宗使樞密判官白華導其禮儀」。則白華正大五年已爲樞密院判官。

〔六〕其目有三　「目」，原作「日」，據元刻本、南監本、北監本、殿本、局本改。

〔七〕五月以丞相賽不行尚書省事於關中　本書卷一七哀宗紀上繫其事於正大六年二月。

〔八〕忽魯剌有口辯　「剌」字原脱，據上下文補。

〔九〕聚集軍士於大慶殿諭以此意　「大慶殿」，原作「木慶殿」，據元刻本、南監本、北監本、殿本、局本改。

〔一〇〕聖主不可親出　「聖主」，原作「聖旨」，據南監本、北監本、殿本、局本改。

〔一一〕止可命將　「止」，原作「正」，據南監本、北監本、殿本、局本改。

〔一二〕十五日辛相諸帥共議上前　「十五」，疑爲「十三」之誤。按，本書卷一八哀宗紀下，天興二年「正月丙午朔，濟河」；「乙卯，聞大元兵自河南渡河，至衞之西南，遂退師」；「戊午，上進次蒲城，復還魏樓村」；「己未，上以白撒謀，夜棄六軍渡河，與副元帥、合里合六七人走歸德」；

「庚申，諸軍始知上已往，遂潰」。庚申爲十五日。所謂「宰相諸帥共議上前」當在戊午十三日進次蒲城之時。

〔一三〕大兵遂合朝廷置而不問　「大兵」，原作「金兵」，據局本改。按，本書卷一七哀宗紀上，天興元年正月甲午記此事稱，「大元兵薄鄭州，與白坡兵合」。

〔一四〕至是衛紹宅二十年鎬厲宅四十年　「衛紹宅二十年鎬厲宅四十年」，原作「衛紹宅四十年鎬厲宅二十年」。按，本書卷八五世宗諸子永中傳，「永中子孫禁錮，自明昌至于正大末，幾四十年」。卷九三衛紹王子從恪傳贊云：「衛紹歷年不永，諸子凡禁錮二十餘年，鎬厲王諸子禁錮四十餘年，長女鰥男皆不得婚嫁。天興初，方弛其禁。」今據改。

〔一五〕合周留澠池數日　「澠池」，原作「沔池」，今改。參見本書卷一二五校勘記〔一六〕。

〔一六〕我未嘗奢侈　「奢侈」，原作「奢後」，據元刻本、南監本、北監本、殿本、局本改。